最新汽车总线波形分析与经典案例

陈志军 李 宏 金 雷 主编

辽宁科学技术出版社

沈 阳

图书在版编目（ＣＩＰ）数据

最新汽车总线波形分析与经典案例 / 陈志军，李宏，金雷主编. — 沈阳：辽宁科学技术出版社，2019.7
ISBN 978-7-5591-1216-3

Ⅰ. ①最… Ⅱ. ①陈… ②李… ③金… Ⅲ. ①汽车—计算机控制系统—总线—波形分析 Ⅳ. ①U463.6

中国版本图书馆CIP数据核字（2019）第114391号

出版发行：辽宁科学技术出版社
　　　　　　（地址：沈阳市和平区十一纬路25号　邮编：110003）
印　刷　者：辽宁新华印务有限公司
经　销　者：各地新华书店
幅面尺寸：210mm × 285mm
印　　张：14.75
插　　页：4
字　　数：400千字
出版时间：2019年7月第1版
印刷时间：2019年7月第1次印刷
责任编辑：高　鹏
封面设计：张　珩
责任校对：李　霞

书　　号：ISBN 978-7-5591-1216-3
定　　价：218.00元

联系电话：024-23284373
E-mail：atauto@vip.sina.com
邮购热线：024-23284626
http://www.lnkj.com.cn

前　言

随着汽车消费者对汽车的安全性、舒适性和智能化的要求越来越高，汽车总线技术得到了迅速的发展。以前汽车上只有几个单独的系统利用汽车控制单元进行控制，现在系统越来越多，为了简化线束的数量和智能化地进行数据交换，汽车上大量使用车载网络系统，个别高级车型使用的汽车控制单元达 60 多块，这些控制单元全部通过网络总线系统进行连接和传输，网络总线的诊断成为整个汽车维修中热点和难点。示波器的应用成为诊断总线系统故障的利器，它可以简单明了地反映出总线系统的故障波形，迅速找到故障点，达到事半功倍的效果。汽车维修技师常戏称"谁掌握波形分析谁将成为这个行业的高手"。

为帮助广大维修人员提高汽车总线波形的检修技能，我们编写了这本书。

本书涵盖多种车型的标准波形和故障波形，并配合数个经典故障案例，使内容更直观、通俗易懂，是目前国内为数不多的示波器类图书。

本书的特点如下：

（1）普及性。本书主要以市场上最常见车型的标准波形和故障波形分析为主，如：大众、奥迪、奔驰、宝马、捷豹路虎、保时捷、沃尔沃和法拉利等。

（2）实用性。本书详细介绍了各个车型标准波形和故障波形，然后配合本车型的经典案例，通俗易懂。本书采用彩色印刷，方便快速查找各车型总线波形图。另外，精装设计使图书美观大方。

（3）指导性。本书汇集行业技术专家多年经验，文字条理清晰，内容直观易懂。

本书由陈志军、李宏、金雷主编，参加编写还有赵福佳、庄文贤、饶军、林隆江、张明、丁玉中、张全营、张登科、孙大平、赵鼎明、王志力、裴训、殷彬锋、刘青辉、高宇、周文明和林智峰。

在本书编写过程中，参考了国内外大量技术文献，也得到了汽车生产厂商和有关部门的帮助，在此一并致谢。由于作者水平有限，加之时间仓促，书中差错和疏漏之处在所难免，恳请广大读者及各位同仁批评指正。

编　者

目　录

第一章　大众车系 ……………………………… 1

　第一节　总线基础和波形分析 ………………… 1

　　一、CAN 基本介绍 …………………………… 1

　　二、高速 CAN 故障 ………………………… 12

　　三、低速 CAN 故障 ………………………… 27

　第二节　总线波形经典案例 ………………… 41

　　一、途观行驶中车门锁异常工作 ………… 41

　　二、2013 年新帕萨特 4 个门窗无法升降，

　　　　风扇高速转 ……………………………… 43

　　三、上汽大众朗境偶发挡位缺失无法启动 … 45

　　四、全新途观全车系统无通信 …………… 49

　　五、朗逸发动机故障灯亮 ………………… 51

　　六、途观驻车故障灯报警 ………………… 52

　　七、途昂右前远光灯忽明忽暗 …………… 55

　　八、新帕萨特雨刮不回位 ………………… 57

　　九、全新桑塔纳着车后喇叭按不响 ……… 62

　　十、新途安 L 雨刮不工作 ………………… 65

　　十一、辉昂右后车门氛围灯故障 ………… 71

　　十二、途安仪表无法正确显示后门开启 … 72

第二章　奥迪车系 …………………………… 75

　第一节　总线波形分析 ……………………… 75

　　一、驱动总线波形 ………………………… 75

　　二、舒适系统及信息娱乐系统总线波形 … 79

　第二节　总线波形经典案例 ………………… 87

　　一、2018 年全新奥迪 Q7 车辆抛锚，点火

　　　　开关不能打开，遥控失灵 …………… 87

　　二、奥迪 A8（D4）发动机不能正常启动 … 92

　　三、奥迪 A6L 空调有时不制冷 …………… 93

　　四、奥迪 Q3 仪表上的变速器灯、防滑灯、

　　　　转向器等多个灯有时亮起，加油车不走 … 93

　　五、奥迪 A8（D4）EV 模式不可用 ………… 94

　　六、奥迪 A6L（C6）变速器故障灯亮 …… 95

　　七、奥迪 A4L（B9）仪表黑屏，信息娱乐

　　　　系统、空调等车内各用电器无法使用 … 98

　　八、奥迪 A6L（C7）仪表各种故障灯报警 … 99

　　九、奥迪 Q5L 转向系统和四驱系统报警 … 99

　　十、奥迪 Q5 难启动 EPC 灯亮 …………… 101

　　十一、奥迪 A8（D5）湿式雨刮臂不工作 … 103

　　十二、2015 年奥迪 A8L（D4 PA）室内灯、

　　　　前后天窗、遮阳卷帘等不工作 ……… 105

　　十三、奥迪 Q5 转向锁止故障 …………… 106

　　十四、新款奥迪 A5 车内顶灯不亮 ……… 108

　　十五、奥迪 A4L（B8）左后门无法打开 … 109

第三章　奔驰车系 …………………………… 110

　第一节　总线波形分析 ……………………… 110

　　一、总线正常波形 ………………………… 110

　　二、总线故障波形分析 …………………… 111

　第二节　总线波形经典案例 ………………… 116

一、奔驰 GLC 行驶中仪表各种报警 ⋯⋯⋯ 116

二、奔驰 S300 行驶中仪表报警，加速无力 ⋯ 119

三、奔驰 GLK260 有时车辆无法启动并且

仪表有很多报警信息 ⋯⋯⋯⋯⋯⋯⋯ 120

四、北京奔驰 E300L 发动机控制单元故障 ⋯ 122

五、奔驰 R300L CAN 线问题导致车辆无法

启动 ⋯⋯⋯⋯⋯⋯⋯⋯⋯⋯⋯⋯⋯⋯ 125

六、2011 年奔驰威霆 119 仪表警告灯为何

偶尔点亮 ⋯⋯⋯⋯⋯⋯⋯⋯⋯⋯⋯⋯ 127

七、奔驰 B200 无法挂挡行驶 ⋯⋯⋯⋯⋯ 131

八、奔驰 E260 发动机故障灯亮 ⋯⋯⋯⋯ 132

九、2015 年奔驰 E300 导航闪屏 ⋯⋯⋯⋯ 134

十、2013 年奔驰 ML400 越野车电子选挡杆

模块 CAN 线故障 ⋯⋯⋯⋯⋯⋯⋯⋯ 137

十一、奔驰新款 C300 无法启动 ⋯⋯⋯⋯ 139

十二、2012 年奔驰 R350 仪表警告灯偶尔全亮 ⋯ 141

十三、奔驰 GLC260 无法启动 ⋯⋯⋯⋯⋯ 143

第四章 宝马车系 ⋯⋯⋯⋯⋯⋯⋯⋯⋯⋯ 146

第一节 总线波形分析 ⋯⋯⋯⋯⋯⋯⋯⋯ 146

一、K-CAN 总线信号波形 ⋯⋯⋯⋯⋯⋯ 146

二、PT-CAN 信号波形 ⋯⋯⋯⋯⋯⋯⋯⋯ 149

三、LIN 总线波形 ⋯⋯⋯⋯⋯⋯⋯⋯⋯⋯ 154

第二节 总线波形经典案例 ⋯⋯⋯⋯⋯⋯ 155

一、2014 年宝马 525Li 显示器黑屏无法启动

着车 ⋯⋯⋯⋯⋯⋯⋯⋯⋯⋯⋯⋯⋯⋯ 155

二、2011 年宝马 535Li 便捷登车功能失效 ⋯⋯ 156

三、2011 年宝马 740Li 自动变速器跳挡故障 ⋯ 159

四、2007 年宝马 750Li PT-CAN 总线故障 ⋯ 161

五、2016 年宝马 740Li 百叶窗工作不正常 ⋯⋯ 163

六、2011 年宝马 X3 遥控器偶尔无法锁车 ⋯⋯ 165

七、2010 年宝马 523Li 燃油泵控制故障 ⋯⋯ 166

八、2005 年宝马 730Li 仪表黑屏 ⋯⋯⋯⋯ 168

九、2014 年宝马 X4 蓄电池漏电 ⋯⋯⋯⋯ 169

十、宝马 F35 车辆仪表报警（DSC 变速器

温度报警） ⋯⋯⋯⋯⋯⋯⋯⋯⋯⋯⋯ 171

十一、2009 年宝马 X5 K-CAN 总线故障 ⋯⋯ 173

十二、2008 年宝马 530Li 座椅无法调节 ⋯⋯ 175

十三、2010 年宝马 X6 K-CAN 总线故障 ⋯⋯ 177

十四、2017 年宝马 X5 等红绿灯时仪表有时

黑屏 ⋯⋯⋯⋯⋯⋯⋯⋯⋯⋯⋯⋯⋯⋯ 179

第五章 捷豹路虎车系 ⋯⋯⋯⋯⋯⋯⋯⋯ 182

第一节 总线波形分析 ⋯⋯⋯⋯⋯⋯⋯⋯ 182

一、CAN 网络总线 ⋯⋯⋯⋯⋯⋯⋯⋯⋯⋯ 182

二、局域互联网（LIN） ⋯⋯⋯⋯⋯⋯⋯ 185

第二节 总线波形经典案例 ⋯⋯⋯⋯⋯⋯ 189

一、2018 年捷豹 XFL 车辆无法启动 ⋯⋯⋯ 189

二、2017 年路虎揽胜运动 L494 客户抱怨启动

车辆后仪表提示：自动紧急制动不可用，

前方预警不可用，助力转向性能降低 ⋯⋯ 190

三、2018 年路虎新揽胜仪表提示前方预警

不可用 ⋯⋯⋯⋯⋯⋯⋯⋯⋯⋯⋯⋯⋯ 192

四、2018 年路虎揽胜驻车制动无法释放 ⋯⋯ 194

五、2018 年路虎发现神行客户抱怨车辆智能

钥匙不可用，车辆无法启动 ⋯⋯⋯⋯⋯ 196

六、2018 年路虎揽胜运动车辆无钥匙进入

功能间歇性不可用 ⋯⋯⋯⋯⋯⋯⋯⋯ 199

第六章 保时捷车系 ⋯⋯⋯⋯⋯⋯⋯⋯⋯ 202

第一节 总线波形分析 ⋯⋯⋯⋯⋯⋯⋯⋯ 202

一、CAN 总线 ……………………… 202

二、LIN 信号波形……………………… 205

第二节　总线波形经典案例 ……………… 207

一、2015 年 Cayenne 启动后仪表显示 PSM
故障，底盘系统故障等多个故障灯亮 … 207

二、2015年Cayenne气囊灯亮，后盖
不能打开 …………………… 208

三、2016 年 Panamera 行驶中仪表黑屏，
或不能启动 …………………… 209

四、2016 年 Macan 车辆钥匙插入后仪表黑屏，
中央显示器黑屏，空调面板无法使用 …209

五、2012 年 Cayenne 车辆行驶中熄火 ……… 210

六、2015 年 Cayenne 客户反映仪表黑屏 …… 211

七、2013 年 Cayenne E2 仪表有时不显示，
工作正常 …………………… 212

八、2011 年 Cayenne E2 行驶中熄火 ……… 213

九、2012 年 Panamera 970 遥控器不能使用，
使用机械钥匙打开车门后也无法启动
车辆，仪表黑屏 …………………… 213

十、2014 年 981 Boxster 组合仪表显示"系统
故障" ……………………… 214

十一、2007 年 Cayenne 漏电 ……………… 214

第七章　沃尔沃车系 ……………………… 218

一、CAN 总线 ……………………… 218

二、FlexRay 总线 ……………………… 221

三、LIN 总线……………………… 224

第八章　法拉利车系 ……………………… 226

一、CAN-B 总线 ……………………… 226

二、CAN-C 总线……………………… 228

第一章　大众车系

第一节　总线基础和波形分析

一、CAN 基本介绍

（一）CAN 基本介绍

大众集团的 CAN 网络。首次使用是大众公司的 1997 年型帕萨特车上的舒适总线，速率为 62.5kbit/s（千位／秒），如图 1-1 所示。

2001 年，大众集团内 100kbit/s 的 CAN 舒适总线已成为某些车的标准配置，如帕萨特，如图 1-2 所示。

如今，2014 款途观，参与 CAN 总线通信的模块已达 30 个左右，并引入 E-CAN（扩展 CAN 总线），如图 1-3 所示。

全新 MQB 平台，全车 CAN 总线均使用高速 CAN（500kbit/s）。除增配备 E-CAN 和底盘 CAN（A-CAN）外，还新增 MOST 光纤总线娱乐系统，LIN 总线设备的数量也进一步增加，如图 1-4 所示。

CAN 是 Controller Area Network（控制器局域网络）的缩写，对于车上的整个系统来说，CAN 总线有如下优点：

CAN 总线起到所谓数据交换高速公路的作用，控制单元间的数据交换都在同一平台上进行；

传递速度快，传递数据量大；

CAN 总线是一个开放系统，它可以与各种传输媒质进行适配，光纤导线；

降低车身自重；

排放、安全、舒适和控制、软件更新方面的需要。

普通连接：导线较多，电磁干扰大，插接件多且容易出现故障，传感器信号难以重复使用，控制单元复杂时无法随意增加接口数量，系统改动只能通过硬件实现，如图 1-5 所示。

CAN-BUS 系统：极大简化了车辆布线，信号可以重复使用，传感器和信号导线减少，减轻了重量，总线设备持续检查所发送的信息，系统错误率低，如图 1-6

图1-1

图1-2

图1-3

图1-4

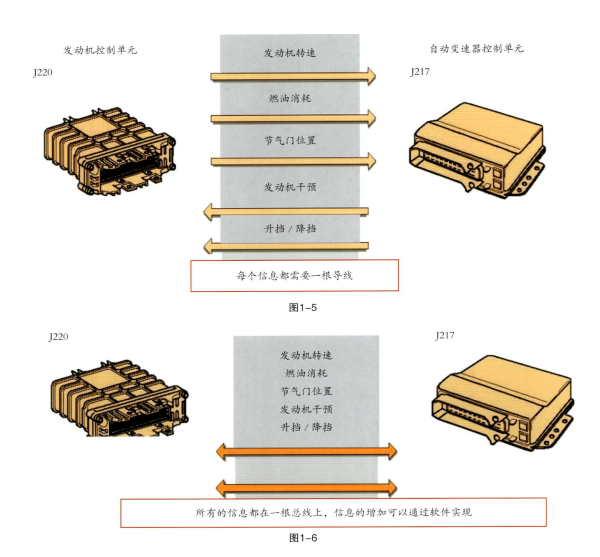

发动机控制单元 J220

自动变速器控制单元 J217

发动机转速

燃油消耗

节气门位置

发动机干预

升挡 / 降挡

每个信息都需要一根导线

图1-5

J220

J217

发动机转速
燃油消耗
节气门位置
发动机干预
升挡 / 降挡

所有的信息都在一根总线上，信息的增加可以通过软件实现

图1-6

所示。

（二）CAN-BUS 通信原理

1.CAN-BUS 系统网络（PQ 平台）

基本系统由多个控制单元组成。通过发射接收器，它们以并联的方式与总线连接。因此，所有的模块都处于相同的工作状态。换句话说，所有的控制单元都会同时被处理，如图 1-7 所示。

2.MQB 平台车辆拓扑结构（2015 年凌渡）（如图 1-8 所示）

3. 车辆拓扑结构

网络结构也称拓扑结构，基本形式有总线形、树形、星形和环形等，如图 1-9~ 图 1-12 所示。

4.CAN-BUS 系统构件

（1）CAN-BUS 系统构件如图 1-13 和图 1-14 所示。

（2）PQ 平台总线终端电阻值，如表 1-1 所示。

（3）MQB 平台总线终端电阻值，如图 1-15 所示。

（4）总线导线颜色如图 1-16 所示。

（5）CAN-BUS 系统信息交换方式。

系统中，一个控制单元发送信息，任何控制单元都可以接收这个被传送的信息，这个原理也被叫作

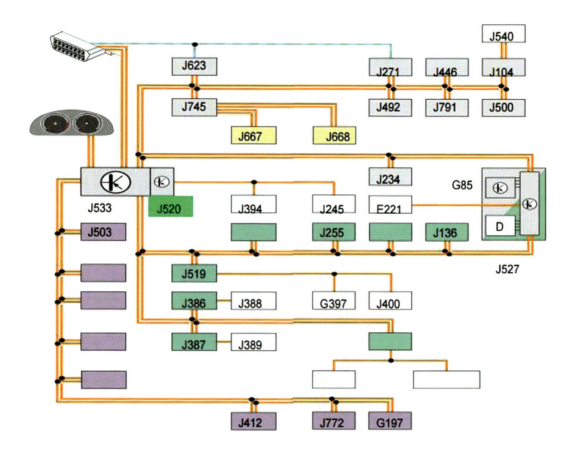

图1-7

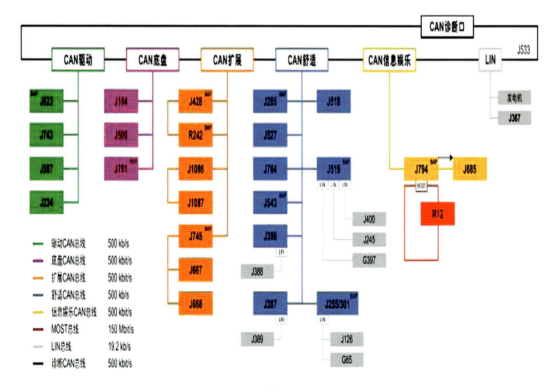

图1-8

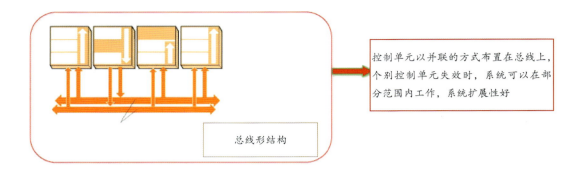

控制单元以并联的方式布置在总线上，个别控制单元失效时，系统可以在部分范围内工作，系统扩展性好

总线形结构

图1-9

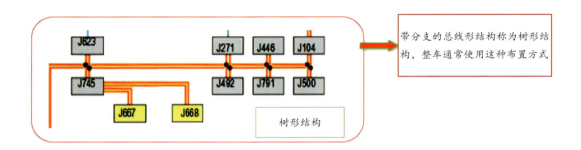

带分支的总线形结构称为树形结构，整车通常使用这种布置方式

树形结构

图1-10

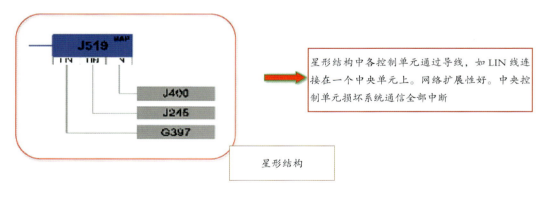

星形结构中各控制单元通过导线，如LIN线连接在一个中央单元上。网络扩展性好。中央控制单元损坏系统通信全部中断

星形结构

图1-11

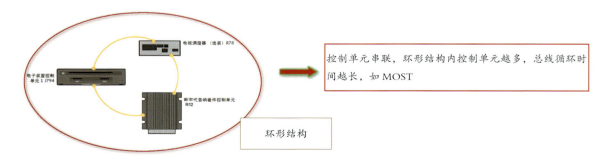

控制单元串联，环形结构内控制单元越多，总线循环时间越长，如MOST

环形结构

图1-12

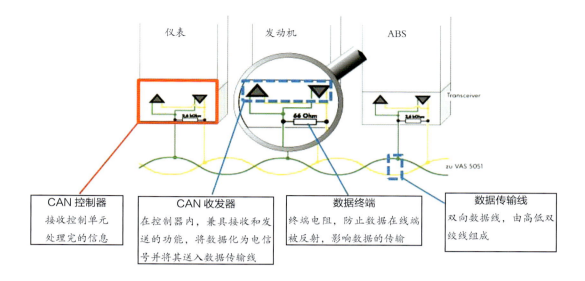

CAN 控制器	CAN 收发器	数据终端	数据传输线
接收控制单元处理完的信息	在控制器内,兼具接收和发送的功能,将数据化为电信号并将其送入数据传输线	终端电阻,防止数据在线端被反射,影响数据的传输	双向数据线,由高低双绞线组成

图1-13

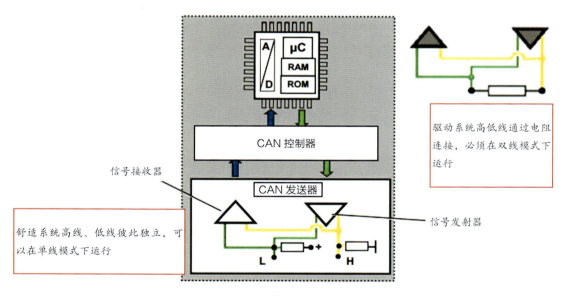

驱动系统高低线通过电阻连接,必须在双线模式下运行

信号接收器

信号发射器

舒适系统高线、低线彼此独立,可以在单线模式下运行

图1-14

表1-1

总线类型	控制器与低阻抗电阻	控制器与高阻抗电阻
驱动总线	发动机控制单元66Ω	变速器 2.6kΩ 安全气囊 2.6kΩ ABS单元 2.6kΩ 车身模块 2.6kΩ 组合仪表 2.6kΩ
舒适总线	车身模块 560Ω 空调单元 560Ω 收音机/导航 560Ω 电话准备 560Ω	
诊断总线	车身模块66Ω	

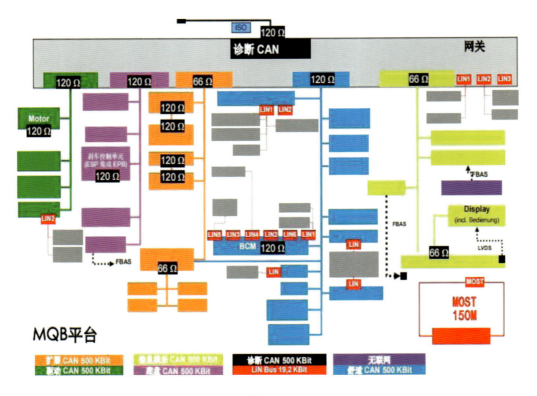

图1-15

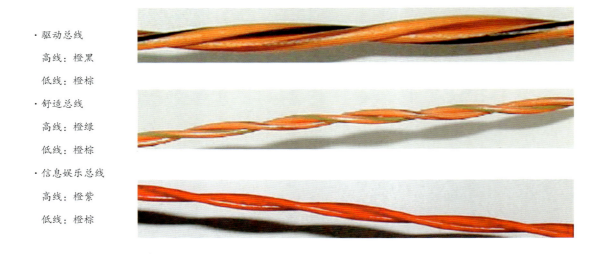

· 驱动总线

　　高线：橙黑

　　低线：橙棕

· 舒适总线

　　高线：橙绿

　　低线：橙棕

· 信息娱乐总线

　　高线：橙紫

　　低线：橙棕

图1-16

广播信息方式。广播过程保证与总线连接的控制单元都具有相同的信息状态。控制单元要传递的数据首先根据协议被转换成具有特定 CAN 形式的信息。该形式的信息主要由以下部分构成，如图 1-17 所示。

　　（6）通信优先级判定。

　　所有控制单元都同时开始向 CAN 总线发射信息，为避免数据碰撞，在 12 位的状态域中预先定义数据的优先权。发射隐性电位"1"的控制单元，若检测到一个显性电压"0"，那么该控制单元停止发射转为接收，如图 1-18 所示。

　　（7）数据传递过程。

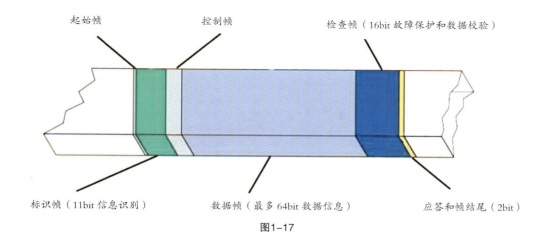

起始帧　　　　控制帧　　　　检查帧（16bit 故障保护和数据校验）

标识帧（11bit 信息识别）　　数据帧（最多 64bit 数据信息）　　应答和帧结尾（2bit）

图1-17

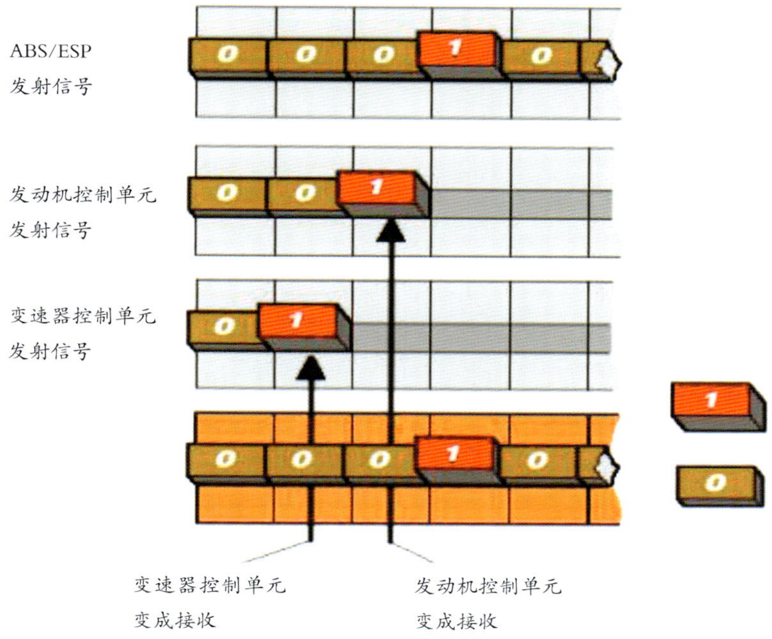

ABS/ESP
发射信号

发动机控制单元
发射信号

变速器控制单元
发射信号

变速器控制单元
变成接收　　　　发动机控制单元
　　　　　　　　变成接收

图1-18

①提供数据。相应控制单元向 CAN 控制器提供须发送的数据。

②发射数据。CAN 收发器接收 CAN 控制器传来的数据并转化为电信号传递。

③接收数据。CAN-BUS 网络中所有其他控制单元，作为潜在的接收器。

④检查数据。收到信号的控制单元，评估该信号是否与其功能有关。

⑤使用数据。如果接收到的数据是相关的，控制单元接受并处理，否则忽略，如图 1-19 所示。

（8）数据安全措施。

外界环境的电磁干扰源发出电磁波，总线线缆会产生感应电压，对总线上传递的数据可能造成干扰和破坏。为保护数据，总线系统线路采取了必要的屏蔽手段，如图 1-20 所示。

两条数据线相互缠绕，防止电磁波干扰和向外辐射，规定绞距 20mm，如图 1-21 所示。

两条数据线传递相同信号，但数值互为镜像（对称）。即便有干扰，两个信号的电位差也不变，如图1-22所示。

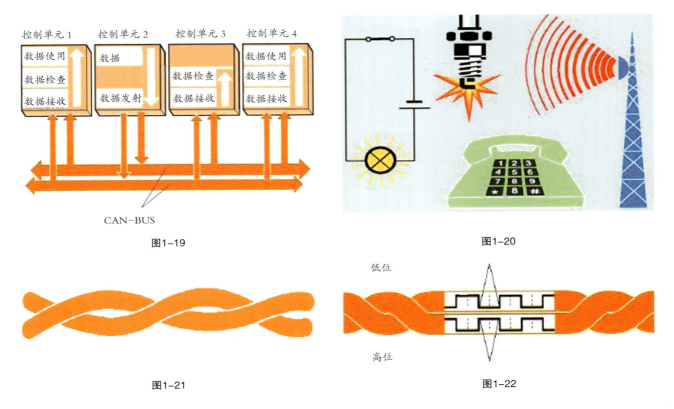

图1-19

图1-20

图1-21

图1-22

在维修故障车辆时，如需对 CAN 线缆进行修复，请使用专用工具 VAS1978/VAS1978B。修理时不能有大于 50mm 的线段不绞合。修理点之间的距离至少要相隔 100mm，以避免干扰，如图 1-23 所示。

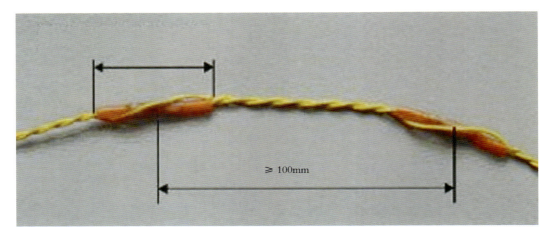

≥ 100mm

图1-23

（9）诊断插头连接。

除发动机、自动变速器具有 K 诊断线外，其余控制单元均使用 CAN 总线诊断（2007 年之后，取消 K 诊断线）。

总线存在两种不同的数据传输协议：

TP2.0；

UDS（诊断设备 14 版本支持）。

新的传输协议需要新的诊断软件版本与之相匹配。

J533 网关诊断数据块：

驱动——125/126/127。

舒适——130/131/132。

信息娱乐——140/141，如图1-24所示。

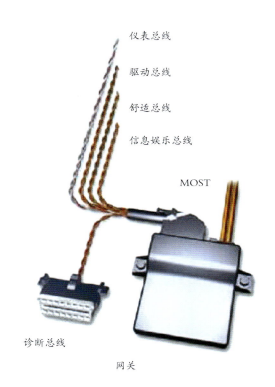

不同区域CAN-BUS总线的速率和识别代号不同，因此一个信号要从一个总线进入到另一个总线区域，必须把它的识别信号和速率进行改变，能够让另一个系统接受，这个任务由网关（Gateway）来完成。另外，网关还具有改变信息优先级的功能。比如：车辆受正面撞击时，气囊控制单元会发出打开气囊的信号，这个信号的优先级在驱动系统是非常高，但转到舒适系统后，网关调低了它的优先级，因为它在舒适系统功能只是打开门和灯，如图1-25所示。

（10）网关电路图（新帕萨特），如图1-26所示。

（三）高速CAN

高速CAN信号和逻辑信号（如图1-27所示）。

CAN-High的高电平为：3.5V。

CAN-High的低电平为：2.5V。

CAN-Low的高电平为：2.5V。

CAN-Low的低电平为：1.5V。

图1-24

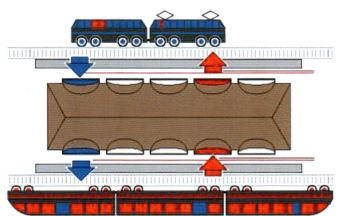

图1-25

PQ平台中驱动总线；MAB平台中所有总线。

PQ平台中诊断总线；MAB平台中所有总线。

PQ平台中仪表总线；MAB平台中所有总线。

（四）低速CAN

低速CAN信号和逻辑信号（如图1-28所示）。

CAN-High的高电平为：3.6V。

CAN-High的低电平为：0V。

CAN-Low的高电平为：5V。

图1-29

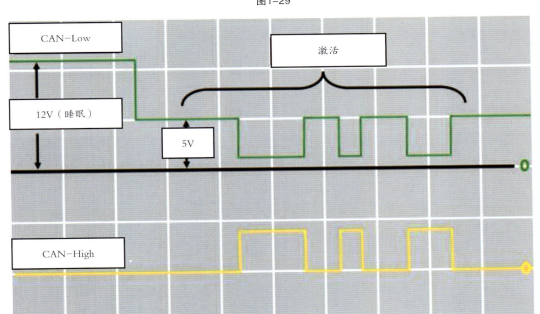

图1-30

截面积为0.35mm²。不需要进行屏蔽。系统允许

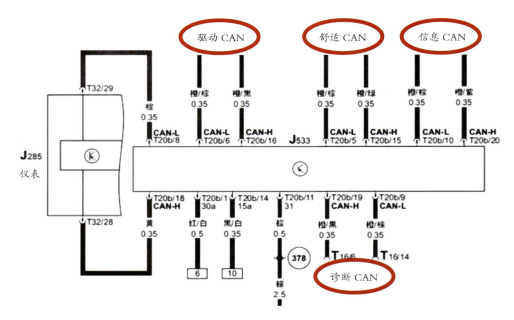

图1-26

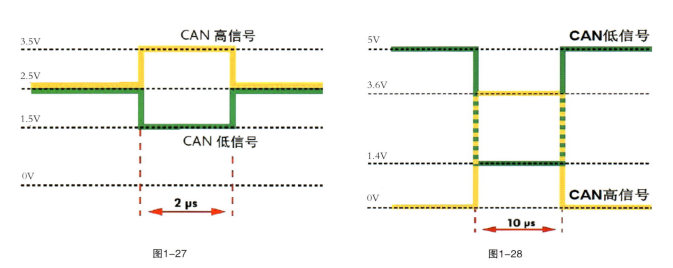

图1-27   图1-28

CAN-Low 的低电平为：1.4V。

PQ 平台中舒适总线；MAB 平台中所有总线。

1. 睡眠模式 / 唤醒

为了减少系统电源的功率消耗，可以将 CAN 器件设为睡眠模式以便停止内部活动及断开与总线驱动的连接。CAN 器件可由总线激活或系统内部状态而被唤醒，如图 1-29 所示。

2. 低速的睡眠和激活模式

如图 1-30 所示。

（五）LIN 代表 Local Interconnect Network（局部互联网络）

"局部互联"指的是所有控制单元被安装在一个有限的结构空间（例如车顶）内，它也被称为"局部子系统"。一辆汽车中各个LIN总线系统之间的数据交换是通过CAN数据总线进行的，而且每一次只交换一个控制单元的数据。LIN总线系统是一根单线总线。导线有基本颜色（紫色）和识别颜色。导线

J387 右前门控制单元—J389 右后门控制单元；

J527 转向柱控制单元—E221 多功能方向盘。

二、高速 CAN 故障

（一）高速 CAN 波形

1. 高速系统的信号图

高速系统的 CAN 逻辑信号如图 1-32 所示。

CAN-High 的高电平为：3.5V。

CAN-High 的低电平为：2.5V。

CAN-Low 的高电平为：2.5V。

CAN-Low 的低电平为：1.5V。

2. 高速 CAN 正常波形

如图 1-33 所示。

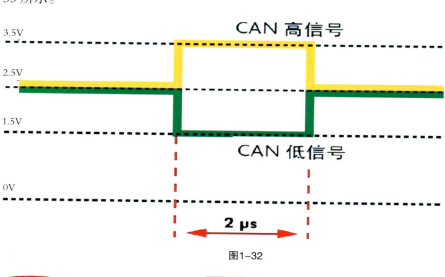

图1-32

（二）高速 CAN 故障波形分析

1. 高线断路

如图 1-34 和图 1-35 所示。

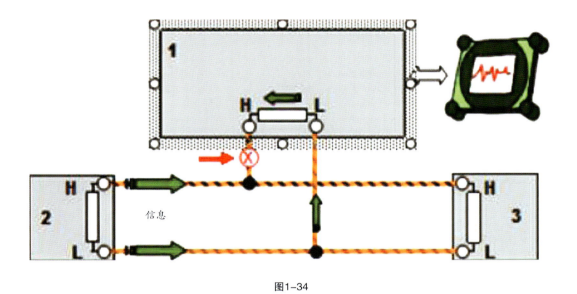

图1-34

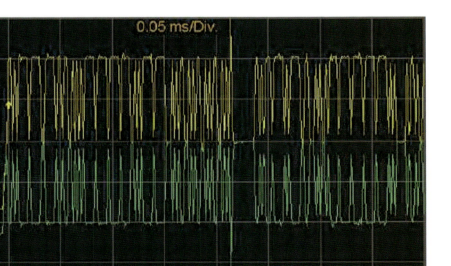

图1-35

2. 低线断路

如图 1-36 和图 1-37 所示。

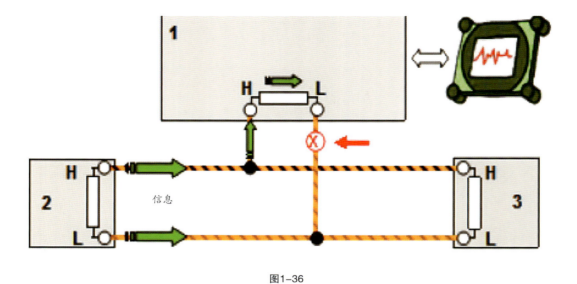

图1-36

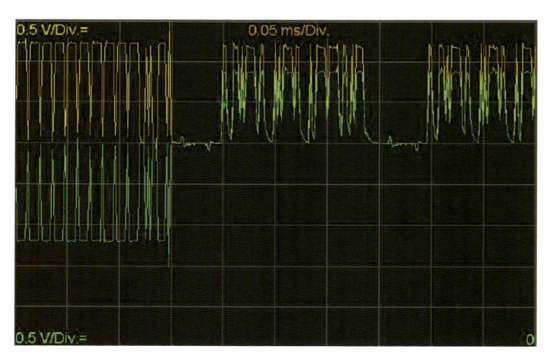

图1-37

3. 高线内有电阻

如图 1-38 和图 1-39 所示。

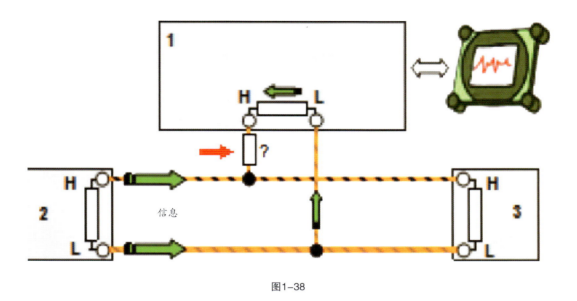

图1-38

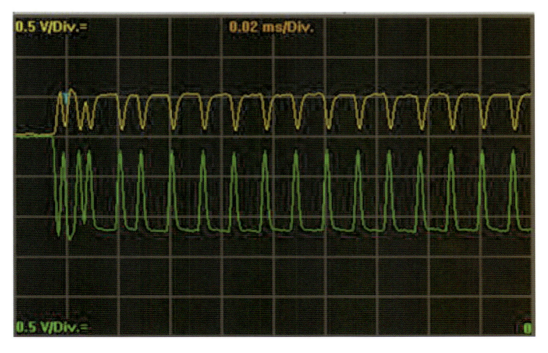

图1-39

4. 低线内有电阻

如图 1-40 和图 1-41 所示。

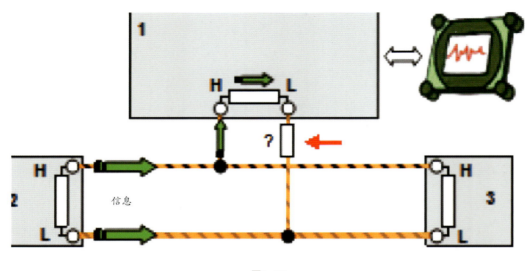

图1-40

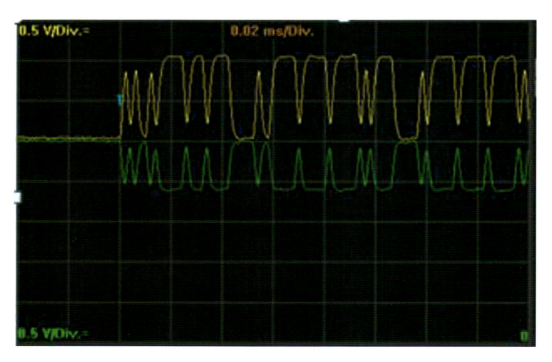

图1-41

5. 高线对正极短路

如图 1-42 和图 1-43 所示。

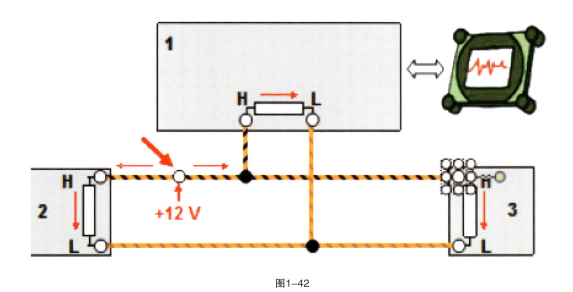

图1-42

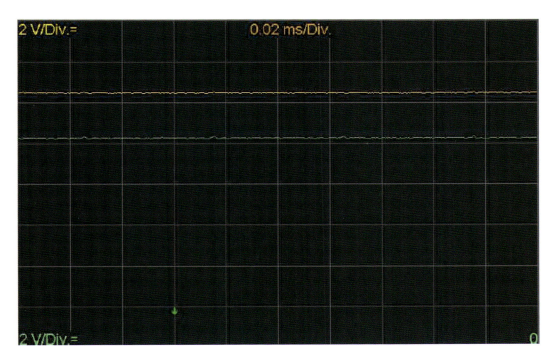

图1-43

6. 低线对正极短路

如图 1-44 和图 1-45 所示。

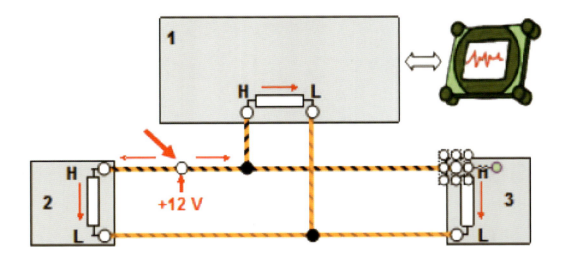

图1-44

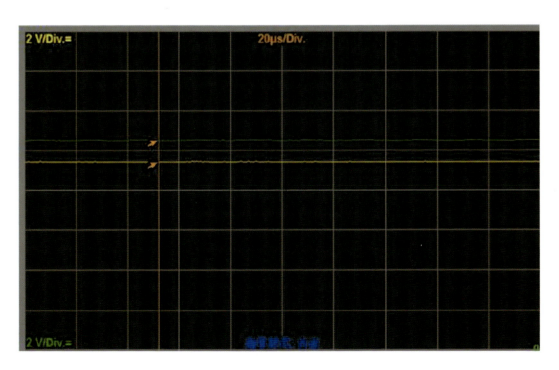

图1-45

7. 高线对地短路

如图1-46和图1-47所示。

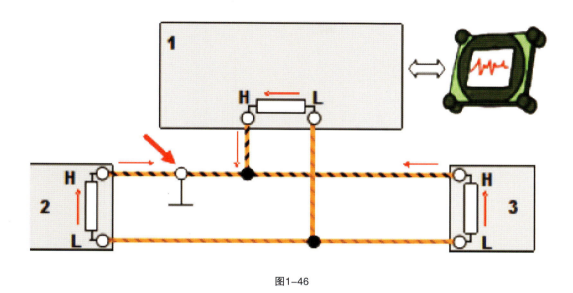

图1-46

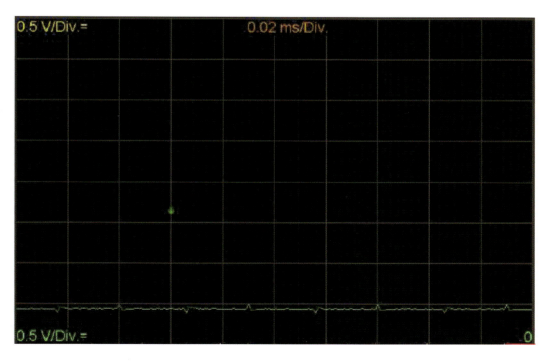

图1-47

8. 低线对地短路

如图 1-48 和图 1-49 所示。

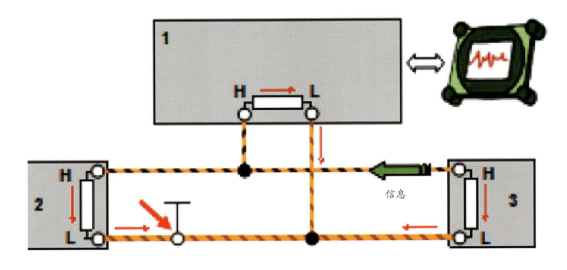

图1-48

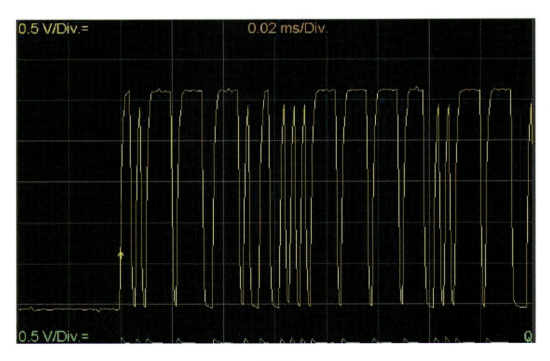

图1-49

9. 高、低线交叉

如图 1-50 和图 1-51 所示。

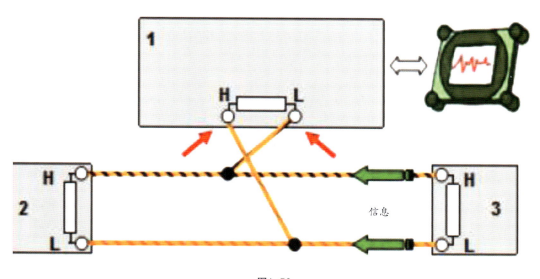

信息

图1-50

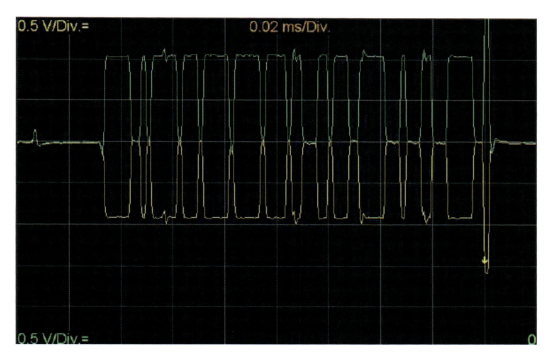

图1-51

10. 高、低线短路

如图 1–52 和图 1–53 所示。

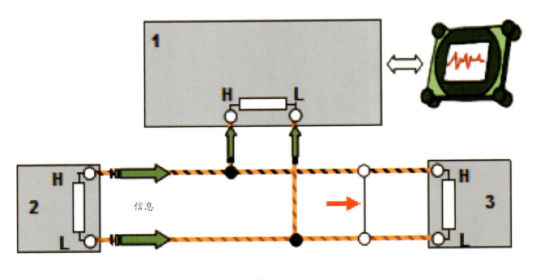

图1–52

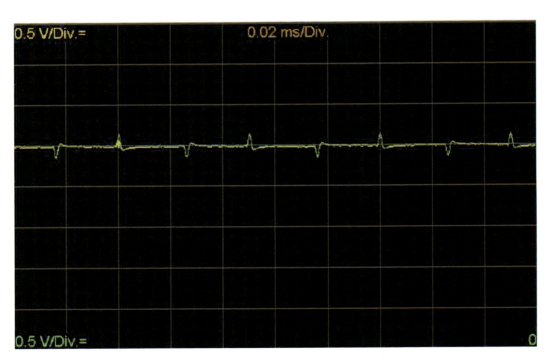

图1–53

11. 高线接电阻对正极短路

如图 1-54 和图 1-55 所示。

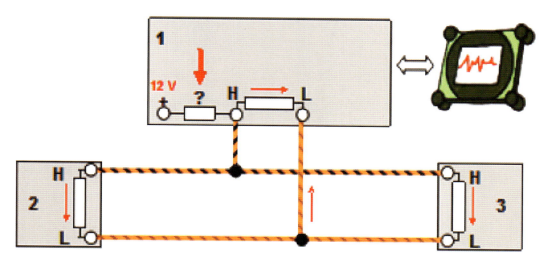

图1-54

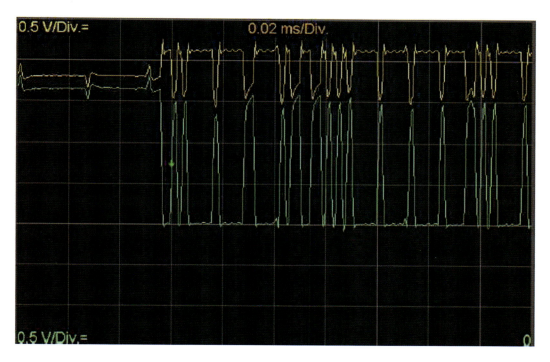

图1-55

12. 低线接电阻对正极短路

如图 1-56 和图 1-57 所示。

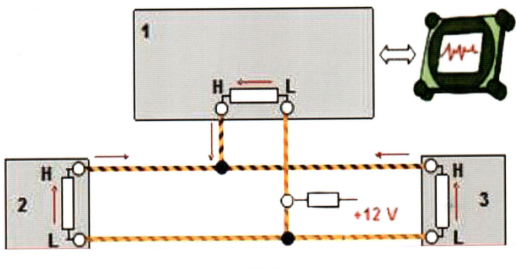

图1-56

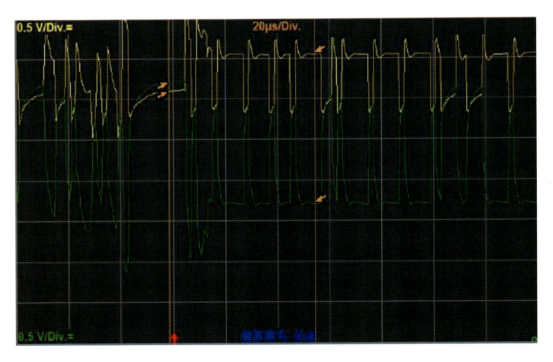

图1-57

13. 高线接电阻对地短路

如图 1-58 和图 1-59 所示。

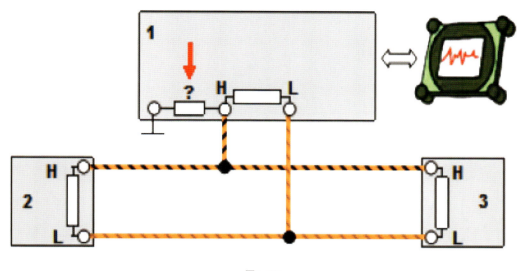

图1-58

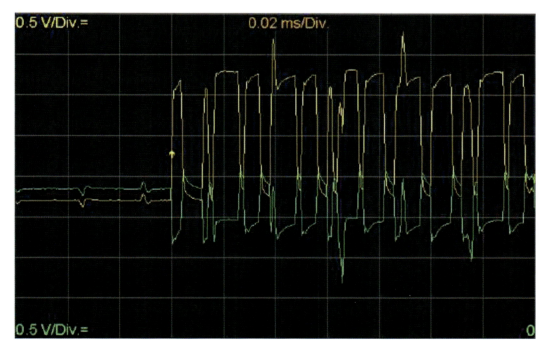

图1-59

14. 低线接电阻对地短路

如图 1-60 和图 1-61 所示。

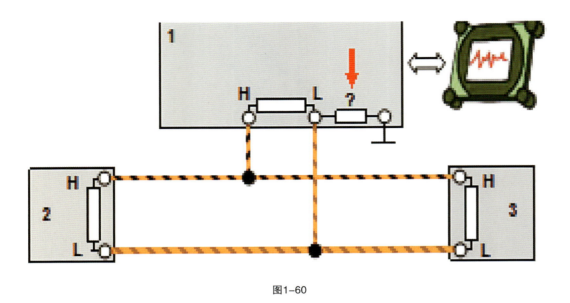

图1-60

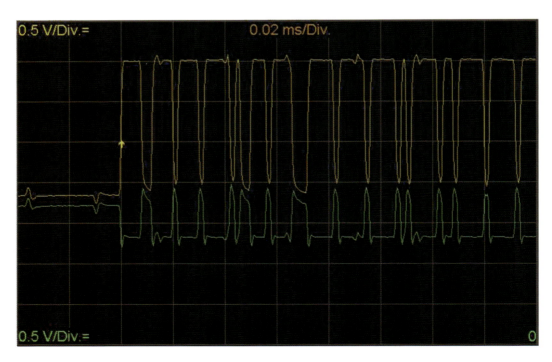

图1-61

三、低速 CAN 故障

（一）低速 CAN 波形

1. 示波器参数设置

如图 1–62 所示。

2. 低速系统的信号图

低速系统的 CAN 逻辑信号如图 1–63 所示。

CAN–High 的高电平为：3.6V。

CAN–High 的低电平为：0V。

CAN–Low 的高电平为：5V。

CAN–Low 的低电平为：1.4V。

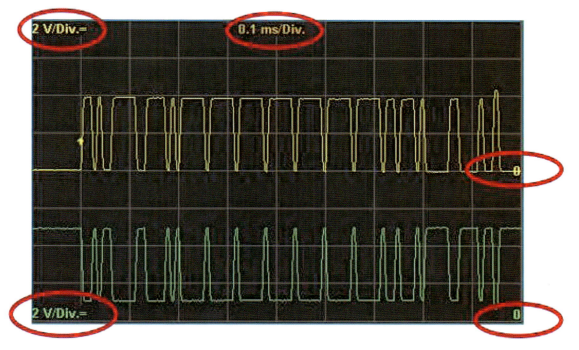

图1–62

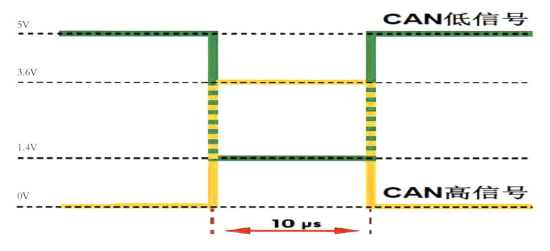

图1–63

（二）低速 CAN 故障波形分析

1. 高线断路

如图 1-64 和图 1-65 所示。

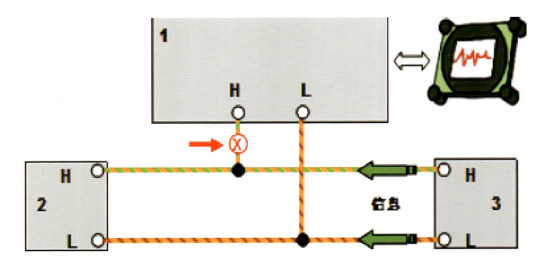

图1-64

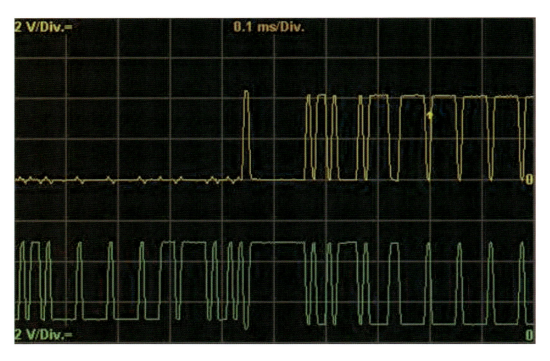

图1-65

2. 低线断路

如图 1-66 和图 1-67 所示。

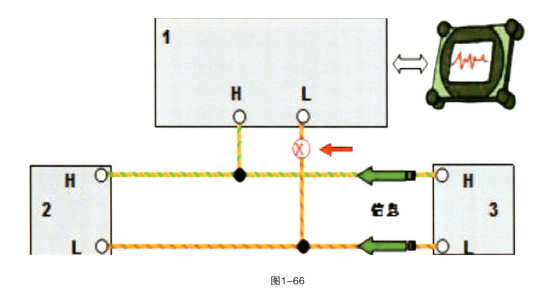

图1-66

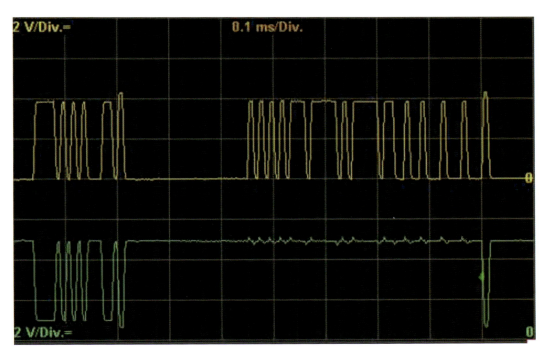

图1-67

3. 高线内有电阻

如图 1-68 和图 1-69 所示。

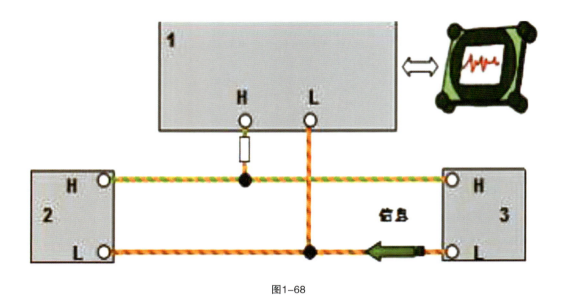

图1-68

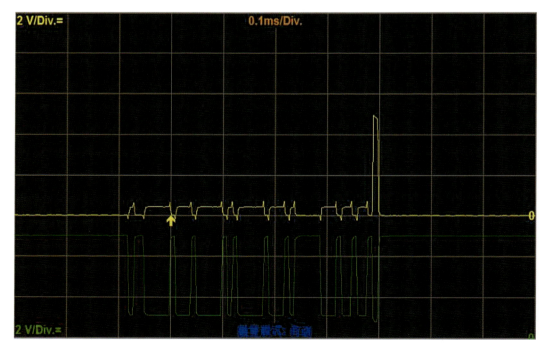

图1-69

4. 低线内有电阻

如图 1-70 和图 1-71 所示。

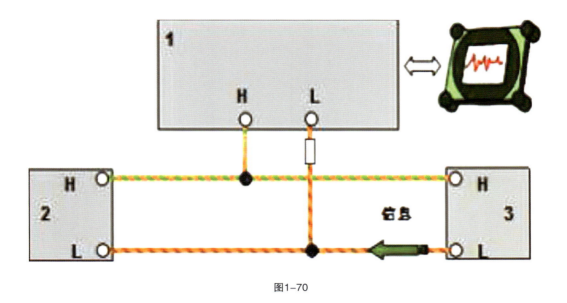

图1-70

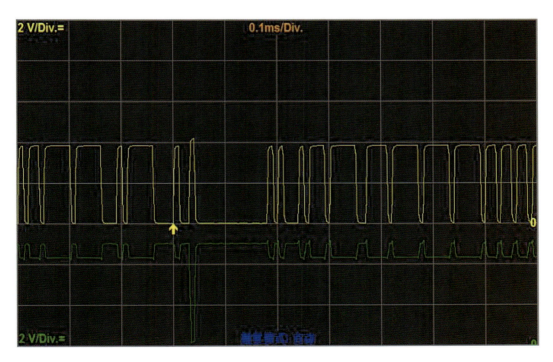

图1-71

5. 高线对正极短路

如图 1-72 所示。

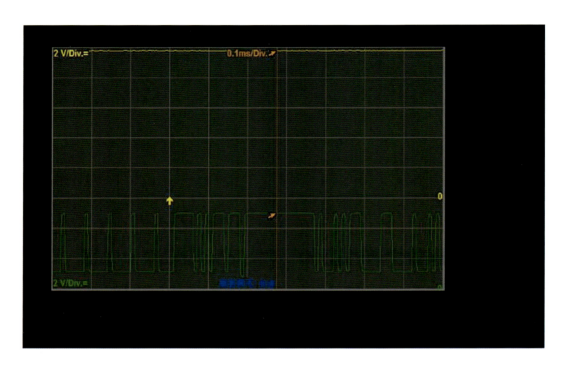

图1-72

6. 低线对正极短路

如图 1-73 和图 1-74 所示。

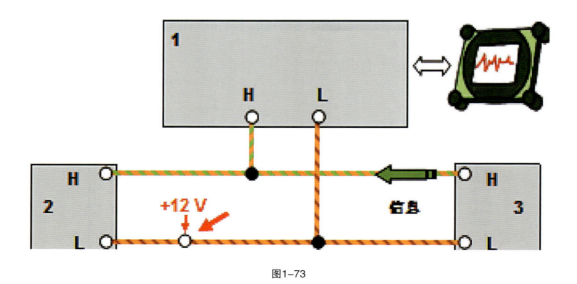

图1-73

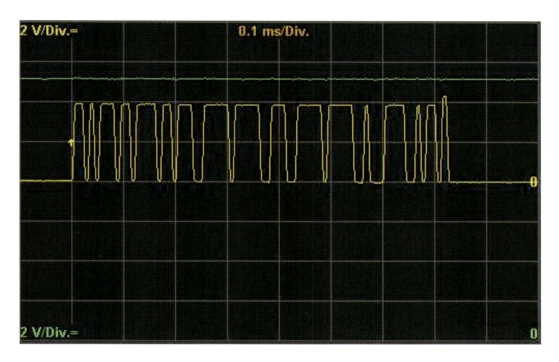

图1-74

7. 高线对地短路

如图 1-75 和图 1-76 所示。

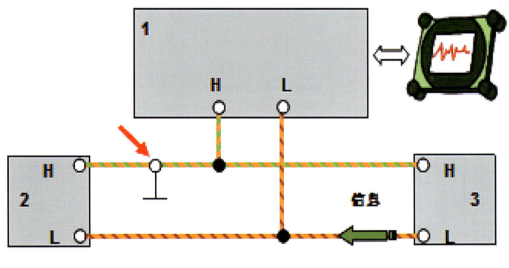

图1-75

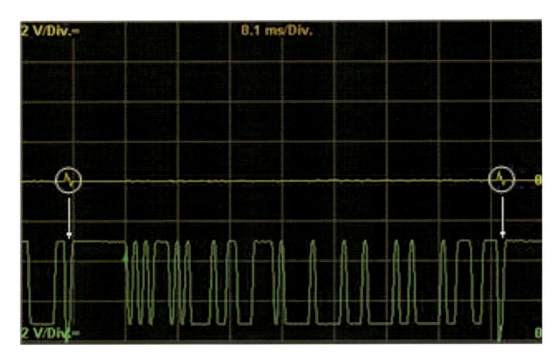

图1-76

8. 低线对地短路

如图 1-77 和图 1-78 所示。

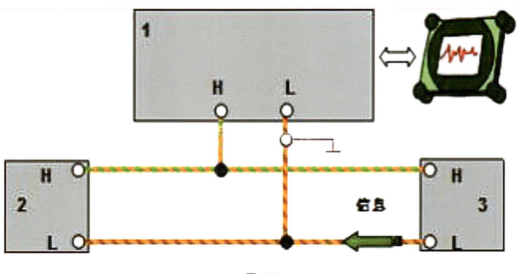

图1-77

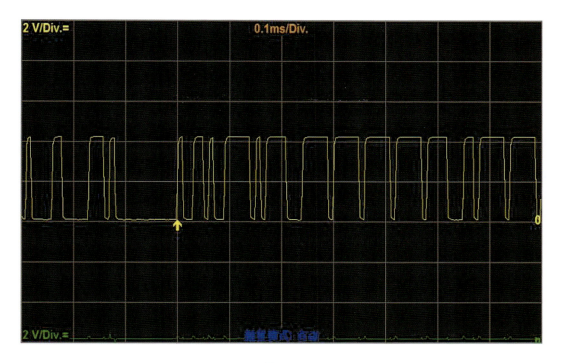

图1-78

9. 高低线交叉

如图 1-79 和图 1-80 所示。

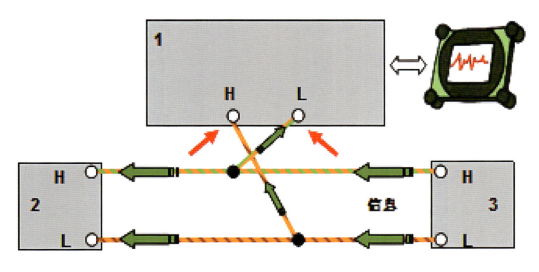

图1-79

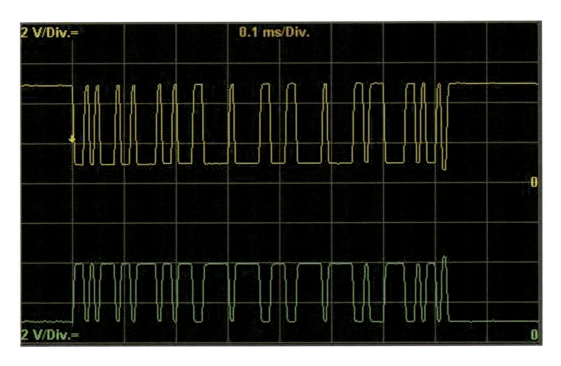

图1-80

10. 高低线短路

如图 1-81 和图 1-82 所示。

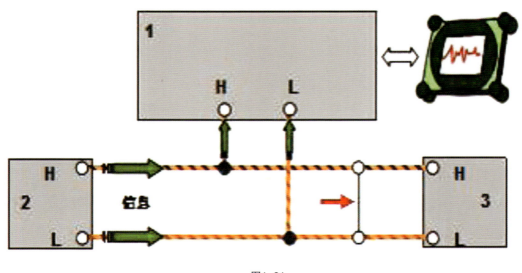

图1-81

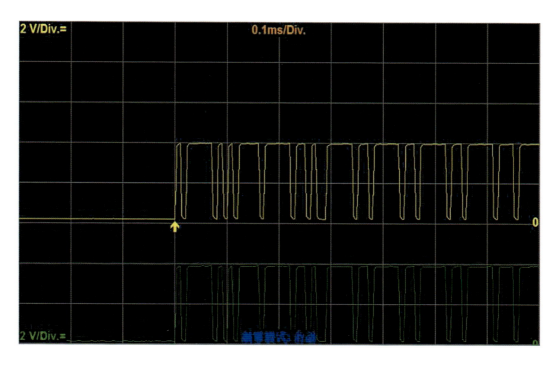

图1-82

11. 高线接电阻对正极短路

如图 1-83 和图 1-84 所示。

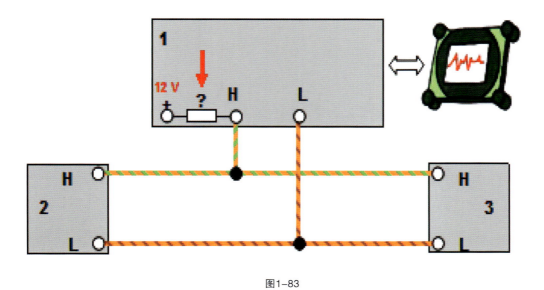

图1-83

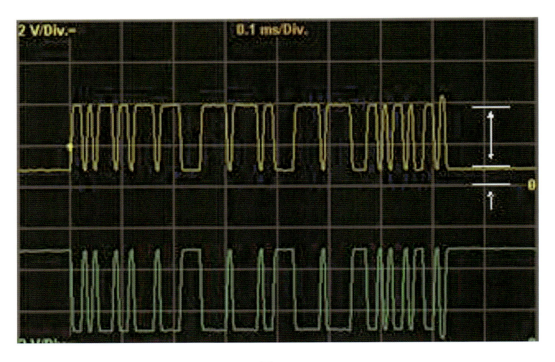

图1-84

12. 高线接电阻对地短路
如图 1-85 和图 1-86 所示。

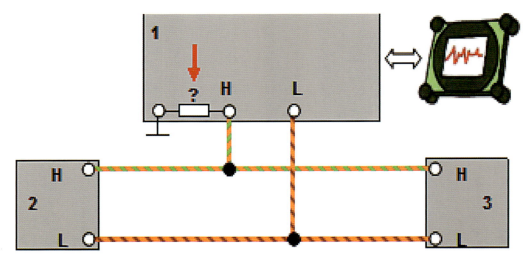

图1-85

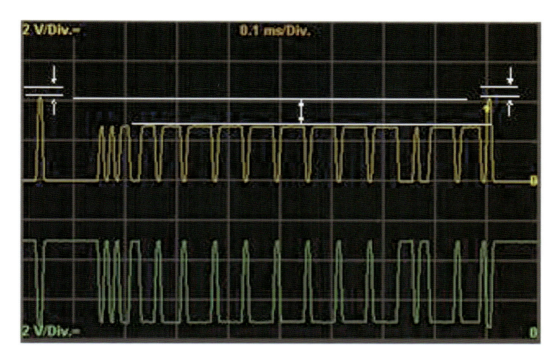

图1-86

13. 低线接电阻对地短路(高电阻)

如图 1-87 和图 1-88 所示。

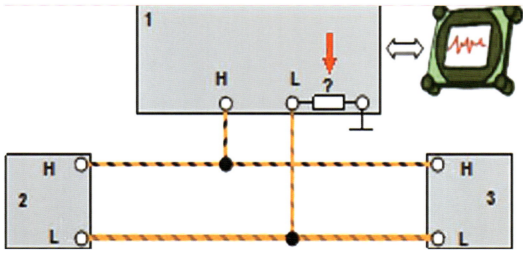

图1-87

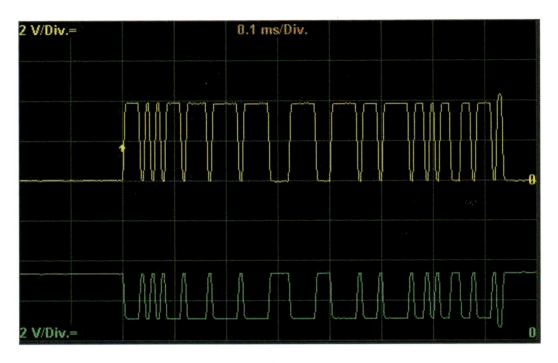

图1-88

　　CAN 总线诊断总结：总线产生的故障现象多种多样，可能表现为仪表各指示灯不正常闪烁、雨刮不正常工作、车窗在关闭状态下偶然打开、中控锁无规律地开闭锁等。维修人员不易总结出维修规律，对于总线的诊断要多种方法结合使用。如总线数据流和 DSO 结合使用、从总线网络中断开某个控制单元等，这可以提高我们的诊断效率。任何诊断方法都不是唯一的，不是一劳永逸的。对总线维修经验的累积也是很必要的。

第二节　总线波形经典案例

一、途观行驶中车门锁异常工作

车型：途观，配置CEA发动机。

VIN：LSVXM25N5D2××××××。

行驶里程：68500km。

故障现象：客户反映车辆行驶中车内锁电机异常工作，特别是车速达到20km/h左右，车门锁连续发出“咔嗒”异响（门锁电机在反复锁止所发出的声音）。

故障诊断：经和客户试车发现故障现象属实，进一步检查发现，仪表中无任何故障提示，人为操作中控锁无异常，连接诊断仪进入系统，发现09车身控制模块有多个模块无通信的故障码，且网关内有舒适系统总线损坏的故障，其他有08（空调系统）、16（转向柱电子装置）记忆数据总线丢失信息，而42（左前门模块）、52（右前门模块）也记忆数据总线接口无通信及安全气囊无通信的故障码。

通过故障码来分析，出现故障码的控制单元都是舒适总线系统所连接的控制器，而驱动系统、仪表系统、扩展系统、信息娱乐系统并没有故障码记忆，综合分析应该是舒适总线通信异常，遂读取网关里面的测量值，观察 125 组至 133 组相关数据流（如图 1–89 所示），可见驱动 CAN 线通信正常，而舒适 CAN 已经进入单线模式。

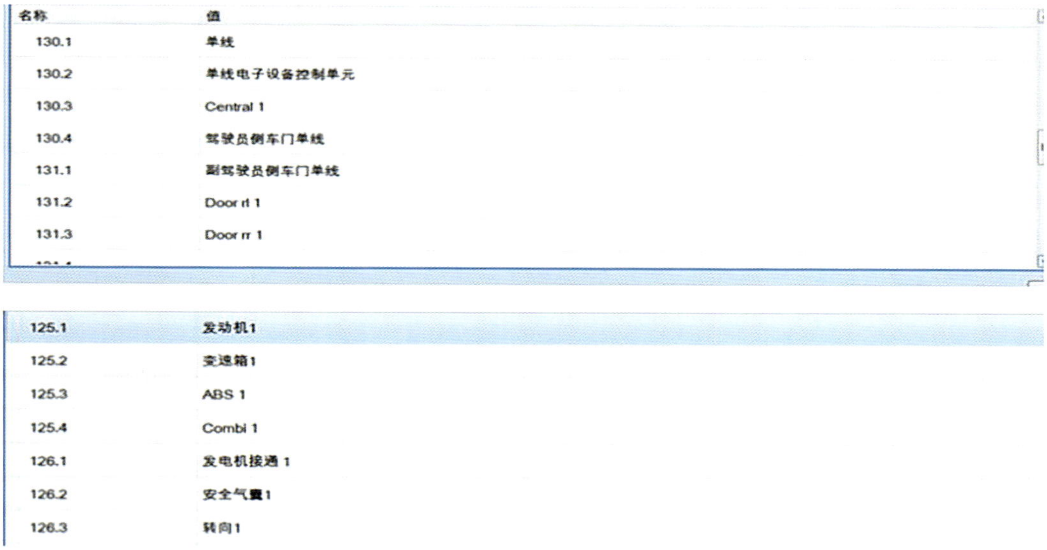

名称	值
130.1	单线
130.2	单线电子设备控制单元
130.3	Central 1
130.4	驾驶员侧车门单线
131.1	副驾驶员侧车门单线
131.2	Door rl 1
131.3	Door rr 1

125.1	发动机1
125.2	变速箱1
125.3	ABS 1
125.4	Combi 1
126.1	发电机接通 1
126.2	安全气囊1
126.3	转向1

图1–89

CAN 线进入了单线模式，是不是就是导致门锁异常的工作原因呢？虽然笔者对此不敢确定，但是联想到门锁也是通过舒适 CAN 来控制的，因此必须先解决该单线模式再考虑后一步。而引起舒适 CAN 单线模式的可能原因，经分析不外乎包括：①车辆的加装部件故障；②某个舒适系统控制单元引起故障；③舒适 CAN 线线路故障。接下来通过分析来逐个排除了。

目测观察到该车已经加装了大屏幕导航，而该导航正是连接在舒适CAN线上，以便通过方向盘上的多功能按钮调节音量等菜单。首先断开该导航和车上的连接插头，发现舒适总线仍然处于单线模式。再观察没发现有其他改装，只能依次断开原车的舒适系统单元，包括J527、J519、J386、J387、J255，发现网关里面数据流依旧是单线模式。再用万用表测量舒适CAN高线电压为0V，低线电压为4.5V，断开网关后该高低线路电压无变化，由此可以排除控制单元本身的故障了。

　　无奈之下测量了舒适CAN高低线信号波形（如图1-90所示），可见低线波形正常，而高线波形始终为0V，符合万用表测量结果，同时也说明故障点为舒适CAN高线存在对地短路的情况了。

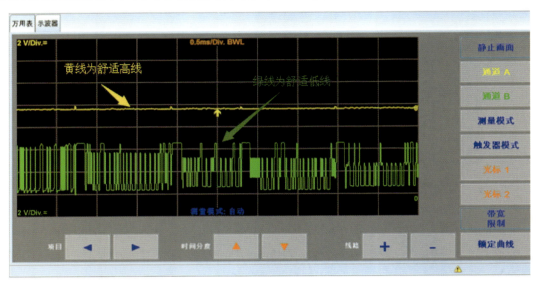

图1-90

　　相关联控制单元故障已经全部排除，剩下来只能考虑线路问题，根据经验，高线是对地短路，极有可能是高线某个部位磨破，导致和车身搭铁直接接触了。决定边检测波形边拉扯线路来观察波形是否有变化，当拉扯到仪表台下的主线束时候，意外发现舒适 CAN 的高线波形产生变化（如图 1-91 所示），由此说明高线短路搭铁部位就在仪表台下面了。

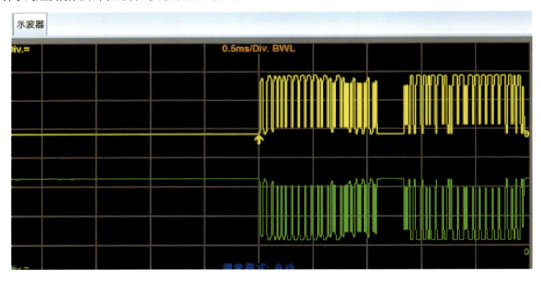

图1-91

　　经仔细检查仪表台下面的线束，发现制动踏板上方的支架和线束存在摩擦，导致线束有磨破现象，遂将磨破地方重新包扎处理之后，再次试车故障排除。

　　故障总结：本文故障为一例CAN通信方面的故障，因为CAN线的磨破导致门锁的异常工作，这在之前车上是不可想象的。那为什么会导致该现象的出现呢？笔者分析，车辆行驶速度在20km/h时，正是自动落锁的车速，但是车辆自动落锁后，由于舒适CAN线单线模式，导致了相关系统的无通信，而其中最关键的是安全气囊无通信，系统为了确保安全，当门锁自动落锁后，便会自动开锁。而一旦车速超过20km/h，系统又会自动落锁，如此反复。而若当时需要验证该现象时候，只需要关闭自动落锁功能，则门锁就不会在20km/h车速反复锁门了。

二、2013年新帕萨特4个门窗无法升降，风扇高速转

车型： 2013年新帕萨特，配置1.8T发动机。

VIN： LSVCH2A49DN××××××。

行驶里程： 23773km。

故障现象： 点火开关打开后，四门门窗无法升降，风扇高速运转。

故障诊断： 诊断仪读取相关故障很多。这里只取重点几个，如图1-92~图1-94所示。

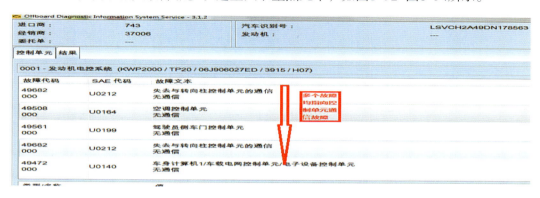

图1-92

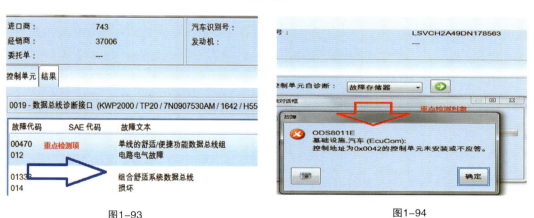

图1-93   图1-94

相关系统/部件原理：新帕萨特的四门门窗控制是左前，右前由舒适/便捷CAN总线和网关连接并由其控制，后面两门分别与相应侧前车窗通过LIN线相连并受其控制。点火开关打开后风扇一直高速运转，是风扇应急模式的启用。启用条件由发动机控制单元控制，电路图如图1-95和图1-96所示。

可能的故障原因：

原因1：数据总线诊断接口J533，J386，J387；

原因2：数据总线诊断接口J533至J386，J387连接导线，等等；

原因3：发动机电脑版，相关联部件，等等。

诊断思路说明：由于是4个门窗都不能升降，根据故障数据显示左右车门电子控制系统均无法通信，故重点检测舒适/便捷CAN总线通信相关上，风扇高速运转，是发动机控制器设置的自我保护程序，了解

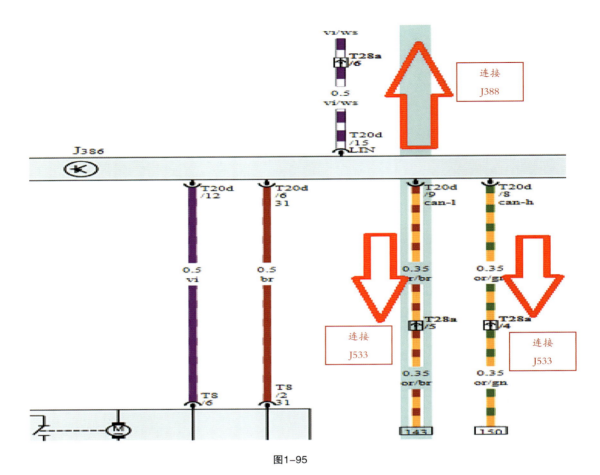

图1-95

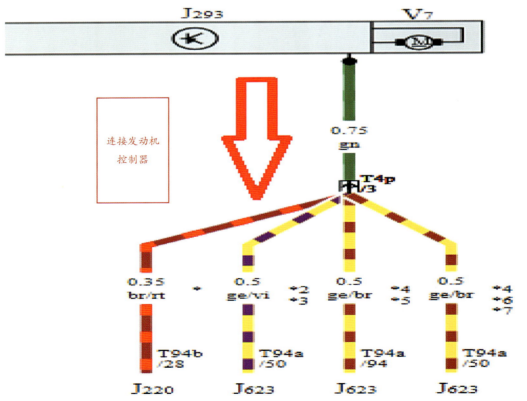

图1-96

风扇应急模式启用的条件，再结合故障数据，制订检修方案，进行故障检修的成功率就高了。

诊断过程简述：首先拆下左前门饰板，连接示波器检测左前门车窗控制单元J386T20d/9CAN-L、T20/8CAN-H发现舒适/便捷数据总线CAN-H、CAN-L信号异常，如图1-97所示。

故障原因/故障点：根据故障波形分析，首先断开左前门J386连接插头，右前门J387连接插头故障依旧，由于线路检查比较烦琐，就调换一个数据总线诊断单元J533，但是故障依旧未能解决，两三个小时过去了，客户进车间询问进展如何，在与客户交谈中发现一个星期前此车出过事故，更换过左前门，左下边梁也做过钣金、油漆，客户这么不经意地一说，顿时一个思路闪现出来，拆下左前A柱下方护板，这次有了重大发现，车门线束被压在了机盖拉手底座下方。导致CAN线与车身搭铁，故障点照片如图1-98所示。

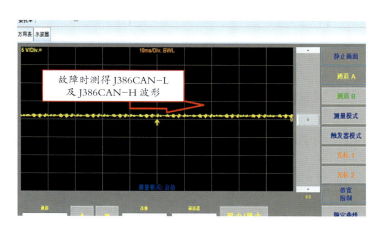

图1-97

图1-98

维修方案的确定：一连串的故障竟是由于上次维修中维修工拆装时粗心大意，把左前车门控制器至网关控制单元之间的链接CAN线压在车身上搭铁导致，由于车门舒适CAN搭铁导致整个车上有关CANX线通信系统工作异常，把破损线束修复固定后车窗升降正常，风扇控制正常。

维修过程与结果：由于破损线束点很小，修复又很方便，线束修复后也不会影响车辆的使用，故线束做修复处理后故障成功排除。

故障总结：这次维修之所以能排除故障，就是掌握了舒适/便捷CAN总线在汽车上的广泛运用，当然在这次维修当中错误地调换配件，也存在很大的风险，还有就是使用示波器时不够熟练，由于示波器的时间调整得不准确，导致CAN线波形在很大程度上不正确，还有就是在故障维修时，对车辆的状况了解不够清楚，导致也走了一定的弯路。

从本案例中不难发现要确保一次性修复率，维修人员必须具有扎实的汽车维修技能和独立思考的能力，还有就是与客户交流，从中挖掘有价值的信息。

三、上汽大众朗境偶发挡位缺失无法启动

车型： 上汽大众朗境，配置1.4T CST发动机。

VIN： LSVPX6184D2××××××。

行驶里程： 165186km。

故障现象： 正常行驶过程中偶发挡位不显示，虽然挡位杆依旧在D挡，但是车辆却好似挂在空挡一

样，发动机油门会瞬间升高（又如手动挡打滑），此时熄火重启发动机无法启动，但是仪表上各指示灯均能正常显示。

故障诊断： 首先验证故障现象，经反复试车当故障出现时，马上熄火重启发动机，因为是一键启动车辆，先按压启动按钮打开点火开关，仪表显示屏中挡位没有显示，但仪表上其余所有指示灯均正常点亮，踩制动踏板继续按启停按钮，可见挡位显示屏处显示"P→N"的字样，同时换挡杆Tiptronic挡位指示灯闪烁且挡位杆下面有"嗒嗒"电磁阀的异响（如图1-99所示），而启动机却没有丝毫反应，由此看出车辆无法启动应该是启动机无法运转所导致的了。

连接诊断仪读取相关系统的故障码，可见变速器系统一切正常，而其余控制系统，包括发动机、ABS均存在和变速器无通信的故障码。查阅该车之前的维修记录，得知该车之前由于同样的故障在保

故障出现时挡位杆处
挡位显示闪烁

图1-99

修期之内已经更换过变速器机电单元J743，之后不久故障再现又更换了J743的插头，直至现在间隔行驶了约20000km故障复现。

通过上述的了解和问诊，笔者对该车故障有一个大致了解：其行驶中挡位偶发消失转速升高，确实如故障码所指，与变速器控制单元失去了通信，导致发动机控制单元失去了挡位没有负荷在加油门状态下高速空转，此时熄火后发动机无法启动，启动机肯定是无法受控，因为对自动及DSG变速器而言，为了确保安全，变速器挡位杆在N挡或者P挡之外的任何挡位，启动机是不会被接通的。而变速器挡位信号自然是由J743来提供的，因此一旦J743无法和其余控制单元相互通信，那启动机控制线路肯定就无法接通。所以现在反思之前的维修，一开始维修更换J743确实也符合正常的思维，但更换不久后故障重现，由此倒推为更换J743属于判断失误，后续继续更换J743的插头（当然前提是对相关线路已经进行过检测正常）也属于合情合理。但J743插头更换到现在故障又重现，说明故障点仍然不在J743的插头，之前的判断统统属于失误，那接下来故障原因只有线路方面可以考虑了。

检测方向有了，但是故障原因还是需要一步步查找，J743控制单元无通信，除了J743本身原因（已经更换过可以排除），还包括J743的供电火线、搭铁地线以及通信CAN线3个方面，查看ELSPO系统J743的相关线路如图1-100所示，通过图1-100中看出该机电单元供电火线分为两部分，分别是9号和25号脚的30常火线，另一部分则是10号脚的15号电源线，而8号和24号则是J743的搭铁地线，CAN线则分别从J743的12号和13号线路引出连接至网关（该车网关集成在车身模块内部），下面就分别进行检测来寻找故障原因。

先使用VAS6150诊断仪将该车故障码予以清除后再试车至故障再现（因为故障为偶发性，所以有时候需要反复试车），等故障再现时候，读取系统故障码，仍然和最开始故障一样。遂根据电路图，对相应线路逐个进行检查：第一步检查图1-101中SB3和SB6两个保险丝，通过图1-100已经知晓该两个保险丝为常电源供电，简单起见直接用二极管试灯分别测量两个保险丝两端，发现试灯均能正常发光，由此可以

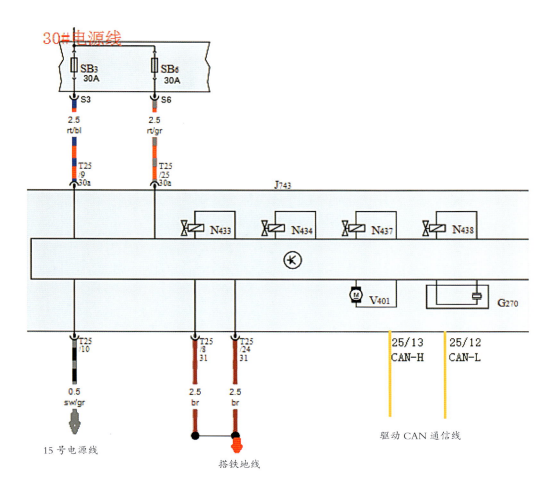

30#电源线

15 号电源线

搭铁地线

驱动 CAN 通信线

图1-100

确定保险丝正常；接着用二极管试灯搭接J743插头上T25/9和T25/25两个针脚，试灯也正常发光；为了稳
妥还用万用表测量了SB3保险丝到T25/9针脚之间的电阻为0.1Ω，用同样的方法测量SB6保险丝到T25/25之

间电阻也在标准范围之内，由此基本能排除常火线
供电方面的故障。接着继续排查15号供电的线路，
打开点火开关测量T25/10处电压为12.7V，且用二
极管试灯检测，试灯也能正常发光，证明该线路也
没故障。继续检查J743的搭铁线，在前挡排水槽中
部找到搭铁点，目视搭铁点处螺栓无氧化和松旷，
为了万无一失仍然拆开该搭铁螺栓，重新予以打磨
并紧固，再使用万用表检测T25/8和T25/24到车身搭
铁之间的电阻为0.1Ω，至此搭铁线方面的故障基
本也不会存在了。而对最后一个因素——通信CAN
的检测，最直观的方法是使用示波器来检测波形是
否存在故障，连接好示波器检测该车驱动CAN线信
号，测得波形如图1-102所示，经观察该波形完全
符合驱动CAN正常的波形图，至此也排除了CAN通
信线路的故障。

SB3保险丝

SB6保险丝

图1-101

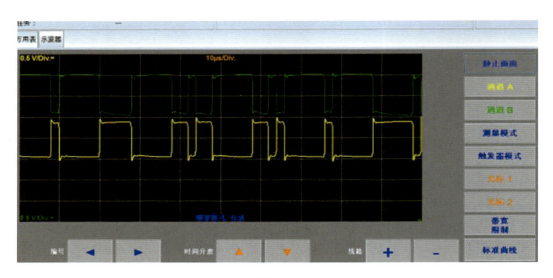

图1-102

维修至此，该检测的经检测都是正常的，难道还是J743本身存在故障？虽然心里一万个不相信，但是还是抱着试试的心态，在故障出现的时候，代换一个正常的机电单元，结果发现故障照旧，至此彻底打消了怀疑是J743本身故障的想法，但是故障点又究竟躲在哪里呢？

所有能怀疑的经检测均已经确定为正常，好似维修陷入了绝境。在反复思考中，笔者想该车故障为偶发性，笔者这样测量是否真有意义呢？若没意义那么该如何来确定故障点呢？经反复思考决定通过故障模拟法来判断故障，所谓模拟法就是围绕可能的故障原因，一个个来模拟某个原因，看模拟后的结果是否和车辆上的故障现象吻合，如此基本能将故障范围确定至某一个点，再针对性地排除，就相对比较容易了。

首先模拟故障原因是搭铁不良，搭铁不良比较好模拟，直接拆开搭铁线，发现此时故障现象是变速器无法进入，同时其他系统也多了很多莫名其妙的故障，因为该搭铁点同时还有其他控制单元一起搭铁，虽然同样的车子无法启动，但是其余症状明显和本车故障不符，因此搭铁不良就直接PASS掉；再模拟机电控制单元的供电故障，拔掉SB3保险丝，启动车辆发现启动机能正常运转，发动机被启动后，仪表显示屏中挡位显示处"P"挡和"STOP"交叉闪烁，使用诊断仪读取此时变速器系统故障码为：P177F液压泵电机电压过低；P0562供电电压过低。明显不符合该车故障现象，因此也予以排除；再模拟SB6保险丝损坏，当拔掉该保险丝时，启动电机时候发现启动机不会运转，仪表挡位显示处不会显示，且启动瞬间挡位操纵杆Tiptronic处也有"嗒嗒"声音，故障现象和该车初始现象吻合，经读取系统故障码，发现和初始故障码也完全一样，至此故障原因可以确定，导致该故障的罪魁祸首，应该和SB6保险丝对机电单元的供电有异常所引起的。

不过结合一开始检测过J743对应针脚至SB6保险丝的线路时并没有断路等故障，因此为了百分百确定故障原因，仍然连接一个发光二极管试灯，一端接在蓄电池负极，一端接在J743的25号针脚端（即SB6保险丝通过来的供电），通过导线加长将该试灯引进到驾驶室内部，再在路上反复试车，终于发现故障出现的瞬间，该试灯熄灭，此刻马上检测SB6保险丝，可见保险丝上供电正常，由此完全断定故障就是SB6保险丝至25号脚之间的线路存在故障了。

为了彻底找到故障点，再也不能通过测量线路两端的方法来检测故障，只有按照最笨的方法，顺着SB6保险丝至机电单元插头的线路，一段段剥开包扎的原车胶布，一点点观察排查，当剥到蓄电池底座下方时候，果然发现了故障点（如图1-103方框部分），该根导线可能是由于弯曲过度，导线绝缘皮已经

完全断裂，其内部铜丝仅有寥寥几根似断非断地连接在上面，而该线正是 SB6 保险丝至机电单元的供电线。

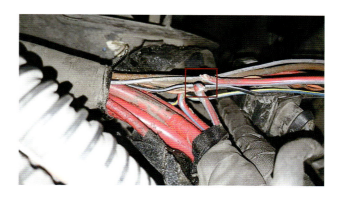

图1-103

经修复该线路，再恢复其他拆装部件后试车，故障再也没有出现，交付客户，其行驶 1 个月后回访，客户反映已经完全正常，至此故障排除。

维修后思考：该车之前维修了这么久，主要原因是故障为偶发性，且频率非常低，对偶发性的故障是每个技师都感到头痛的，不过幸运的是该车系统有记忆故障码可以追根溯源，于是才有了更换机电单元和插头的一系列维修。但是为什么一开始维修更换配件后车子能正常行驶好久呢？这是因为该线束的损坏也是慢慢一个扩大的过程，最初故障线路的断裂属于比较轻微，哪怕技师将插头插拔后再插上故障可能导致断裂部位接触好了，故障自然也会消失好久，所以会出现换了 J743 的插头就正常行驶了约20000km的结果。

本案例维修过程中给笔者的感悟是，对偶发故障的排查过程，测量线路和电源或测量其他信号，其实都不是一个行之有效的好方法，因为对相关信号或部件的测量，一定是基于部件或信号在非正常的状态下，而本文中则是用正常状态下测量的结果去判断不正常时候的数据，其结果当然没有多大参考意义了。而本文最后的故障模拟法，则是针对偶发故障的排除值得借鉴的一个方法，通过对故障现象的模拟再现，然后维修就会事半功倍。

本文最后通过路试来确定故障点，可以说是对故障模拟结果的一次验证，毕竟模拟结果只是停留在理论和思路的层面，只有经过验证后才能证明模拟的有效性。另一方面，尽管该车的故障点和故障现象具有唯一性，但实际上并不是所有故障现象都是一个唯一的故障点的，因此经过路试来验证故障点还是非常必要和有效，能精确确定故障点，对减少技师的误判有非常大的作用。

四、全新途观全车系统无通信

车型：全新途观。

VIN：LSVXM65N3D2××××××。

行驶里程：11km。

故障现象：该车无法启动，连接诊断仪读取故障码时候，包括发动机控制系统、变速器系统、制动系统、安全气囊、仪表板、防启动锁等均无法进入。

故障诊断：首先分析一下，在这么多系统均无法进入的情况下，应该导致这个故障的元凶是一个共同的问题，而不可能这么多控制单元都同时存在不同的故障。按照此思路这个故障最大的可疑点就只有网关系统了。

接下来进入网关系统，意外发现网关系统竟然可以进入，进入后故障码如图 1-104 所示。

图1-104

唯独网关可以进入，其他系统均无法进入，由于为还没销售的商品车，因此应该可以排除是线路方面存在的故障，那么首先怀疑网关本身了。

首先还是根据电路图对网关的供电和接地进行了细致的检查，发现无任何异常。但是在进一步检查时候发现四驱保险丝熔断。当换上一个全新的保险丝后又马上熔断。说明该保险丝输出系统存在短路或搭铁情况。当拔掉四驱控制单元的连接插头后，连接保险丝就不再烧毁，由此说明四驱控制单元内部有短路情况。

以为拔掉四驱控制单元插头，保险丝已经恢复正常情况下，问题都能够解决，哪知问题没这么简单，发动车辆依旧无法启动，同样不能进去的控制单元仍然无法进去，接下来只有来看看CAN线的波形图了。

图1-105为驱动CAN高低线的波形，通过图1-105中可以看出该CAN高低线都为0V，这个明显存在异常，可能的故障原因应该是驱动CAN高低线存在对地短路情况。但为了安全起见，首先还是更换了一个全新网关，再次测量波形发现波形依旧还是0V，但是该波形相比原车网关的波形有较明显振幅，由此可以说明之前网关确实存在问题，但是该车相关线路应该还有故障存在。

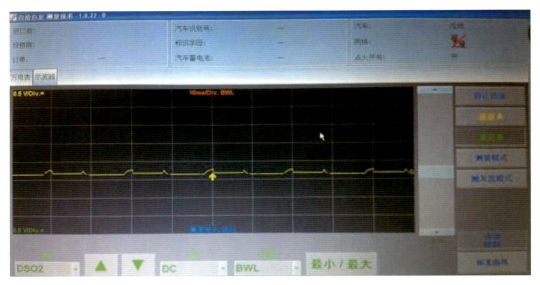

图1-105

接下来继续分析问题，让笔者深感奇怪的是，该车四驱损坏，烧毁保险丝导致驱动系统均无法进入，但是该故障已经排除的情况下，且更换了网关，故障为何还是存在，难道四驱内部损坏引起网关损坏，还会引起相关其他控制单元的损坏吗？

抱着这个想法，笔者依次断开驱动CAN上连接的各个控制单元，边拔控制单元边观察波形的变化。终于将驱动系统连接的所有控制单元全部拔掉之后，才得到如图1-106所示的波形。

图1-106中可以看出，CAN高低线不完全重合，完全属于异常的波形，因为正常的CAN波形，是互为镜像对应的波形。说明拔掉驱动系统所有控制单元之后，波形依旧严重异常。而此时再安装回原车的网关，波形依旧为一条直线，证明原车的网关的确已经损坏。

维修至此，故障指向就非常明确了，在所有控制单元已经拔下、网关是全新的情况下，波形依旧显示异常，只能是线路中存在问题。最简单的方法，将网关和发动机控制单元上的CAN线单独飞线，完全断开原车的CAN线路，再次测量CAN的波形图，竟然发现此时高低线波形再次为0V，和图1-105完全一样。由此证明故障点还是发动机控制单元存在故障了。于是为客户更换了一个全新的发动机控制单元，再次连接诊断仪，发现发动机控制单元能够进入，接着又连接其他控制单元之后，发现故障又再次出

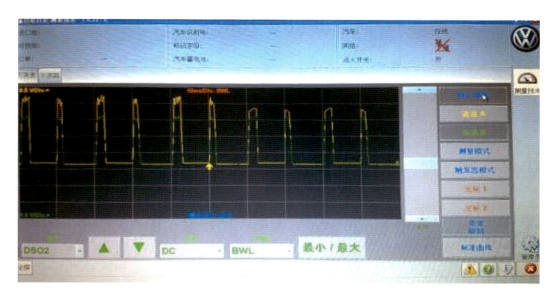

图1-106

现。经过验证后，发现该车除了已知的发动机控制单元、四驱单元、网关损坏之外，同时损坏的还有变速器单元、ABS单元、仪表及BCM等控制单元。等相关控制器全部换好之后，发现所有控制单元都能顺利进入，对防盗系统进行匹配后，启动发动机，一次性就顺利启动。

该车为新车，同时损坏这么多控制单元，要么是人为因素，比如商品车停放那里较久，在并电时候蓄电池线接反；要么就是环境因素，比如雷击导致。

五、朗逸发动机故障灯亮

车型：朗逸，配置CST发动机及DQ200变速器。

VIN：LSVNX6181D2××××××。

行驶里程：20992km。

故障现象：发动机故障灯亮。

故障诊断：连接诊断仪读取故障码：19报01314 004发动机控制单元无信号/通信；02报P1852 06266 004 驱动系数据总线发动机控制单元发出的不可靠信息无信号/通信，P1850 06224 000 驱动系数据总线发动机控制单元发出的信息丢失；03、08报01314 004发动机控制单元无信息/通信。

可能的故障原因：

发动机控制单元数据总线短路/断路及接触不好；

发动机控制单元终端电阻过大或过小；

发动机控制单元供电或搭铁。

测量发动机数据总线波形如图1-107所示。正常测量发动机供电 SC22 5A 至 T94/87 15a，Sb2 5A 至 T94/92 30a，648 继电器至 T94/5 T94/6 87a，供电正常，T94/1、T94/2 搭铁正常，针脚无退缩或过大。测量发动机控制单元拆下终端电阻 68Ω、未拆下测量 61Ω，所以总线针脚无松动或过大现象。更换发动机控制单元试车未出现，交付客户使用，第三天客户反映故障再次出现。

故障原因/故障点：J271 主继电器 648 内部触点烧蚀造成在启动发动机时导致供电不足，亮起发动机故障灯，如图1-108 和图1-109 所示。

故障原因：厂家在生产继电器过程中使继电器输出触点变形从而导致触点接触过少，在长期使用过

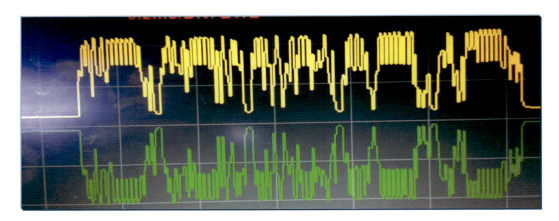

图1-107

故障位置

图1-108

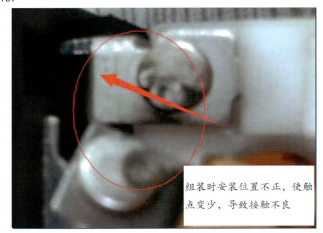

组装时安装位置不正，使触点变少，导致接触不良

图1-109

程中的大量电流输出使触点烧蚀而产生此故障。

故障排除：更换主继电器J648，波形如图1-110所示。

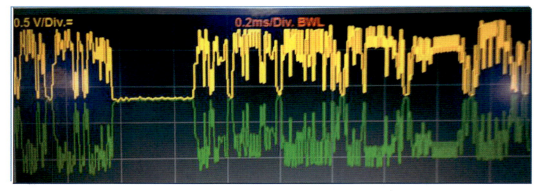

图1-110

故障总结：对于维修车辆应了解车子的基本情况，不能盲目地判断问题所在，从而为之后的诊断带来后顾之忧。不能盲目地更换部件，要认真仔细地检查各部件工作情况。

六、途观驻车故障灯报警

车型：途观，配置CEA发动机及手动变速器。

VIN：LSVUD65N4B××××××。

行驶里程：18800km。

故障现象：客户反映车辆行驶中偶尔出现驻车故障灯报警，自动驻车功能无法正常使用，但是熄火后重新启动，故障又不再出现。

故障诊断：根据客户报修的故障现象，应该是驻车系统存在故障，途观全系为电子驻车系统，该系统通过两后轮上的驻车电机驻车，大大减轻了传统机械式驻车的强度，弊端是成本大幅上升，除了两个驻车电机，还有一个单独的控制单元来控制驻车。因此要判断驻车系统的故障，首先用诊断仪进入J540，读取系统故障码，经读取的故障码为：离合器位置传感器信号不可靠以及离合器位置传感器断路/正极短路的偶发故障。

打开ELSPO系统，查找离合器开关G476的电路图（如图1-111所示），可见离合器开关共有5根线路，分别为供电线（来自于SB20保险丝）和搭铁线，另外3根则分别连接至发动机控制单元J623，至J540驻车控制单元（3号端子）以及至J519车身模块控制器，那接下来先检查G476的3号端子、至J540之间线路是否正常。

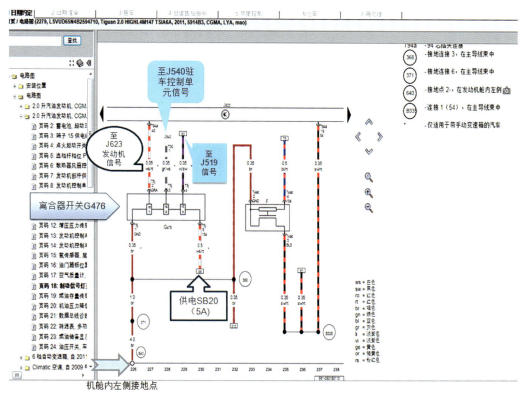

图1-111

首先用万用表电阻挡测量，G476的3号线到J540之间线路阻值无异常，怀疑是不是线束存在虚接，反复轻轻拉扯线束，阻值无变化，可是故障码明明就报该信号不可靠或者断路/对正极短路，接下来就通过示波器来看看该信号是否正常，经检测波形如图1-112所示，通过和正常车辆比较，可知该波形完全正常，正当笔者有些怀疑是不是发动机控制单元存在问题的时候，无意发现在车辆启动或开启灯的瞬间，该信号波形发生一些变化（如图1-113所示），而变化后的波形就明显存在异常。

为了确保检查由简到难，决定先更换一个G476看看效果，果然发现，换新的G476故障依旧存在，看来故障点还是在线路上，而结合开大灯或启动瞬间波形出现异常，说明故障点可能和供电电源或者大灯相关线路有某种联系了。

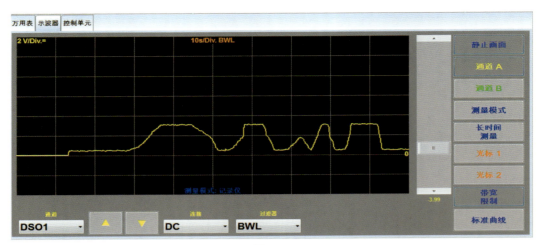

图1-112

图1-113

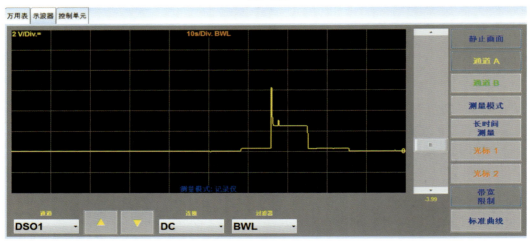

图1-114

　　测量 G476 的供电电源线，可见无论如何打开灯或者启动，电源供应没有太大的变化，而用示波器测试搭铁线的波形发现，在打开大灯时候，该接地线与车身接地有 0.7~8V 之间的接地电压波动，该情况明显存在异常，异常波形如图 1-114 所示。

　　至此，可以确定故障点在 G476 开关的搭铁线路上，查看 ELSPO，发现 G476 开关搭铁点为 640（位于发动机舱左侧），而该搭铁点正是灯、雨刮、喇叭共用的接地点，经过检查发现了问题所在，该搭铁点螺栓未紧固，已经生锈导致接触不良，经询问客户知晓之前做过事故维修，当时疏忽了该螺栓的紧固，导致出现了该问题。

维修后思考：通过电路图可以知晓G476开关上分别连接至J540、J623、J519（车身控制单元），维修完毕后笔者为了弄清楚G476到对应控制单元上的信号，特地通过示波器一一检测，结果发现G476本身内部有3个霍尔传感器，其给J623的信号为一个数字式电压方波信号，存在两个状态0/1；而至J540信号则为脉宽调制信号，该信号给J540提供离合器信号状态；至J519的信号也同样为数字方波信号，相关信号如图1-115所示。

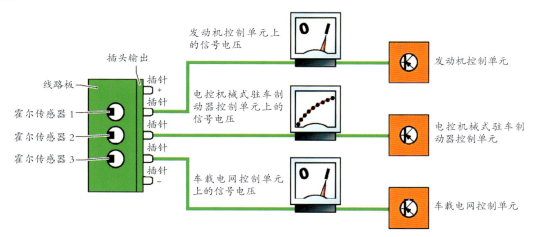

图1-115

故障总结：通过本案例可以看出，在现代车辆中，同一个开关可能给不同的控制单元提供信号，但是由于信号的性质不同，结果就是控制单元对信号的敏感度存在区别，本文中由于只有J540为脉宽调制信号，因此有一点异常，J540就非常敏感记忆信号不可靠的故障码，而该搭铁线异常同样也会对G476提供至J623和J519的信号会有影响，但是两个控制单元对这些影响并没有存储记忆，这个就和信号的类别有直接的关联了。

七、途昂右前远光灯忽明忽暗

车型：途昂，配置2.5T发动机。

VIN：LSV2C8CA9HN×××××。

行驶里程：4381km。

故障现象：客户反映右前远光灯一直闪烁。

故障诊断：

首先确定故障现象：

（1）旋转大灯开关，开启远光灯，仪表中显示：请检查右侧远光灯！请检查右侧日间行车灯/驻车灯！如图1-116所示。

（2）右前远光灯和小灯（日间行车灯）规律性忽亮忽暗。

图1-116

（3）使用VAS6150B对右侧车灯控制（诊断地址00D7）进行故障查询时其故障码为：C11FF13：远光灯供电断路；C11B413：日间行车灯供电断路。对中央电器系统（诊断地址09）进行故障查询时其故障码为：U112300：数据总线接收到的故障值。

　　在故障现象确定之后，依照电路图 1-117 对右前 LED 大灯进行线路排查；从故障码及仪表故障显示来看，右前 LED 大灯的电源有可能存在异常，随后对右前 LED 大灯的保险丝 SC36 进行测量，其完好有电且大灯插头针脚 T14d/8 也有电，检查右前 LED 大灯搭铁正常。

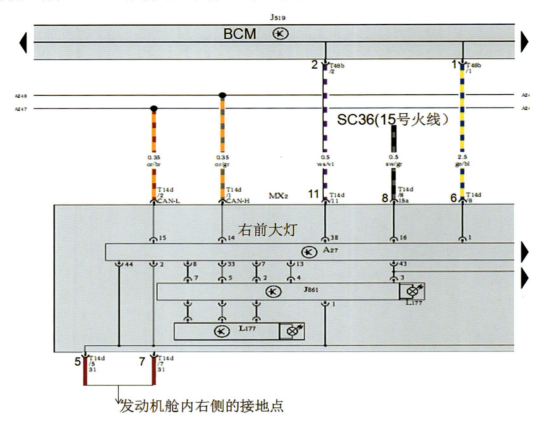

图1-117

　　既然供电和搭铁无异常，难道右前大灯本身存在故障？带着疑问对右前大灯总成进行了拆检，发现右前大灯分两部分；一是右侧 LED 大灯模块化电源，二是带 LED 灯泡的外壳总成，两者可单独更换。为了对大灯总成进行故障排查再加上新车型没有配件，所以又对左前大灯总成进行了拆检，并发现左右模块化电源配件号一样，也就是说可以互用，对换左右模块化电源，右前 LED 大灯依旧存在故障，随后对换大灯总成故障并未排除。

　　那么是什么原因造成右前大灯闪烁呢？从电路图可以看到，右前大灯为 14 针插头使用了 7 个针脚，其中搭铁和 15 号火线无异常，CAN 线从故障码含义来看，出现故障的概率较低；目前就剩下 BCM 到右前大灯的两根控制线，从各种技术资料也无法查询两根线的作用，所以接下来只能进行基本检测，用万用表测量两根导线无断路和短路情况。导线无异常，那么信号传输是否正常呢？接下来只有进行左右对比测量来检查其信号有无异常。

　　使用示波器测量 BCM（T46b/1）到右前 LED 大灯（14d/6）信号线的波形；启动车辆，打开前大灯，其测量波形如图 1-118 所示；从波形图可以看到通道 1（左大灯）和通道 2（右大灯）波形重叠，说明此线信号正常。

　　使用示波器测量BCM（T46b/2）到右前大灯（14d/11）信号线的波形；同样启动车辆，开启大灯，其波形却有很大变化，如图1-119所示。首先右前大灯第11针脚控制线的电压比左边的低；其次信号上下波

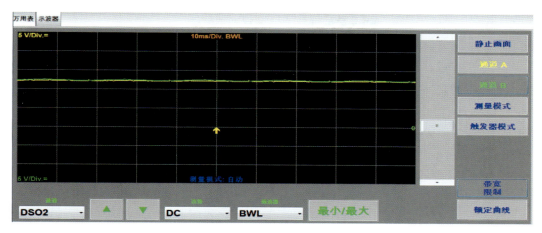

图1-118

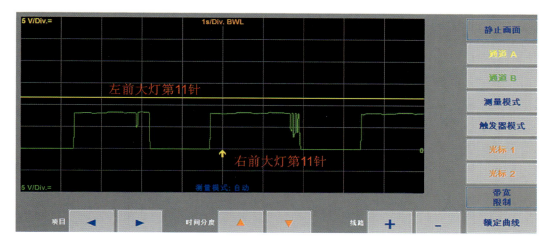

图1-119

动，而且这种波动规律正好与大灯闪烁同步。

故障排除：从上边的诊断过程来看，故障点显而易见了，更换BCM故障解决。

故障总结：在维修此类灯光故障的时候，可以采用左右大灯控制信号对比或是左右对换相关部件进行故障排查；这在维修新车型或是没有配件替换的情况下起到事半功倍的作用，当然这都是建立在左右配件型号一样的情况下才能操作。

八、新帕萨特雨刮不回位

车型：新帕萨特（A423L7）。

VIN：LSVCD2A43CN××××××。

行驶里程：29000km。

故障现象：雨刮不回位。

故障诊断：事故车修复后雨刮关闭后不回位，如图1-120所示。

VAS6150检测车辆BCM控制单元J519系统无故障码，如图1-121所示。

图1-120

读取J519雨刮开关数据流，各挡位状态显示正常。雨刮低挡如图1-122所示，雨刮高挡如图1-123所示。

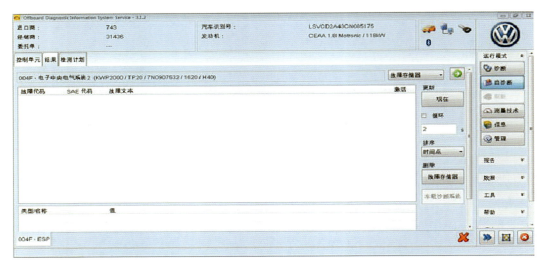

图1-121

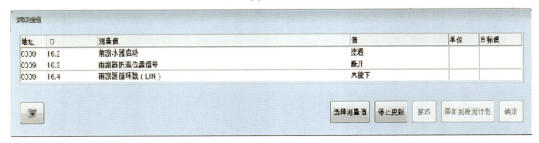

图1-122

图1-123

新帕萨特雨刮系统电路图分析，如图 1-124 和图 1-125 所示。

J368（内侧）R2：J519 控制吸合，雨刮低挡工作。

J369（外侧）R1：J519 控制吸合，雨刮高挡工作。

LIN 线用来调整间隙刮水时间及识别雨刮器位置，控制复位和维修位置。

故障排除：检查供电保险丝、继电器未发现异常，拆装落水板后发现防火墙部位线束有损伤，复位线和接地线有短路现象，包扎处理后装复试车，故障排除，如图1-126和图1-127所示。

故障总结：故障排除后突然觉得很奇怪：LIN线对地短路为什么BCM控制单元没有报故障码？于是对该LIN线做波形测试。

复位线波形测量：低速挡波形如图1-128所示。

复位信号线波形测量：高速挡波形如图1-129所示。

复位线间歇挡波形测量：间歇挡波形如图 1-130 所示。

对比新途安 L 雨刮器电机 LIN 线波形，如图 1-131~ 图 1-133 所示。

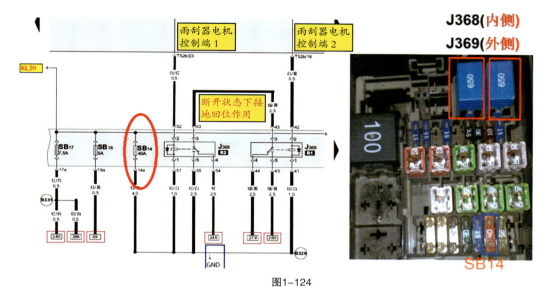

图1-124

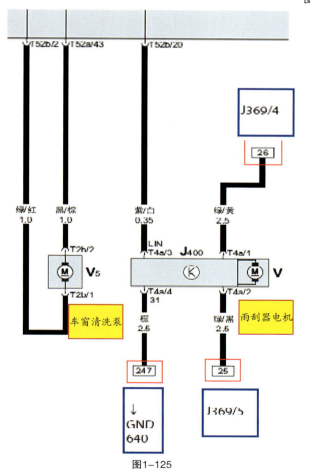

图1-125

图1-126

图1-127

通过雨刮器电机拆解和波形分析得出结论：

（1）电路图1-134中标注的LIN线，实际该线就是BCM提供的一个12V高电位的一个监控信号。当雨刮器电机旋转到下止点时该信号接地，给BCM提供下止点信号，BCM根据该信号控制雨刮继电器J368工作。

（2）车辆间歇挡、洗涤刮水、雨量传感器、维修位置均由BCM控制继电器通电完成，雨刮器电机3号脚仅提供电机复位点信号。

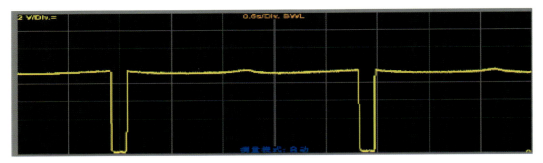

图1-128

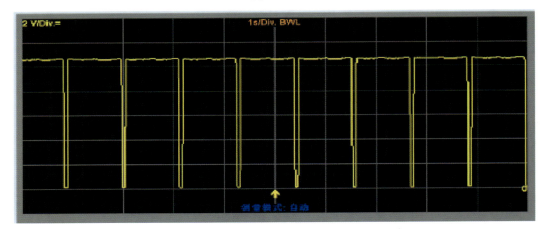

图1-129

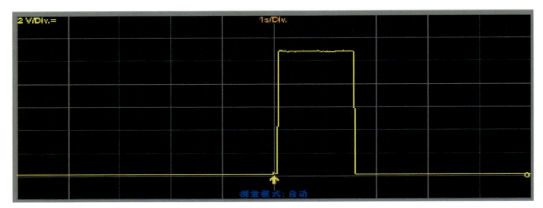

图1-130

图1-131

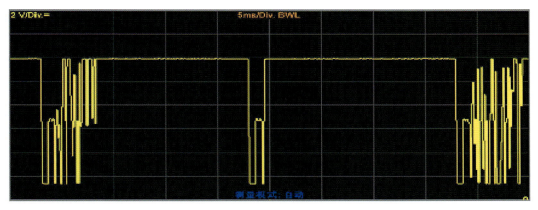

图1-132

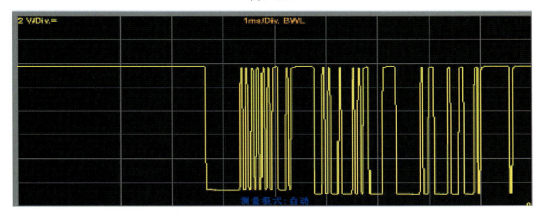

图1-133

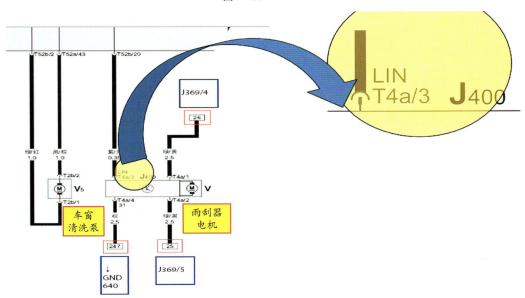

图1-134

　　对比新帕萨特雨刮器电机和新途安L雨刮器电机工作情况：新帕萨特雨刮器电机是单向旋转，而新途安L雨刮器电机是往复正反转，雨刮器连动杆也有所不同。新帕萨特雨刮器电机采用传统方式控制，电机旋转方向固定，采用四连杆来实现雨刮臂往复运动，通过切换电机通电电刷来切换高低挡。而新途安L雨刮器电机因为采用电子模块控制，同时在接收到LIN线指令时，采用高低电位切换来控制正反转，通过占空比来控制雨刮器电机转速、工作状态等。

再次验证，同时测试间歇挡（雨量传感器）工作情况：断开 J400 雨刮电机 3 号脚复位线，开关置于间歇位置，在前风挡雨量传感器部位浇水，雨刮器工作正常。低速时 J368 吸合，雨量较大时 J369 同时吸合，雨刮器转速变快。关闭开关后雨刮器会继续刮 2~3 次停止，停止位置随机。

九、全新桑塔纳着车后喇叭按不响

车型：2015年上汽大众，豪华版桑塔纳轿车，配置1.6L发动机。

VIN：LSVAG6BR0FN×××××。

行驶里程：9843km。

故障现象：打开点火开关，按喇叭正常。着车后，喇叭只能响一两下，然后再也按不响了。无故障码。

故障诊断：该车在其他地方更换过喇叭一对、气囊（带喇叭按钮），检查过喇叭线束，但是没能排除故障，至此被推荐到我站维修。我站维修人员同样对该车喇叭线路进行了排查，并未有什么发现，在09系统中数据流读取喇叭按钮信号时，无论是在喇叭响与不响数据中显示的喇叭按钮信号都为"未按下"，如图1-135所示。

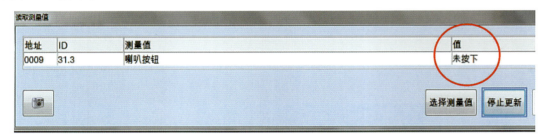

图1-135

这就对该喇叭故障判断上带来了难度，很难说喇叭在不响时故障点在按钮的输入端还是在喇叭电源的输出端。那么喇叭不响可能的原因有：

（1）喇叭按钮信号未输入至 BCM：①喇叭按钮故障；②喇叭按钮至 BCM 线路故障。

（2）BCM 故障。

（3）BCM 输出至喇叭的线路以及喇叭搭铁回路故障。

接下来，只能靠测试对该系统进行检测。用万用表测试喇叭不响时，喇叭输入电压为 0V。只是打开钥匙时喇叭是可以正常工作的，这基本排除 BCM 输出至喇叭的线路以及喇叭搭铁回路出现故障的可能，那么故障应该归结至 BCM 本身对喇叭无电源输出。BCM 无电源输出只有两种可能：（1）喇叭按钮信号未输入至 BCM（没有收到按喇叭的信息）；（2）BCM 本身故障。基于已经更换过带喇叭按钮的主气囊，并对按钮线束也进行过排查，所以 BCM 本身故障的可能性是非常大的，于是更换了 BCM，结果故障未能排除，现象还是一模一样。至此结论推至 BCM 没有收到喇叭的按钮信号。

喇叭工作原理如图 1-136 所示，BCM（J519）通过 LIN 总线接收喇叭按钮信息，当接收有按钮信号后，再对喇叭输出 12V 电源，喇叭才会鸣叫。而多功能方向盘控制器的 LIN 总线（T6o/3 针脚）要输出信号，也必须接收喇叭按钮 H 输入的搭铁信号（T6o/4 针脚），同时满足一根 15 号线（T6o/2 针脚）的 12V 电源和（T6o/1 针脚）接地线接地。

喇叭按钮 H（主气囊上）已经更换过，多功能方向盘控制单元 J453 上 4 条线经排查均无短路的情况，那么 LIN 总线难道有信息传递障碍？产生了这样的想法，于是通过示波器调取了该 LIN 线波形，在 BCM

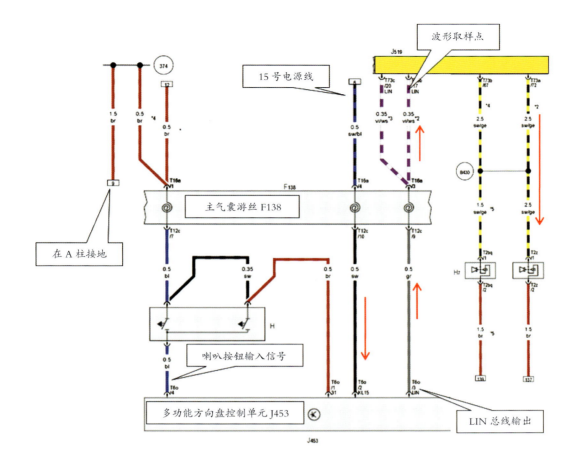

图1-136

图1-137

的 T73b/17 针脚处取样。

点火开关打开，按钮未按下，波形图如图 1-137 所示。

点火开关打开，按下按钮，喇叭叫时，波形图如图 1-138 所示。

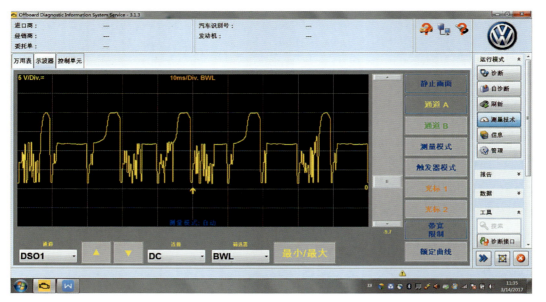

图1-138

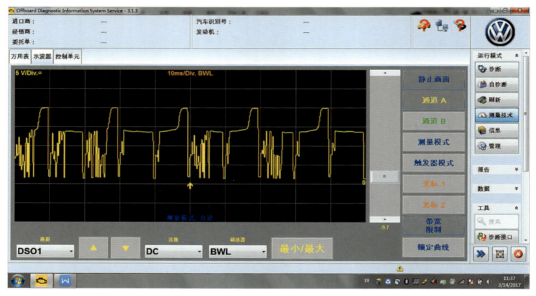

图1-139

启动发动机，按下喇叭按钮，喇叭不叫，波形图如图1-139所示。

从上波形测试中可以看出：点火开关打开，按钮"未按下"与"按下"和启动后按下按钮的波形，在随意取出一个周期对比还是有细微区别的，尽管我们不知道这些区别具体传递了什么样的不同信息，但至少可以说明LIN总线传递信号并不存在问题。那么问题分析到此处就已经很明朗了，故障点的最大可能就是多功能方向盘控制器J453。

故障排除：更换多功能方向盘控制器J453，故障得以排除，如图1-140所示。

故障总结：通过该故障的排查可以得出一个经验，就是如果今后再遇到这种在点火开关打开时喇叭能按响，而发动机启动后却又按不响的情况，基本就可以排除线路、喇叭、BCM、按钮等故障的可能，直接更换多功能方向盘控制器就可能排除故障，而无须大费周折去逐一排查。当然也有些特殊情况可能导致此经验失效，但至少可以直接替换多功能方向盘控制器一试，包括上汽大众产的新朗逸、Polo等多种车型。再则导致此故障如此难查的另一个原因是当初在读取数据流时，为什么打开点火开关喇叭明明能按响，而又读到喇叭按钮"未按下"的数据呢？在车辆恢复正常后再次调取了该数据，此时数据流也恢复了正常，如图1-141所示。

直到故障排除后才真正明白，当时读到的"未按下"实质就已经明确指明了没有按钮信号输出。

图1-140

图1-141

十、新途安L雨刮不工作

车型: 新途安L。

VIN: LSVRB80R1GN×××××。

行驶里程: 1193km。

故障现象: 雨刮偶发不工作。

故障诊断: 新途安L试驾车，试驾人员反映洗车后雨刮器不工作，开到车间路上突然工作，到车间再试还是不工作。接车后VAS6150检测车辆J519车载电源管理系统无故障码，如图1-142所示。

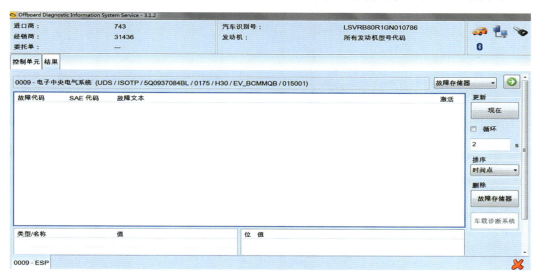

图1-142

VAS6150读取J527转向柱电子设备雨刮开关信息，各挡位开关信息显示正常，如图1-143所示。

VAS6150做挡风玻璃雨刮器动作测试，雨刮器不动作，如图1-144所示。

图1-143

图1-144

读取 BCM 数据流雨刮相关数据，前风挡玻璃雨刮器模块状态显示为：未激活，刮水速度为：0，发动机罩触点状态为：打开，实际机盖并没有打开，如图 1-145 所示。

图1-145

新途安 L 雨刮器开关控制电路图（如图 1-146 所示）显示：E22 间歇式刮水器运行开关通过不同挡位，提供给电子方向柱控制单元 J527 雨刮开关位置信号，信号通过 CAN 线传递给 BCM，BCM 分析汇总雨刮开关信号及其他许可信号（机盖锁闭合开关 F266），最后 BCM 通过 LIN 线控制雨刮电机动作。

新途安 L 雨刮器电路图如图 1-147 所示。

途安雨刮系统控制原理分析，如图 1-148~ 图 1-150 所示。

故障排除：拔掉发动机散热器右侧机盖锁信号开关线束插头，测试雨刮器功能正常。拆开发动机罩

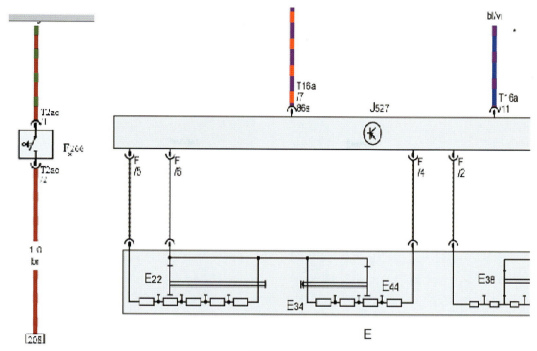

图1-146

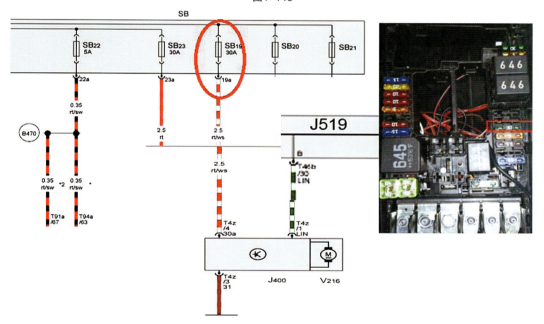

图1-147

发动机舱盖控制

车辆停止时，打开发动机舱盖后，雨刷被禁止工作。

当舱盖被打开，车速在2~16km/h时，雨刷功能同样被禁止，但再次拨动雨刷开关，雨刷功能将被激活。

当车速大于16km/h，尽管舱盖被打开，雨刷功能会保持工作状态不受影响。直至车速低于2km/h后，重新被禁止工作。

图1-148

发动机舱盖接触开关

图1-149

图1-150

图1-151

锁，检查机盖锁转台开关，发现开关尾部引线破裂短路（如图1-151所示），包扎处理装复后故障排除。验证数据流，如图1-152所示。

新途安 L 雨刮系统分析：新途安刮雨器电机为往复式正反转，摇臂左右旋转约为 120°，如图1-153 所示。相比较新帕萨特雨刮器电机为旋转式，通过四连杆结构获得往复运动。

LIN 线对地短路时 J519 报故障码：U103000 本地数据总线，电气故障，如图 1-154 所示。

LIN 线断路时 J519 报故障码：U10A300 雨刮器电机控制单元，无通信，如图 1-155 所示。

实测新途安 L 雨刮 LIN 线波形，如图 1-156 和图 1-157 所示。

波形测量：刮雨器低速运转时 LIN 线波形，如图 1-158 所示。

波形测量：刮雨器高速运转时 LIN 线波形，如

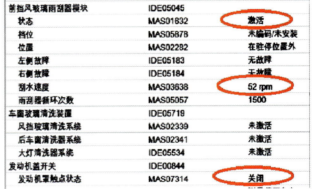

前挡风玻璃雨刮器模块	IDE05045	
状态	MAS01632	激活
挡位	MAS05878	未编码/未安装
位置	MAS02282	在驻停位置外
左侧故障	IDE05183	无故障
右侧故障	IDE05184	无故障
刮水速度	MAS03638	52 rpm
雨刮器循环次数	MAS05057	1500
车窗玻璃清洗装置	IDE05719	
风挡玻璃清洗系统	MAS02339	未激活
后车窗清洗器系统	MAS02341	未激活
大灯清洗器系统	IDE05534	未激活
发动机盖开关	IDE00844	
发动机罩触点状态	MAS07314	关闭

图1-152

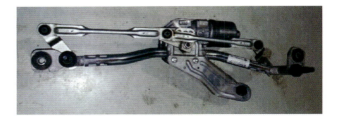

图1-153

图1-154

图1-155

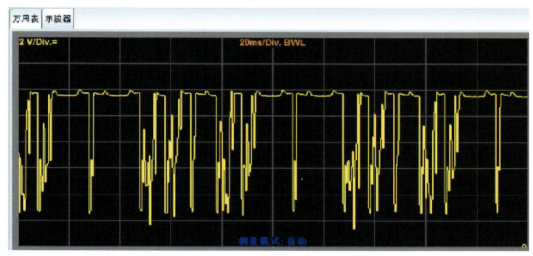

图1-156

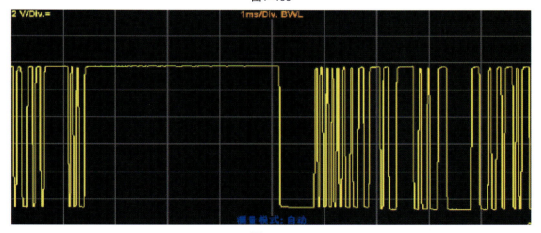

图1-157

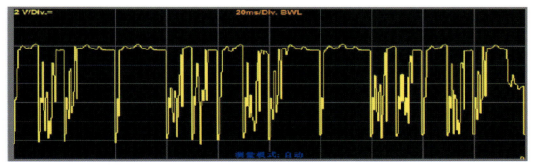

图1-158

图 1-159 所示。

　　波形测量：LIN 线断路 BCM 侧 LIN 线波形，如图 1-160 和图 1-161 所示。

　　波形测量：LIN 线断路雨刮电机侧 LIN 线波形，是一条 12V 直线，如图 1-162 所示。

图1-159

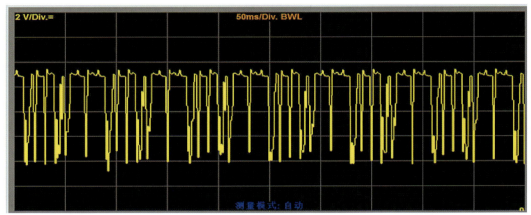

图1-160

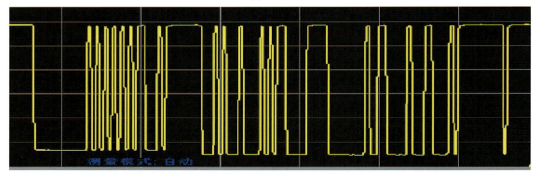

图1-161

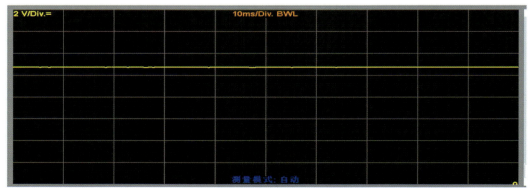

图1-162

十一、辉昂右后车门氛围灯故障

车型： 辉昂，配置CRE发动机。

VIN： LSVCD73E5G2×××××。

行驶里程： 108406km。

故障现象： 右后车门氛围灯不亮。

故障诊断： B15BD04右后车门轮廓照明灯1损坏，如图1-163所示。

故障存储器记录

编号：	B15BD04：右后车门轮廓照明灯1损坏
故障类型2：	主动/静态
症状：	1052682
状态：	00001001

图1-163

辉昂作为上汽大众第一款C级车型，其配置和奥迪A6比肩，相对来说其控制单元也非常繁杂，因此排除电器方面故障，必须首先熟练电器控制原理及控制逻辑，而环境照明灯的控制逻辑图如图1-164所示。可见J1124环境照明控制单元上分别有LIN1，控制前部中控台氛围灯、左前后门车门背景照明灯及后部空调器操作件氛围灯；LIN2则控制着右边前后门背景照明灯和仪表板轮廓照明灯；而饮料罐托架氛围灯和车顶轮廓照明灯等由硬线连接。因为右前后门共用一条LIN线路，而前门氛围灯正常点亮，因此可以怀疑的原因包括：L202右后氛围灯本身损坏或者L202相关线路存在故障。

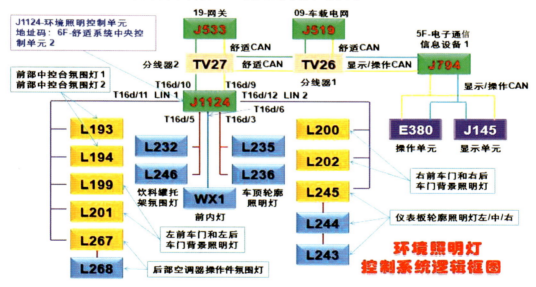

图1-164

通过诊断仪读取的故障码指向非常明显，但是检查工作还是要一步步检查到位，本着先易后难原则，首先对线路进行检查，根据L202氛围灯的电路图（如图1-165所示），开启氛围灯用万用表测量L202氛围T4be/1和T4be/4针脚工作电压为12.16V，测量T4be/2和T4be/4针脚工作电压为7.58V，关闭氛围灯测量T4be/2和T4be/4针脚工作电压为11V。测量T4be/1和T4be/4针脚的电压测量值为12V，而T4be/2和T4be/4针脚有电压降，说明环境照明控制单元J1124通过LIN线控制的线路无异常。用万用表测量氛围灯T4be/1和T4be/4针脚的电阻时，发现电阻值为无穷大，而测量右前门氛围灯该电阻值为15～40Ω。至此，基本可以确定该故障是由于右后车门氛围灯L202内部断路所导致。

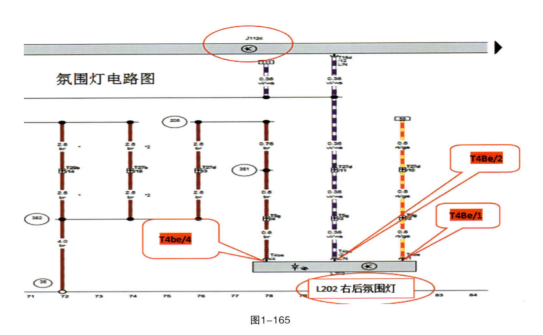

图1-165

订购右后车门氛围灯，更换后试车，氛围灯可以正常点亮，至此故障排除。

故障总结：该氛围灯的故障比较简单，相比传统车型更多噱头的是，该车内氛围灯可以实现多种颜色的变换，其源于LED光源可利用红、绿、蓝三基色原理，在计算机技术控制下使3种颜色具有256级灰度并任意混合，即可产生256×256×256=16777216种颜色，因为不同颜色波长不一样，且采用输出不同的波形和脉宽调制，即调节LED灯导通的占空比来实现颜色的切换。同时氛围灯是由J1124控制单元通过LIN线控制，占空比不同则颜色也不同。以下是正常情况下使用示波器进行电压测量，查看波形。

（1）蓝色氛围灯的波形，如图1-166所示。

（2）白色氛围灯的波形，如图1-167所示。

（3）氛围灯关闭时的波形，如图1-168所示。

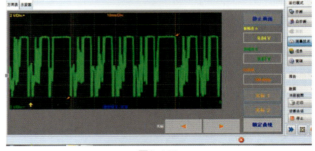

图1-166

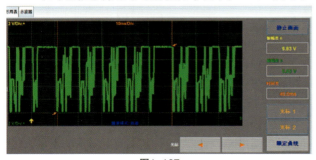

图1-167

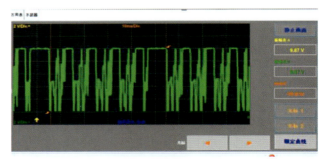

图1-168

十二、途安仪表无法正确显示后门开启

车型：途安。

VIN：LSVSB41T482×××××。

行驶里程：3000km。

故障现象：开启后门后，多功能仪表不显示后门打开状态，同时后门开启时后顶灯也不亮。

故障诊断：首先验证故障现象，发现途安仪表无法显示后门开启状态，车内顶灯在后门开启时无法点亮。对前门进行开/关时，车内顶灯受控，多功能仪表正常显示前车门状态。对该故障检测，优先考虑用诊断仪对车辆电器系统进行检测。

经诊断仪检测显示，舒适系统控制单元J393故障码：01333004左后车门控制单元-J388无信号/通信，01334004右后车门控制单元-J389无信号/通信，故障码不能被清除，如图1-169所示。按故障码分析认为，控制单元无信号/通信原因有：①控制单元数据线有故障，有短路或断路现象使数据传输有干扰；②后车门控制单元无电源供给；③后车门控制器（J388/J389）有故障；④舒适系统控制器J393有故障。

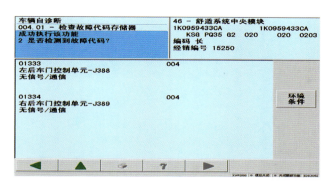

图1-169

图1-170

接下来对车门控制器状态进行检测，通过网关控制器（J533）数据流可以读出后车门控制器与CAN数据线连接状态，如图1-170所示。19-11-131数据区观察到后车门控制器与数据线连接正常（显示为1）。这说明后车门控制器与CAN数据线连接是正常的，那么在舒适系统控制单元中又为什么显示后门控制器无信号/通信，如果后门控制器（J388/J389）和舒适系统控制器(J393)无信号/通信，中控锁和升降玻璃功能为什么又正常呢？

难道是后门锁开关触点失效，后门开启时门锁触点信号不能传输到后门控制器。对后门开关状态进行检测：46-11-2组显示当中控锁解锁，后门打开，这时显示后门锁状态还是保险（如图1-171所示），这说明门锁开关触点有问题，后门打开时，门锁触点不能感应车门开启，于是就决定更换后门闭锁器。但是更换后故障还是未能排除。

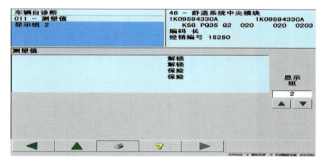

图1-171

难道该故障还有其他什么原因？对故障重新进行分析：舒适系统控制单元故障码显示后门控制器无信号/通信。故障现象是后门开启时，舒适系统不能接收到后门开启信号，这一点可以从数据流中得到证实，所以导致后门开启顶灯不亮和仪表不显示后门开启状态。那为什么换了后门闭锁器还是未能排除呢？根据电路图分析故障产生原因，门锁内有3个触点（如图1-172所示），其中两个触点（F222）是门锁闭锁器双电机触点，F11触点开关是感应车门是否开启或关闭状态。F222触点是感应门锁是否解锁/锁止。闭锁器内的触点状态是由车门控制单元接收到开关信号，后车门控制单元（J388\J389）将门锁开关信号转换成数字信号通过LIN数据总线发送至前车门控制单元（J386/J387），前车门控制器接收到信号后，通过CAN数据线将信号发送出去，舒适系统控制控制单元（J393）通过CAN数据线接收到车门闭锁器触点信号后，将控制车内顶灯。多功能仪表控制单元(J285)从CAN数据线接收到车门闭锁器开关信号后，将通过仪表显示车辆状态。

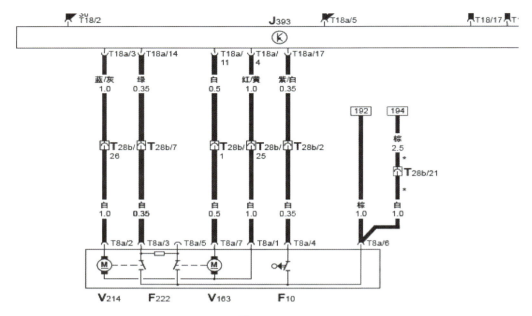

图1-172

接下来先确认下车门控制器（J388/J389）与前车门控制单元（J386/J387）之间的数据通信状态，使用示波器测量后门控制器与前门控制器之间的数据传输，LIN数据线上的数据传递如图1-173所示，显示数据传输正常。

再观察舒适系统控制器J393与前车门控制器（J386/J387）CAN线数据传输，如图1-174所示，结果显示该数据传输正常。

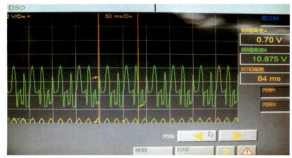

图1-173

通过波形可以确定各控制单元之间通信为正常，那么还有什么原因导致该故障的产生？在没有更好的解决方法前提下，只得将后车门控制单元和舒适系统控制单元更换试试，结果显示故障依旧。那么还有什么原因呢？

在没思路情况下，继续观察相关数据流，经观察舒适系统46-11-2组3区和4区一直显示为保险状态（如图1-171所示）。经询问相关老师了解，该保险状态的含义是指中控锁锁止（双电机触点开关）。按途安车的电气维修经验门锁显示保险状态时，车门锁是无法打开的。只能采用破坏办法将门板拆下，撬开门锁。那么，该保险状态是否由控制器控制功能导致的？

图1-174

本着这个思路，根据途安舒适系统控制单元更换步骤对该控制器进行编码（如图1-175所示），编码后再恢复出厂时编码状态后试车，再次试车发现故障已经不存在了。

图1-175

第二章　奥迪车系

第一节　总线波形分析

一、驱动总线波形

（一）驱动总线正常波形

驱动总线正常波形，如图 2-1 和图 2-2 所示。

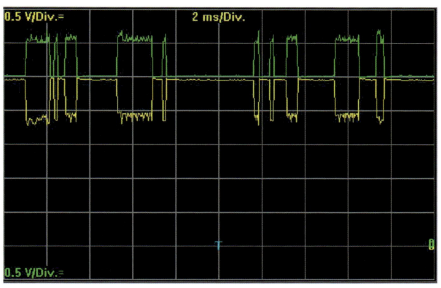

图2-1

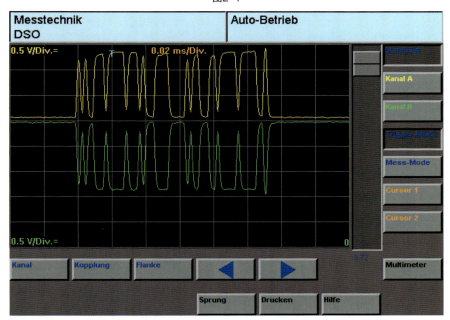

图2-2

（二）驱动总线故障波形分析

（1）高线低线短路，如图 2-3 所示。

（2）高线对正极短路，如图 2-4 所示。

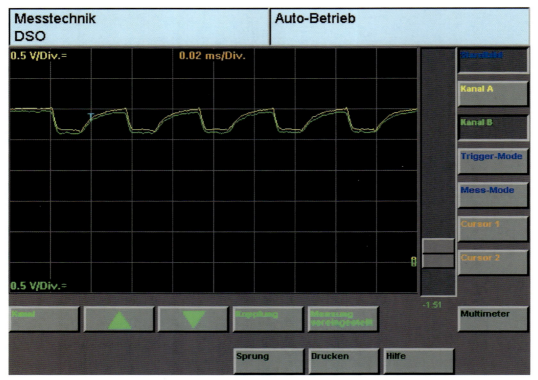

图2-3

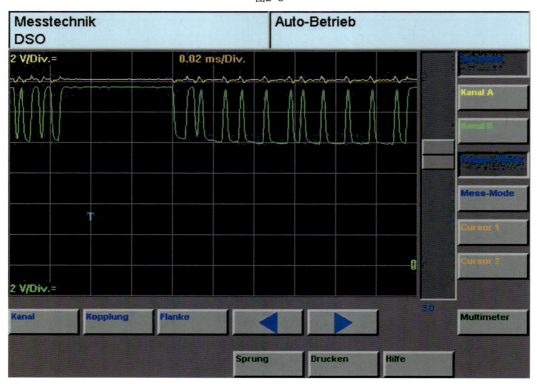

图2-4

（3）高线对地短路，如图 2-5 所示。

（4）低线对地短路，如图 2-6 所示。

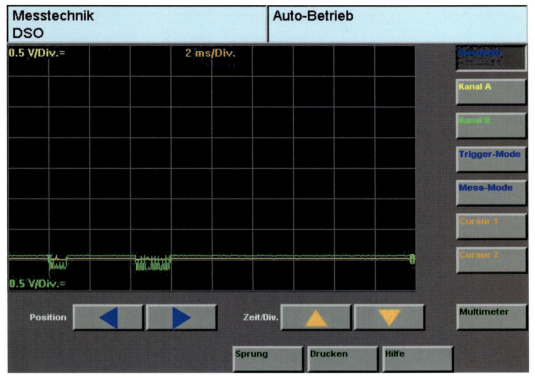

图2-5

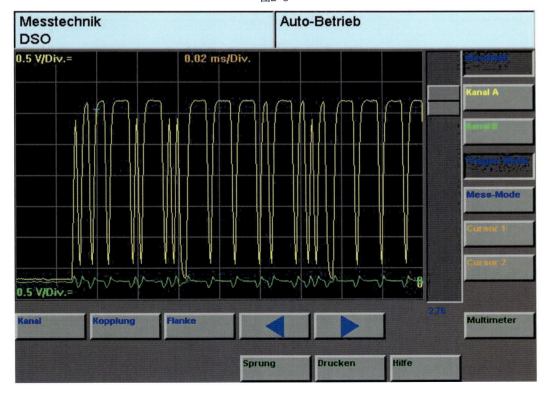

图2-6

（5）低线对正极短路，如图 2-7 所示。

（6）高线断路，如图 2-8 所示。

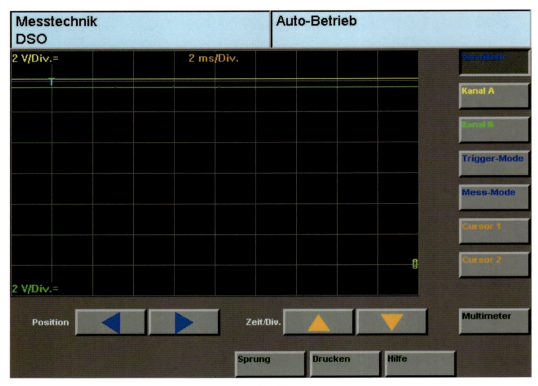

图2-7

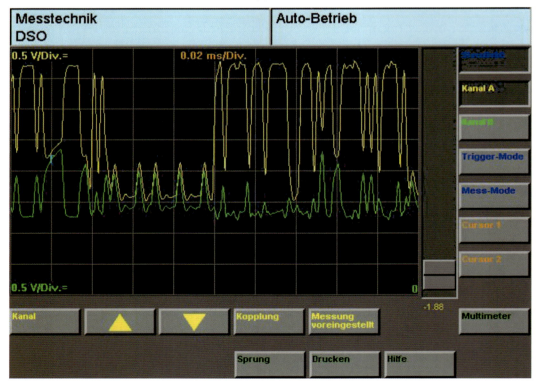

图2-8

（7）低线断路，如图 2-9 所示。

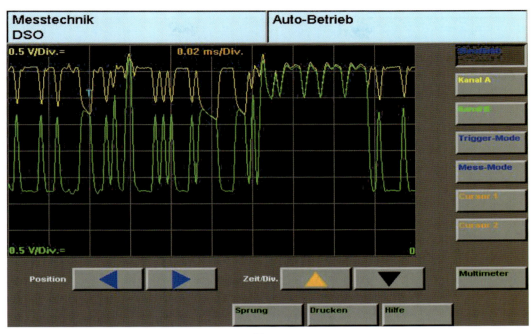

图2-9

二、舒适系统及信息娱乐系统总线波形

（一）舒适系统及信息娱乐系统总线正常波形

舒适系统及信息娱乐系统总线正常波形，如图 2-10 所示。

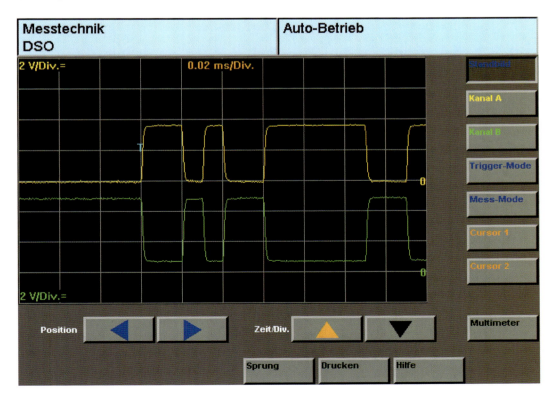

图2-10

（二）舒适系统及信息娱乐系统总线故障波形分析

（1）高线低线短路，如图 2-11 和图 2-12 所示。

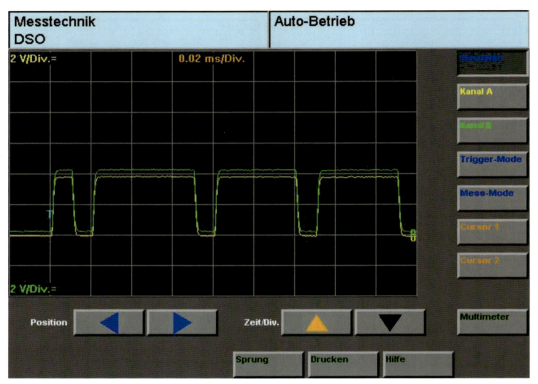

图2-11

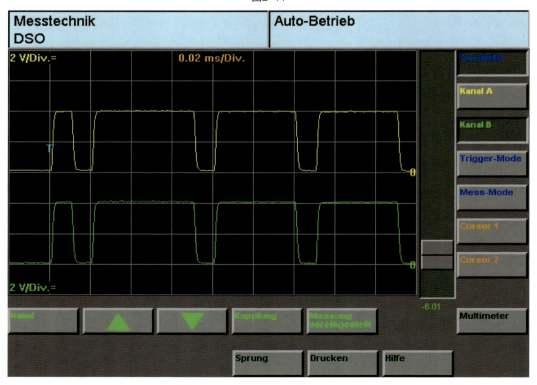

图2-12

（2）高线对地短路，如图 2-13 所示。

（3）高线对正极短路，如图 2-14 所示。

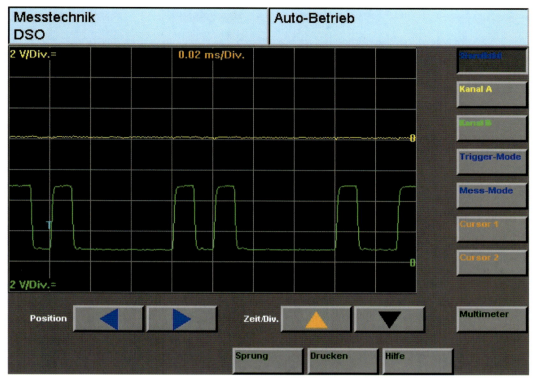

图2-13

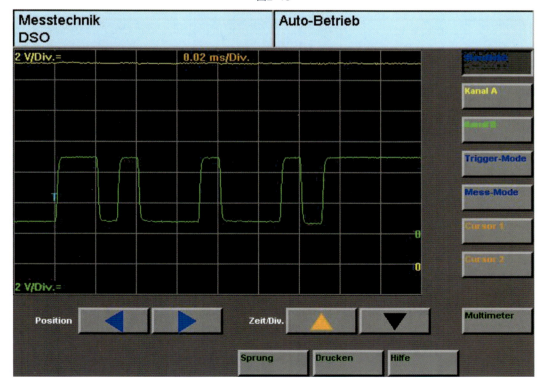

图2-14

（4）低线对地短路，如图 2-15 所示。

（5）低线对正极短路，如图 2-16 所示。

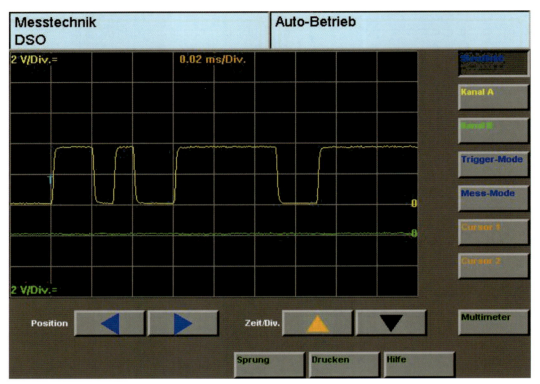

图2-15

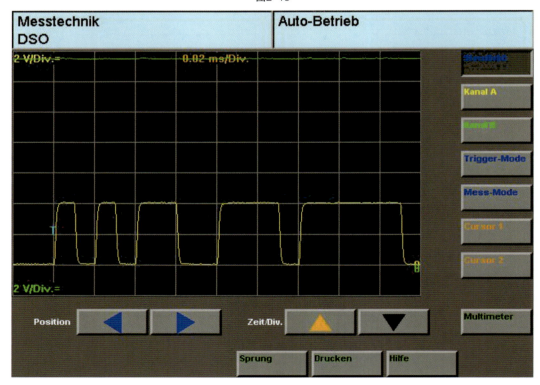

图2-16

（6）低线断路，如图 2-17 和图 2-18 所示。

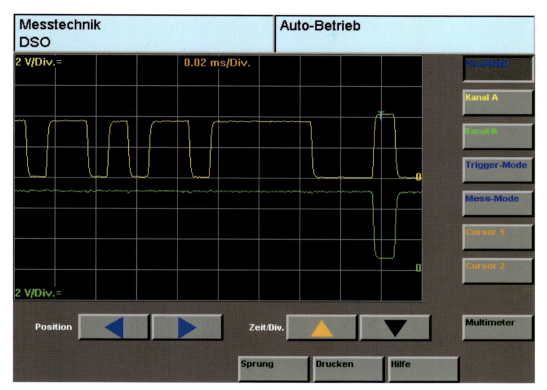

图2-17

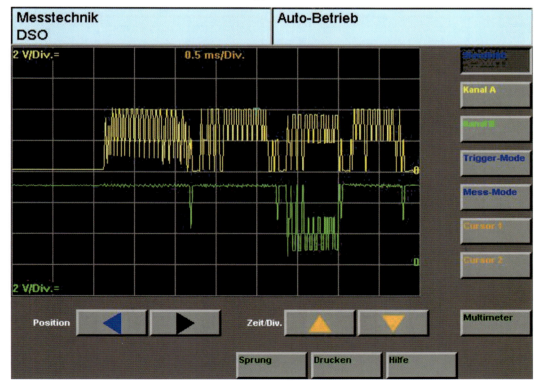

图2-18

（7）高线断路，如图 2-19 所示。

（8）高线对正极短路，有接触电阻，如图 2-20 所示。

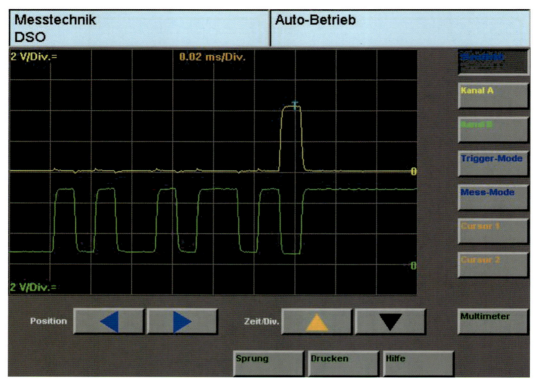

图2-19

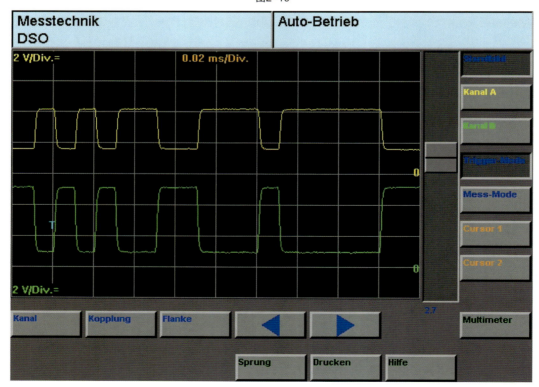

图2-20

（9）高线对地短路，有接触电阻，如图 2-21 所示。

（10）低线对正极短路，有接触电阻，如图 2-22 所示。

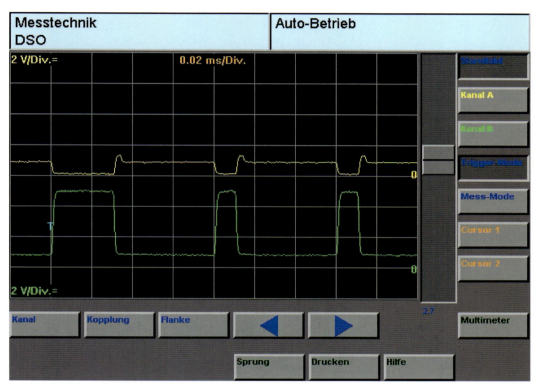

图2-21

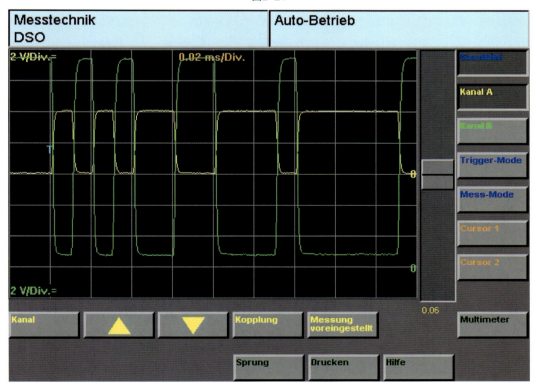

图2-22

（11）低线对地短路，有接触电阻，如图2-23所示。

（12）高线与低位线之间短路，有接触电阻，如图2-24所示。

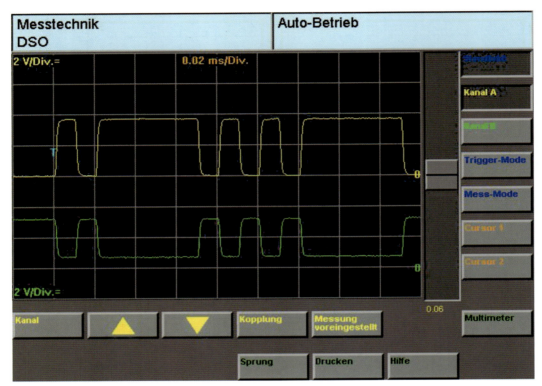

图2-23

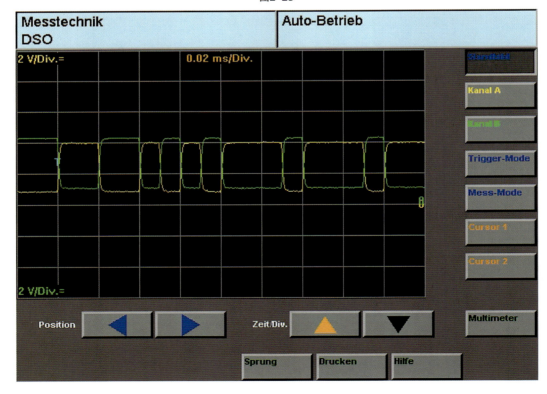

图2-24

第二节 总线波形经典案例

一、2018年全新奥迪Q7车辆抛锚，点火开关不能打开，遥控失灵

车型： 2018年全新奥迪Q7，配置CYRB2.0l R4 TFSI发动机。

VIN： WAUAFC4M3JD××××××。

行驶里程： 6904km。

故障现象： 客户投诉途中短暂停车后车辆不能启动、点火开关不能打开、遥控失灵等抛锚故障。救援技师到达现场施救，故障可以再现，与客户投诉相符合，因现场不具备检测维修条件，只能将故障车拖回进行排查。

故障诊断： 日间行车灯可以点亮，蓄电池连接和电量可以忽略。因VAS6150D不能与车辆通信，打开日间行车灯和应急灯，激活网管停止休眠后，仪表可以应急供电了（如图2-25所示），但诸多故障灯同时点亮。读取19-数据总线诊断接口可以通信。故障码U101100：供电电压过低被动/偶发；U001000：舒适系统数据总线损坏主动/静态；U140B00：能量管理启动被动/偶发，如图2-26所示。

图2-25

01-发动机电子设备、02-变速器电控系统（0DX）、03-制动器电子设备、44-动力转向装置内同时存储有网络相关故障码（如图2-27~图2-36所示）。U014100：车身计算机2/舒适/便捷系统中央模块/ZKE无通信，主动/静态；U014000：车身计算机1/车载电网控制单元/电子设备控制单元无通信，主动/静态；U112100：数据总线丢失信息静，主动/静态；U008000：FlexRay数据总线损坏被动/偶发。按引导性故障查询检查相关保险丝正常，通过软件版本管理（SVM）的控制器配置检查，仍然无法读取当前的总线通信，无法从车辆中读取车辆识别码。参考全新奥迪Q7 2016年网络连接拓扑图，结合此车故障状态和故障码展开分析（如图2-37所示），分析结论如下。

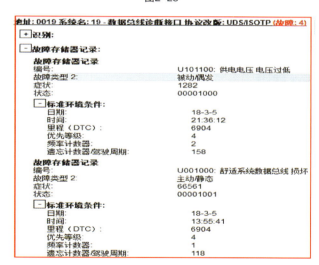

图2-26

（1）大量U字开头的故障码(OBD故障码含义中，U代表网络通信系统)，其中"U001000：舒适系统数据总线损坏主动/静态；U008000：FlexRay数据总线损坏被动/偶发"，可以理解为数据错乱或失真。因01-发动机电子设备、02-变速器电控系统（0DX）、03-制动器电子设备、44-动力转向装置这些控制单元均为FlexRay数据总线用户，它们都可以通信。FlexRay数据总线的故障码暂时忽略，但U001000这个舒适系统数据总线的故障码与故障现象非常吻合，而且此车舒适系统并不能通信，整条舒适

+ 识别:

- 故障存储器记录:

  故障存储器记录

编号:	U019900: 驾驶员侧车门控制单元 无通信
故障类型 2:	被动/偶发
症状:	19311
状态:	00100100

  + 标准环境条件:

  + 高级环境条件:

  故障存储器记录

编号:	U014100: 车身计算机2舒适/便捷系统中央模块/ZKE 无通信
故障类型 2:	被动/偶发
症状:	19862
状态:	00100100

  - 标准环境条件:

日期:	18-3-3
时间:	16:27:56
里程（DTC）:	6902
优先等级:	2
频率计数器:	1
遗忘计数器/驾驶周期:	255

  + 高级环境条件:

  故障存储器记录

编号:	U014000: 车身计算机1/车载电网控制单元/电子设备控制单元 无通信
故障类型 2:	被动/偶发
症状:	19879
状态:	00100100

图2-27

+ 识别:

- 故障存储器记录:

  故障存储器记录

编号:	P107C00: 驻车锁，应急解锁 已模拟
故障类型 2:	被动/偶发
症状:	27434
状态:	00100110

  + 标准环境条件:

  + 高级环境条件:

  故障存储器记录

编号:	U014100: 车身计算机2舒适/便捷系统中央模块/ZKE 无通信
故障类型 2:	主动/静态
症状:	27478
状态:	01100101

  + 标准环境条件:

  + 高级环境条件:

  故障存储器记录

编号:	U014000: 车身计算机1/车载电网控制单元/电子设备控制单元 无通信
故障类型 2:	主动/静态
症状:	31192
状态:	01100101

  + 标准环境条件:

  + 高级环境条件:

图2-29

+ 识别:

- 故障存储器记录:

  故障存储器记录

编号:	U112100: 数据总线丢失信息
故障类型 2:	主动/静态
症状:	171264
状态:	00101111

  - 标准环境条件:

日期:	18-3-3
时间:	16:28:00
里程（DTC）:	6902
优先等级:	4
频率计数器:	1
遗忘计数器/驾驶周期:	255

  + 高级环境条件:

  故障存储器记录

编号:	U112100: 数据总线丢失信息
故障类型 2:	主动/静态
症状:	199936
状态:	00101111

  - 标准环境条件:

日期:	18-3-3
时间:	16:27:56
里程（DTC）:	6902
优先等级:	4
频率计数器:	2
遗忘计数器/驾驶周期:	255

  + 高级环境条件:

  故障存储器记录

编号:	U112100: 数据总线丢失信息
故障类型 2:	主动/静态
症状:	268544
状态:	00101111

图2-28

+ 识别:

- 故障存储器记录:

  故障存储器记录

编号:	U112100: 数据总线丢失信息
故障类型 2:	被动/偶发
症状:	3155969
状态:	00001000

  - 标准环境条件:

日期:	18-3-3
时间:	16:27:56
里程（DTC）:	6902
优先等级:	6
频率计数器:	2
遗忘计数器/驾驶周期:	158

  - 高级环境条件:

动态环境数据	12 0C 35 0F 01 01 01 07 01 36 00 CF 0C 9C 00 00 00 00	
FreezeFrame_mw_120C_Timeout	13.264648	V
接通	on	
接通	on	
接通	on	
Steering_control	Steering_control	
转向小齿轮角度，偏置已校正	13.623047	°
发动机转向扭矩传感器，平均数值	0.90966797	Nm
发动机转速	3228	rpm
系统正常	System_okay	
系统正常	System_okay	
Param_ARASignaRedCycli	0	
Param_PLASignaRedCycli	0	

图2-30

图2-31区域内容：

```
故障列表:
控制单元地址                              故障
005F                                    U112100: 数据总线丢失信息
0003                                    U112100: 数据总线丢失信息
0008                                    U112100: 数据总线丢失信息
0016                                    U112100: 数据总线丢失信息
0017                                    U112100: 数据总线丢失信息
006C                                    U112100: 数据总线丢失信息
0044                                    U112100: 数据总线丢失信息
YS_4M_J533____1_0714_21_Komfort_defekt_00021 [6 [40 [41 [42 [46 [48
故障列表:
控制单元地址                              故障
0019                                    U001000: 舒适系统数据总线 损坏
YS_4M_J533_X_1_0814_21_komfort_gen_00021 [7
故障列表:
控制单元地址                              故障
0002                                    U014000: 车身计算机1/车载电网控制单元电子设备控制单元 无通信
0002                                    U014100: 车身计算机2/舒适/便捷系统中央模块/ZKE 无通信
0001                                    U019900: 驾驶员侧车门控制单元 无通信
YS_4M_J533_X_1_1014_21_SensoHyb_gen_00021
故障列表:
控制单元地址                              故障
006C                                    U112100: 数据总线丢失信息
IG_4N_Allgemein_1_0217_21_unpl_Botschaft_00021 [20 [21
故障列表:
控制单元地址                              故障
0003                                    U112200: 数据总线不可靠信号
IG_4M_J533_J104_J623_J624_1_0614_21_00021 [8
故障列表:
控制单元地址                              故障
0003                                    U008000: FlexRay数据总线 损坏
0001                                    U014000: 车身计算机1/车载电网控制单元电子设备控制单元 无通信
0001                                    U014100: 车身计算机2/舒适/便捷系统中央模块/ZKE 无通信
YS_4M_J533_2_0714_21_energiemgmt_00021
故障列表:
```

图2-31

图2-33区域内容：

- 检测步骤: 检查故障存储器

措施: 信息

J533 - 数据总线诊断接口控制单元中未输入FlexRay故障。但是其他控制单元存在通信故障。

- 接着执行'SVM - 汽车配置检查'。

- 观察是否提供了FlexRay数据总线上控制单元的新控制单元软件或J533 - 数据总线诊断接口。

- 如果已刷新了新的控制单元软件，则退出引导型故障查询，并重新启动。

提示:
FlexRay数据总线设备列出在文件中。

措施: 选择
'SVM - 汽车配置检查'是否已执行且您要读取当前的总线通信？

输入: 否

- 检测步骤: 快进

措施: 信息

检测结束

图2-33

图2-32区域内容：

- 功能调用: GWK_Start_Hinweis_21_00021

检测步骤: 快进

- 检测步骤: 质保注意项

措施: 信息
提示:

退出引导型故障查询时，会自动在线发送诊断报告。
务必在诊断报告中填写正确的任务单编号以及车辆识别号。如果没有提供诊断报告，则打消保固框追索索赔申诉的权利。
只能通过说明书先股开车上的诊断结头！

检测步骤: 质保注意项

- 检测步骤: 测试条件注意

措施: 信息
一般测试条件：

蓄电池电压正常。

保险丝正常。

电路图

接地连接牢固并且没有磨蚀/氧化（低下接地连接并错接）。
电路图

仅在关闭点火开关后连接和断开电气导线，包括测量设备导线。

图2-32

图2-34区域内容：

功能检测 5: FLX_8W_J527_XXXX_1_1216_21_Botschaft_00021

果: OK?

检测步骤: 快进

- 检测步骤: 一般提示

措施: 信息
在以下条件下会存储故障信息'数据总线信息不可信'：
a）检测到检验和故障。
原因是
通过EMV的数据传输有故障或
在数据导线上，至控制器
XY。如果干扰影响只短时（偶发）存在，即以下信息
正确传输，则自动删除这个故障
存储器条目。
b）信息计数器有故障。
其原因可能是
发送控制器XY的内部故障。这个
控制器的总线驱动程序工作
正常并发送信息，然而
由于某个处理器故障
不能生成新信息内容或生成错误的
信息内容。

检测步骤: 取消

结果: OK?

图2-34

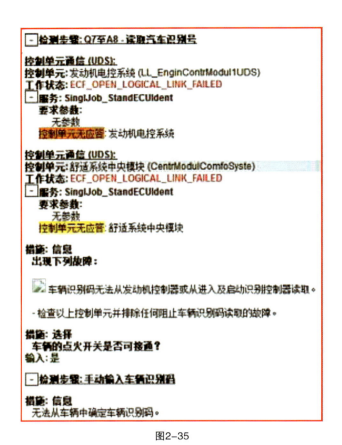

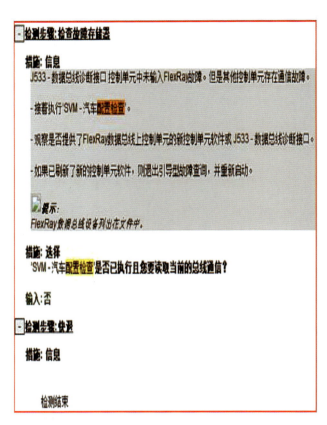

图2-35　　　　　　　　　　　　　　　　　　　　　图2-36

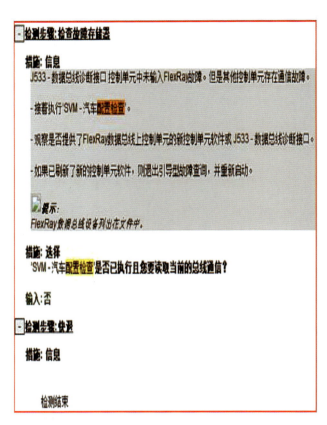

图2-37

系统上的控制单元均不能识别，就更加说明它们的相关性了。U001000 此故障码将导致 J393 的解锁指令无法传输到 J764，而 J764 未解锁及未反馈信息至 J393，J393 也不能激活接线端 S 和 15，同时 15 号接线端未接通，J393 与 J623 无法通信，造成双方的启动请求未满足，所以此车当前的故障现象就很好理解了。这样看来首当其冲应重点检查舒适系统数据总线上的相关控制单元是否工作或损坏，连接线束是否正常等。首先检查舒适系统数据总线。

（2）U014100：车身计算机 2/ 舒适 / 便捷系统中央模块 /ZKE 无通信主动 / 静态（J339）；U014000：车身计算机 1/ 车载电网控制单元 / 电子设备控制单元无通信主动 / 静态 (J519)；U112100：数据总线丢失

信息主动/静态。其中故障码 U112100 可以理解通信失联和数据丢失。因车身计算机 1 与车身计算机 2 都为舒适系统数据总线用户，而且无通信主动/静态，几个控制单元同时损坏的可能性非常小，可以考虑因果关系和工作条件等，应检查共同的工作条件等，如检测连接线束或总线波形，如 High/Low 对地、对正极短路或高低互短。其次检查 U014 开头的故障码。

对于 CAN 舒适系统数据总线故障将进行如下检查：先前已按照引导性故障查询的测试计划检测无效，相关保险丝已检测无误。使用测量技术组件 VAS6356（如图 2-38 所示）测量舒适系统数据总线波形，如图 2-39 所示，High 对地电压 0.2V，波形峰值也很低，波形杂乱不规则，已经是很明显 High 对地短路的故障波形了，那么舒适系统全网瘫痪也就不奇怪了。正常波形如图 2-40 所示（High 对地电压 2.5~3.5V）。

因该故障车行驶里程 6904km，2018 年购买，属于三包有效期范畴，考虑到客户抱怨较大，为快速准确论证故障，决定根据此车的网络拓扑图，使用替代法缩小故障范围，具体实施方案是（如图 2-41 所示）：挑出 J533/J393/J519 等主要控制单元的原车 CAN 舒适数据总线车身侧线束针脚，用售后专用的 CAN 维修线束，同时跨接这些控制单元的舒适数据总线模块处脚位，将铺设一条临时总线使舒适系统应急运行，验证故障是否改变。当跨接完工后立即将车辆应急启动，此时车辆能够正常发动且维持运转，相关故障全部消失，验证故障结果非常有效。

工作至此，可以证明 J533/J393/J519 等主要控制单元和工作条件满足正常运行，但下一个复杂的问题又衍生出来了，虽然 J533/J393/J519 等主要控制单元工作正常，但舒适系统数据总线的线束和该系统上连接的 13 个控制单元（根据车辆配置）还需进行判断，该 13 个控制单元分布在车辆各个部位，位置还比较隐蔽，单独拆卸相关附件都工程巨大。

由于此车属于 MLB 平台，没有 CAN 分离插头，

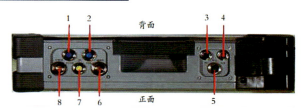

1-DSO2 2-DSO 3-TZ 触发钳 4-KV 高压钳 5-T/D 温度传感器或压力传感器 6-U/R/D/I 测量导线 7-SZ100A 或 1800A 电流钳 8-DIAG 诊断导线

图2-38

图2-39

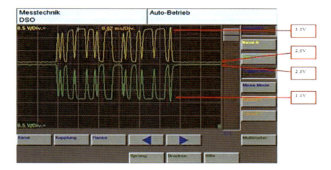

图2-40

图2-41

测试盒 VAS1598/38 和 VAS1598/42 使用受限，官方维修方案是断开 CAN 各锚接支点查找故障，但支路锚接点包裹在主导线束中，在现实中不便实施，只能用笨办法了，一边分别拔掉舒适系统数据总线上的控制单元，一边同时监控该舒适系统数据总线的波形和对地电压与对地电阻。当舒适系统数据总线上的控制单元全部分离以后，但监测的波形和对地电压、对地电阻的实际状况依旧如故。经过多次实操与分析推理，故障锁定为主导线束内部对地短路，与客户沟通协商妥当的情况下，为其索赔更换车身主导线束，故障已彻底排除。

车身主导线束内部故障，引起舒适系统数据总线 CAN-High 对地短路，最终造成舒适系统全网瘫痪，直接导致车辆不能启动、点火开关不能打开、遥控失灵等抛锚故障。

故障排除：拆卸相关附件，为其更换车身主导线束。

故障总结：对于现代的新款车型来说，总线区域网传输系统等高新技术无处不在。在遇到此类网络故障时，应重点读懂故障码含义和规律，如故障码的后缀信息：短路或断路，信号不可信，超过/未达到上限等，利用故障码结合相关资料和故障现象展开分析，做到快刀斩乱麻、一刀切，必要时使用专用工具设备和相对应的检测方法（如替换法、排除法、对比法等），有针对性地进行排查，相信故障很快就能迎刃而解。

二、奥迪 A8（D4）发动机不能正常启动

车型：奥迪A8（D4），配置CGW发动机。

行驶里程：64000km。

故障现象：仪表多个故障灯报警，不能正常启动，有时启动后，发动机不能熄火。

故障诊断：

（1）VAS6150C自诊断发现舒适总线相关的控制单元均无法通信，网关有故障记录：舒适总线损坏。用专用工具 VAS6150C 配合 VAS1598/38 测量舒适总线波形，如图 2-42 所示。伴随波形不稳，电压升高来回跳动的现象。

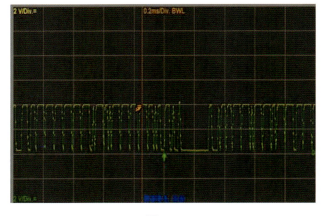

图2-42

（2）用专用工具 VAS1598/38 测量 T46 端子依次切断舒适总线上各个控制单元，故障波形没有明显变化，怀疑网关故障，更换后故障不变。

（3）检查电路图分析，网关舒适总线到达总线桥 T46 之前有一支路，无法用 T46 进行切断该线路与右前座椅调整控制单元 J521 及右前座椅轮廓控制单元 J872 进行连接。

（4）断开 J872 后，故障消失，车辆能够正常着车和熄火，如图 2-43 所示。

故障原因分析：对于D4电器系统，J393会确定防盗信息后向总线上发送一个 15 号端子激活及防盗信息信号，同时吸合J329。由于总线损坏，信息

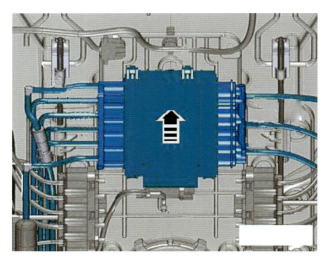

图2-43

舒适总线控制单元未能接收到15号端子和防盗信息，整个舒适总线接近于休眠状态，所有控制单元无法进行正常工作，因电器元件损坏存在间歇性，偶然工作正常后，当车辆出现无法熄火故障时，发动机已经被15号继电器激活，但是发动机与总线上的15号端子信息比对失败，无法检测车速信号，无法确认车辆是否行驶，造成车辆不能熄火。

故障排除：更换J872。

故障总结：在这款车上网关舒适总线到达总线桥T46之前有一支路，无法用T46进行切断该线路与右前座椅调整控制单元J521及右前座椅轮廓控制单元J872进行连接。无法实现通过断开总线桥断开舒适总线，只能手动断开连接控制单元，增加维修难度。

三、奥迪 A6L 空调有时不制冷

车型：奥迪A6L，配置CDZA发动机。

行驶里程：84000km。

故障现象：客户反映车辆空调有时不制冷，出自然风。有时候又突然正常制冷。故障频率较为频繁。一天出现多次，问题出现时会持续很长时间。

故障诊断：

（1）使用VAS6150诊断故障码：制冷剂压力/温度开关无通信偶发、制冷剂压力/温度开关信号不可靠。诊断仪读取测量值制冷剂压力数值330kPa不正常。

（2）使用 VAS6746 测量制冷剂高低压压力正常，制冷剂量正常。

（3）替换制冷剂压力开关，故障排除。一天以后故障再次出现，故障码和故障现象与原来相同。

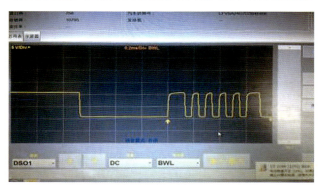

图2-44

图2-45

（4）测量制冷剂压力开关供电，搭铁和LIN线供电电压正常。使用示波器测量波形也正常，如图2-44所示。

（5）陷入判断误区，认为控制端存储错误数值，替换J519、J255，故障依旧。

（6）重新捋清思路，车辆在行驶过程中偶发性工作正常。在第一次更换压力开关时车辆也马上恢复正常。

故障分析：持续试车过程中发现车辆行驶在颠簸路面时空调有时恢复正常。是否为导线接触问题导致。反复摇晃空调连接线路。在摇晃制冷剂压力开关插头时，空调制冷剂压力恢复正常。分解制冷剂压力开关插头，发现3号针脚线路松动导致偶发性接触不良，如图2-45所示。但在测量波形和电压过程中是拔下插头测量故测出波形和电压正常，导致错误认为该部位工作正常。更换制冷剂压力开关插头和导线故障排除。

故障排除：

（1）更换制冷剂压力开关，故障依旧。

（2）更换压力开关插头及导线，故障排除。

四、奥迪 Q3 仪表上的变速器灯、防滑灯、转向器等多个灯有时亮起，加油车不走

车型：奥迪Q3，配置2.0TCRH发动机。

行驶里程：80000km。

故障现象：仪表上的变速器灯、防滑灯、转向器等多个灯有时亮起，加油车不走，如图2-46所示。

图2-46

故障诊断：

（1）用 VAS6150B 检测发现动力系统 01、02、03、15、55 等均有故障码 U000100：驱动系数据总线损坏，间歇性问题，按故障引导要求检查引导结果可能的故障原因是：①布线或接触不良；②驱动系统数据总线的控制单元偶尔有故障。详细检查相关线路和驱动系统数据总线未发现异常，逐个拆检驱动系统的每个控制单元检查正常，由于是偶发性故障，反复试车故障不能再现，最后清除故障，先交车给客户观察使用，并提醒客户一旦出现同样故障，通知我站技术人员赶到现场确认并诊断，客户表示同意，故障码如图2-47所示。

图2-47

（2）1周后，客户回电反馈车辆在低速行驶中故障再现了，当时我站技术人员带齐专用工具赶到现场检查，检查发现故障码和以前是一样的，动力系统均有故障码 U000100：驱动系数据总线损坏，偶发性的，仪表上的变速器灯闪烁，防滑灯、转向器等多个灯有时亮起，加油车不走，用 VAS6150B、VAG1594/14、VAG1598-11、VAS6356 检测驱动总线的波形，发现波形有时不正常有 10V 电压（如图2-48所示），原因可能是驱动总线对正极短路了，检查的重点和方向是驱动总线及其控制单元。经过详细检查发现在停车辅助系统/停车辅助设备上加装了倒车影像系统，将加装的倒车影像系统拆除，恢复原车的停车辅助系统/停车辅助

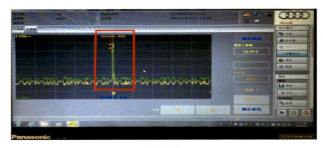
图2-48

图2-49

设备，驱动总线的波形恢复正常了，由此可判定该故障是由于加装的倒车影像系统干扰导致的。

故障分析：由于在停车辅助系统/停车辅助设备上加装了倒车影像系统，干扰了驱动总线，所以有时不能正常工作，导致仪表上的变速器灯、防滑灯、转向器等多个灯有时亮起，加油车不走，如图2-49所示。

故障排除：将加装的倒车影像系统拆除，恢复原车的停车辅助系统/停车辅助设备，故障排除。

五、奥迪 A8（D4）EV 模式不可用

车型：奥迪A8（D4）混合动力，配置CHJ 2.0L发动机。

行驶里程：35000km。

故障现象: EV模式不可用。

故障诊断:

（1）经操作 EV 开关仪表提示不可用，故障确实存在，如图 2-50 所示。

图2-50

（2）用诊断仪 6150B 检测显示 01-U044700-数据总线诊断接口不可信信号静态，此车无加装，查 TPI 无相关文件。

（3）用6150B进行引导性故障查寻，检查J623供电、接地、导线是否正常（附导航报告），均正常。

（4）根据引导查寻，测量 CAN 的波形及导线情况（如图 2-51 所示的波形）均为正常，并与其他车辆对比（如图 2-52 所示），怀疑 J623 故障。

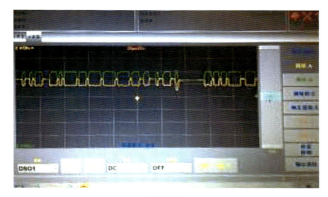

图2-51

（5）更换J623发动机控制单元后，故障依旧，此时陷入僵局，重新整理思路后，把正常车辆的A1电池进行对换，故障转移，试车正常，如图2-53所示。

（6）根据引导查寻，导致后续失误。

故障分析: 分析为A1电池存电能力下降，实际测量电压5.6V，而正常电压12.6V，所以导致控制单元出现故障。建议大家维修时不要把简单的问题复杂化，还是要多分析出现此故障时的可能原因，从最简单到最复杂的顺序维修，减少不必要的维修麻烦。

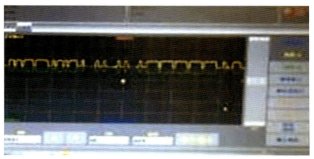

图2-52

故障排除: 更换新的A1电池。

六、奥迪 A6L（C6）变速器故障灯亮

车型: 奥迪A6L（C6），配置CAN发动机。

VIN: LFV5A44F193××××××。

行驶里程: 135000km。

故障现象: 变速器故障灯亮。

故障诊断:

（1）变速器故障灯报警，故障码为：选挡杆中的挡位显示信号线不可信信号，偶发；Tiptronic信号线电气故障，偶发，如图 2-54 所示。

尝试删除故障后试车观察，故障随机再现。且在变速器故障灯报警前，发现一故障现象：挡位杆处的挡位显示乱跳，无法准确显示。之后，

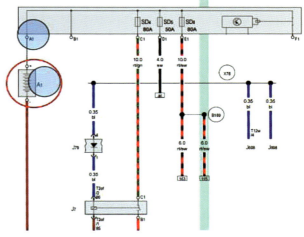

A1- 副蓄电池 J7- 蓄电池断路继电器，行李箱内左侧 J79- 充电管组，行李箱内左侧 J608- 特种车辆控制单元 J698- 冷藏箱 SD4- 保险丝架 D 上的保险丝 4 SD5- 保险丝架 D 上的保险丝 5 SD6- 保险丝架 D 上的保险丝 6 T2of-2 芯插头连接 T12w-12 芯插头连接 29- 接地点，副蓄电池附近 50- 行李箱左侧接地 453- 接地连接 3，在选装装备导线束中 721- 接地点 1，在特殊车身上 722- 接地点 2，在特殊车身上 B189- 正极连接 1（30），在车内导线中 X78- 连接 1，在选装装备导线束中

图2-53

故障灯便亮起，控制单元中存储记录故障。

（2）检查变速器控制单元 J217 与选挡杆控制单元 J587 之间的信号线，无断路短路现象。尝试对换挡位显示单元 Y26，故障不变。更换选挡杆控制单元 J587，故障在多次试车后再次出现。

（3）测量 J217 至 J587 的信号线波形，发现信号波形不正常，如图2-55所示，蓝色为标准波形，黄色为实际测量的非正常波形。

因图 2-56 得知，变速器控制单元输出的挡位信号不正常。

（4）更换变速器控制单元 J217 更换后，再次测量波形（如图 2-57 所示），恢复正常，故障也消失。

（5）试车后，故障再次出现。挡位信号波形再次混乱，如图 2-58 所示。

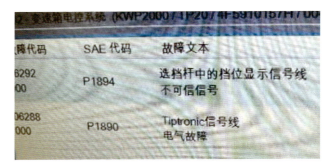

图2-54

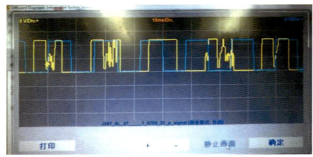

图2-55

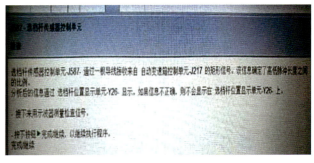

图2-56

图2-57

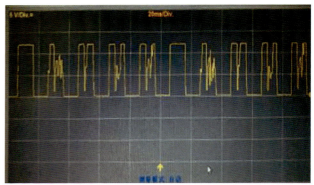

图2-58

（6）删除变速器匹配通道归零，故障依旧。对挡位信号线进行飞线连接，故障依旧。

（7）此时，总结之前所有现象，发现一个故障规律。冷车时正常，热车时才出现故障现象。考虑油温对故障现象的影响，放出变速器油检查油质，并未发现异常。检查多功能开关换挡轴，发现磁铁处堆积了很多油泥铁屑，如图2-59所示。

对其进行清理后，安装完毕，测得波形变为正常。随后准备试车，发动车辆后观察波形逐渐变乱。此时，故障诊断陷入僵局。

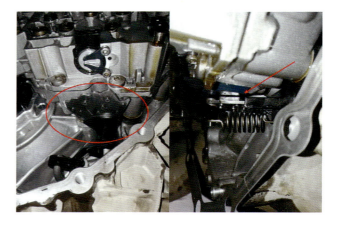

图2-59

（8）总结分析：此故障现象在车辆长时间停放冷车后便消失，考虑变速器油对故障的影响，便尝试更换新变速器油，换后故障现象依旧出现。但在换油过程中多进行了一项验证步骤，即在排空变速器油时，直接测挡位信号的波形是正常的。加入变速器油后，波形就随之变不正常。即便将变速倾斜，让多功能开关的换挡轴磁铁不接触变速器油，信号波形也是正常的。

图2-60

（9）因此怀疑是多功能开关换挡轴上的磁铁出现了问题。

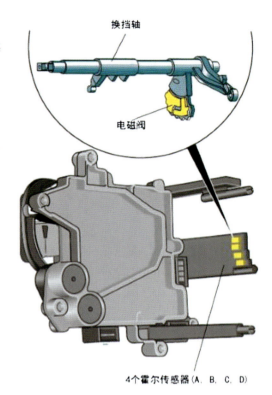

多功能开关 F125

多功能开关F125由4个霍尔传感器组成，霍尔传感器由换挡轴上的电磁通道控制。来自霍尔传感器的信号阐述与手动式开关位置相同

高位置：开关关闭（1）
低位置：开关打开（0）

因此，一个"开关"可产生2个信号"1"和"0"，4个"开关"能产生16种不同的换挡组合

4个挡组合用于识别换挡位置P、R、N、D

2个挡组合监测中间位置（P-R、R-N-D）

10个换挡组合用于故障分析

图2-61

（10）变速器维修更换多功能开关换挡轴，故障解决，如图2-60和图2-61所示。

故障分析：

选挡杆控制单元 J587 通过一根导线接受来自变速器 J217 的矩形信号。分析后通过选挡杆显示单元 Y26 显示。如果信息不正确，则不会显示在 Y26 上。

发现波形不正常，排除线束和控制单元之后。说明信号采集出现了问题。

车辆在长时间停放后故障排除，让人误以为是油温对故障的影响。而实际上是长时间停放后，变速器油全部积落在底部，没有对霍尔信号产生干扰影响。由于换挡轴上的磁极出现削弱，在变速器油淹过磁铁后，对信号产生干扰。

故障排除： 更换换挡轴。

故障总结： 此故障极为罕见，在测得信号波形不正常时，一般就直接认为是电器或者线路故障。忽略了机械故障。多分析故障规律，找到故障发生的共性，有助于尽早找准故障点。

七、奥迪 A4L（B9）仪表黑屏，信息娱乐系统、空调等车内各用电器无法使用

车型：奥迪A4L（B9），配置CYY发动机。

行驶里程：60000km。

故障现象：启动发动机，仪表黑屏，信息娱乐系统、空调等车内各用电器无法使用。

故障诊断：

（1）试车，启动发动机，仪表黑屏，信息娱乐系统、空调灯车内各用电器无法使用。使用VAS6150D无法与J285、J255进行通信，读取19-数据总线诊断接口故障记录：U10AA00数据总线显示/操作损坏，主动/静态，其他控制单存储故障码：仪表控制单元无通信、空调控制单元无通信。执行检测计划，提示在线对比，无实际意义。发动机已启动，仪表全黑，如图2-62所示。

图2-62

（2）故障一直存在，通过故障码分析导致故障可能原因：

① J533 供电、搭铁故障；

② CAN 分离插头 T46 松动，损坏；

③显示 / 操作 CAN 线路损坏；

④组合仪表 CAN 上控制单元内不终端电阻短路；

⑤ J533 损坏。

（3）读取 J533 测量值端子 15、30 供电状态正常，其他控制单元故障发生环境条件，故障发生在车辆行驶时。但是读取网关故障记录的环境条件，J533 未识别到通过 CAN 的端子 15 状态，初步怀疑 CAN 线通信问题，如图 2-63 所示。

（4）读取 J533 测量值，显示 / 操作 CAN 上控制单元通信状态，所有显示 / 操作 CAN 上控制单元与 J533 通信均不正常，重点分析 CAN 分离插头 T46、仪表 CAN 的线路及支路上的控制单元。

（5）检查 CAN 分离插头 T46b 正确插接，针脚、触电均正常，无进水、腐蚀痕迹，连接的导线无挤压、弯折和磨损。查询电路图显示 / 操作 CAN 分离插头 T46b 连接有控制单元。针脚 19：J764；针脚 21：E265、J527、J285、J255；针脚 22：J772。使用 VAG1598/38 连接 T46b，使用示波器测量针脚 19、21CAN-H、CAN-L 波形，均为对正极短路。如图 2-64 所示，CAN-H、CAN-L 对正极短路波形。

（6）依次拨出 VAG 1598/38 上针脚 19、21，当拨出针脚 21 时，测量针脚 19CAN-H、CAN-L 波形，

图2-63

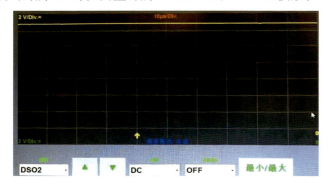

图2-64

波形恢复正常。那么问题就出在连接至 T46b/19 上的控制单元（E265、J527、J285、J255）或 CAN 线上。如图 2-65 所示，拔出针脚 21 时，测量针脚 19CAN-H、CAN-L 波形，波形恢复正常。

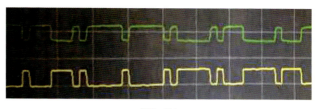

图2-65

（7）首先排除控制单元内部短路问题，依次断开 E265、J527、J285、J255 上的连接插头，当断开后部空调控制面板 E265 时故障排除，波形也恢复正常。

故障分析：后部空调控制面板 E265 内部终端电阻对正极短路，导致整个显示/操作 CAN 上控制单元无法正常工作。

故障排除：更换后部空调控制面板 E265。

故障总结：遇到此类 CAN 线故障时，通过初始故障码的环境条件、测量值的通信状态、波形对故障分析，有助于思路整理，节约大量诊断时间，避免盲目拆装及测量。

八、奥迪 A6L（C7）仪表各种故障灯报警

车型：奥迪 A6L（C7）配置 CYY 发动机。

行驶里程：80000km。

故障现象：仪表各种故障灯报警。

故障诊断：行驶过程中偶发性仪表各种故障灯报警，熄火后再启动发动机故障消失，客户来店用诊断仪检测有多个故障码，如图 2-66 所示。通过分析 J533：组合舒适总线损坏偶发性故障可能是造成仪表各种报警的原因，报总线损坏的原因一般都是总线对地短路才会出现的故障码，对舒适 CAN 总线部分拆下饰板检查，当拆下右后靠背检查舒适 CAN 线时发现有线束表皮被磨破（如图 2-67 所示），该线束与座椅靠背相互摩擦导致对地短路，造成仪表各种故障灯报警，将线束修复后，再对线束固定后，试车故障消失。

故障存储器记录：
故障存储器记录
编号：   U001000. 舒适系统数据总线总成 损坏
故障类型 2：   被动/偶发
症状：   262
状态：   00001000
标准环境条件：
高级环境条件：

图2-66

图2-67

故障分析：由于线束到后靠背座椅位置太近，长期摩擦造成表皮破裂，导致舒适 CAN 短路造成仪表各种故障灯报警。

故障排除：修复线束，重新固定线束位置。

九、奥迪 Q5L 转向系统和四驱系统报警

车型：奥迪 Q5L，配置 CWN 发动机。

行驶里程：300km。

故障现象：客户早上启动发动机后，仪表四驱系统和转向系统报警，10s 后故障消失。

故障诊断：

（1）来站后检查发现故障无法再现，使用诊断仪 6150C 检查网关有以下故障码，如图 2-68 所示。

其他控制单元全部都是 U112100：数据总线数据丢失的故障码；因此车是偶发故障，故障引导结果都是正常。

（2）按照底盘号查询没有相关 SOST 内容和 TPI，查找技术案例平台上有一个 Q5L 转向机报警的故障案例，故障原因是转向机线束插头进水，按照故障案例检查转向机插头和线束没有进水。

图2-68

（3）按照电路图查找这两个控制单元的供电和接地没有共同点。

（4）查找 Q5L 电气拓扑图的相关资料，在结合故障引导的提示，发现如图 2-69 所示。

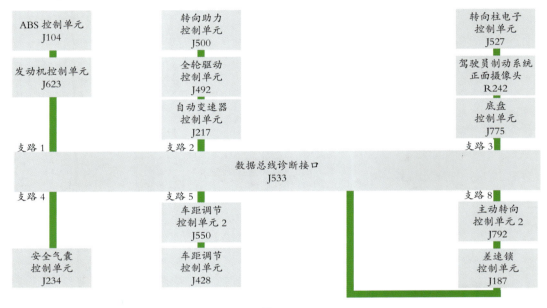

图2-69

在支路 2 上连接有变速器控制单元 J217、全轮驱动控制单元 J492、电动转向控制单元 J500。J492 和 J500 连接在 FLexRay 总线支路 2 上。

（5）根据拓扑图总结故障点：FLexRay 总线不会是对地短路和对正极短路，因为更具 FLexRay 总线特性，如果发生短路应该是这条支路上的控制单元全部无通信，但是本车变速器控制单元可以正常通信，根据以上特点总结故障点：

①变速器控制单元J217内部FLexRay总线输出端断路；

②变速器单元 J217 和全轮驱动控制单元 J492 之间的线路断路；

③全轮驱动控制单元 J492 内部断路。

因此车是偶发故障，无法通过测量电阻的方式诊断FLexRay总线，根据以上的故障点分别测量各个节点的波形，测量到变速器控制单元FLexRay总线输出端，出现故障时，发现没有了波形了，如图2-70所示。

拆卸变速器控制单元插头发现插头FLexRay总

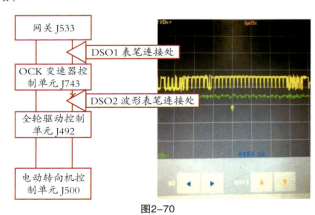

图2-70

线的一个内部针脚孔严重变大，如图2-71所示。

  故障分析： 因变速器输出侧的FlexRay总线插头针孔变形，造成变速器FlexRay总线连接后部的两个控制单元没有通信。

  故障排除： 更换变速器控制插头处的FlexRay总线线束插头。

图2-71

  故障总结： 此车是新车没有相关维修线束记录，变速器线束出厂时，内部插针可能损坏。但是要求我们对于线束插针测量时的一定要使用专用工具VAS1594C，不要使用万用表或者大头针插入线束针脚里，会造成很多人为的偶发故障。

十、奥迪 Q5 难启动 EPC 灯亮

  车型： 奥迪Q5，配置CAD发动机。

  行驶里程： 120000km。

  故障现象： 难启动并且启动后EPC灯亮并伴有发动机抖动。

  故障诊断：

  （1）启动时间长，加速困难。VAS6150D 01自诊断中有：P008800燃油油轨\系统压力过高，主动/静态；P032100发动机转速传感器不可靠信号，主动/静态，并都是静态故障码。

  （2）根据引导故障查询提示，大致怀疑以下部件：发动机转速传感器G28故障，J623连接G28线束，J623发动机转速传感器信号轮发动机正时机构。

图2-72

  （3）根据先易后难原则，首先对转速传感器G28进行替换，替换后故障并没有得到解决并通过数据块得出发动机启动后G28显示的数值与正常车对比无异常，至此G28可以排除。

  （4）查询电路图G28 3根线分别为：3号脚连接至发动机T60\52，2号脚连接至发动机T60\37，1号脚连接至发动机T60\29（D141节点连接G40凸轮轴转速传感器、G336进气管风门电位计、G247燃油压力传感器）。

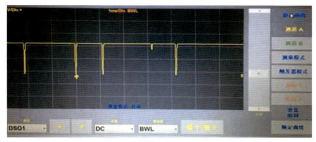

图2-73

  （5）因有燃油压力故障码怀疑G247燃油压力传感器故障或者线路互短，逐一断开D141节点上的3个传感器并替换无效。万用表测量G28和D141节点上的所属传感器线束供电正常，均无断路、互短、对正极、对地短路。

  （6）替换发动机控制单元J623后无效。

  （7）读取发动机测量值气缸列1凸轮轴调节，相位显示一直为0（如图2-72所示），正常车怠

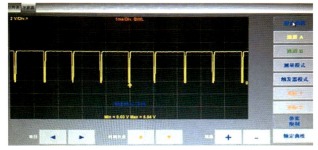

图2-74

速在 –5°～–2° 之间来回跳动，使用示波器测量 G28 信号异常（不正常波形如图 2-73 所示，正常波形如图 2-74 所示）。至此怀疑此故障是由于发动机曲轴信号轮或发动机正时机构导致，建议客户拆检发动机检查。此故障咨询过其他店，根据维修建议都指向曲轴信号盘或发动机正时机构。

（8）发动机拆开后仔细检查曲轴信号轮、正时链条机构、凸轮轴承座、凸轮轴调节器未发现明显异常；考虑到拆检发动机工程较大，工序较为烦琐，尝试与在店更换发动机的车辆替换以上部件。装车实验，故障依然存在，维修至此所有有用线索都断了，维修一度陷入僵局。

（9）回想已知故障码通过波形检查了传感器、信号轮、正时机构、相关线束，由于波形信号是从 J623 插头处采集的，故怀疑是否因为其他地方线路问题干扰了曲轴轮输出的正常信号。由于发动机中还有关于节气门的故障码，决定从节气门入手；先替换节气门控制单元无效，而后替换发动机线束依然无用。

（10）排除以上所有疑似故障点，查询 Elsapro 没有相关升级代码，没有相关 TPI 文件。再度陷入僵局，到此已维修 20 天，客户催得紧。

（11）此时又回到原点，静心整理思路。发动机舱区域疑似故障点已经全部排除，试猜想会不会此故障点来自于车内呢？在偶然的情况下拔下左前 A 柱 T17e 红色插头（如图 2-75 所示）时奇迹发生了，发动机启动正常。油轨压力过高和曲轴转速传感器不可靠信号故障码变为偶发并可以清除。

图2-75

（12）经历 20 多天的不懈努力，维修终于取得进展；为了确定进一步的故障点查询电路图 T17e 连接 G79 油门踏板位置传感器、制动灯信号开关 F。逐一断开插头依旧，使用万用表对 T17e 插头连接至 G79 油门踏板位置传感器和制动灯开关 F 进行对正、对负、互短、断路测量均正常。

（13）在测量发动机至A柱T17e红色插头线束时，发现T17e/1和T17e/17针脚时而有互短现象。（T17e/1是连接至油门踏板 G79、T17e/17 是连接至制动灯开关F）。

图2-76

（14）回想该车的维修历史有更换过隔音棉（之前也遇到过因为更换隔音棉导致仪表骨架线束夹到的情况），遂拆下仪表台检查果真发现故障点，如图2-76所示。

（15）修复夹扁的线束，装车启动故障解决。

（16）因此车工程量较大，所以计划多试试。在第3天准备交车前去启动发动机，车间主修人传来噩耗，又"犯病"了。故障现象与故障码和之前一模一样。因有了前车之鉴，这次直奔主题拆仪表骨架（怀疑夹到的线束有好几处）后认真仔细检查好几遍，事实证明这次的猜想是错误的。

（17）回想是什么原因导致故障再次出现？难道之前夹扁的线束不是最终故障点？在以上的检查中是否有遗漏？带着这些疑问重新梳理分析，既然机械方面已经检查过并确认没有发现问题，断定故障点还是在线路上。

（18）决定从原点出发，检查发动机线束。用万用表测量 G28 插头时发现了疑似故障点（G28 插头针脚松动脱焊）；为了验证故障点使用电烙铁对 G28 插头针脚点焊加固，故障依旧。替换后检查发现发动机线束针脚存在多处损坏的情况。

（19）替换发动机线束故障排除，至此故障完美解决。

故障分析：因更换隔音棉导致线束损坏，信号干扰。在检查故障的过程中主修人存在不规范操作（针脚变形损坏）导致后来的返修。

故障排除：修复被夹线束和更换发动机线束。

十一、奥迪 A8（D5）湿式雨刮臂不工作

车型：奥迪A8（D5），配置CZS发动机。

行驶里程：625km。

故障现象：湿式雨刮臂不工作，组合仪表提示：雨刮系统故障。

故障诊断：

（1）看车如客户所述，用诊断仪VAS 6150 D 诊断 J519 中央电器系统存储如下故障码：U10A300：雨刮器电机控制单元无通信，主动/静态；U11FC00：挡风玻璃清洗泵控制单元无通信，主动/静态，如图2-77所示。

图2-77

（2）雨刮器 J400 和 J1100 同时显示无通信，两个控制单元为 J519 的 LIN 从控制单元。同时无通信，查看电路图和自学手册，从 Elsapro 电路图上看 J400 和 J1100 为一条 LIN 线，从维修手册上看 J500/J1100/E1/G397 为同一根 LIN 线，可能是 J519 内部相连。以 Elsapro 为准。

分析可能存在的原因如下（如图 2-78 所示）：

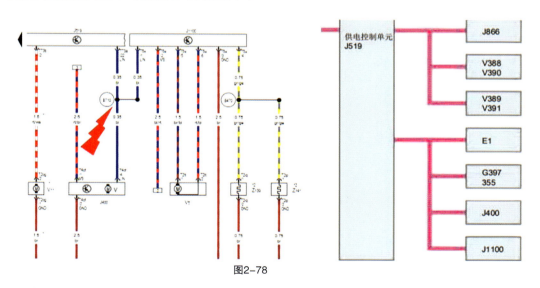

图2-78

① LIN 从控制单元中的一个有故障导致 LIN 总线不通信；

② LIN 总线线路故障断路、对地短路、对正极短路；

③ LIN 主控制单元内部故障；

④ LIN 从控制单元供电有问题。

分别断开 J400 和 J1100，删除故障码，重新读取故障，当断开 J1100 时 J400 可以工作，但是仪表还

是会报故障，故障码发生变化，变为 J1100 无通信、J400 不可信信号。当断开 J400 时雨刮喷水不能工作，仪表报故障，故障码为 J400 无通信，J1100 不可信信号，排除第一种可能。断开时分别 J400/J1100 的供电正常，测量两控制单元 LIN 线电压均为 6.8V，正常略低于蓄电池电压，排除第四种可能，可能存在虚接。断开 J519 处的 LIN 线插头，测量 J519 处 LIN 线电压为 9V，正常应该为蓄电池电压。当 LIN 从控制单元处于休眠状态时总线电压为蓄电池电压。同时断开 J400/J1100 测量 LIN 对正极、对地均无短路。测量 J400 到 J1100 线路电阻为 0.03Ω，测量 J400 到 J519 线路电阻很大，由此确定为 J519 到 J400/J1100 的线路虚接。处理虚接点，故障排除。

　　故障分析：手动操作雨刮开关工作过程：客户操作雨刮开关，雨刮信号传给J527，J527通过FlexRay总线传给J533，由J533通过舒适CAN 2传给J519，J519再以LIN信号的方式传给J400/J1100。此车故障为LIN总线线路虚接导致J519的信息无法传递给J400/J1100，J519发出的电信号是正常的，经过虚接的线路后J400/J1100接收时公差值已经不再允许的范围内了，因此J400/J1100无法通信，但当断开一个控制单元时另一个控制单元可以通信但是报故障，因为LIN总线的一个特性，随着LIN从控制单元数量增加线路电压会下降，断开一个控制单元后电压会略微升高，刚好在接收电平公差范围内，如图2-79所示。

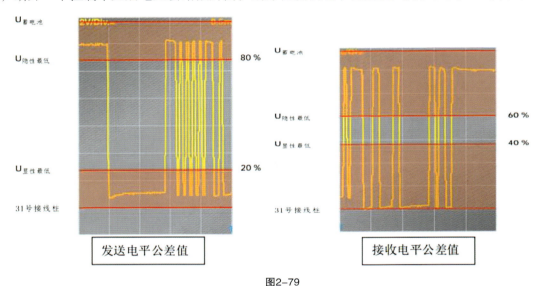

图2-79

功能原理图，如图 2-80 所示。

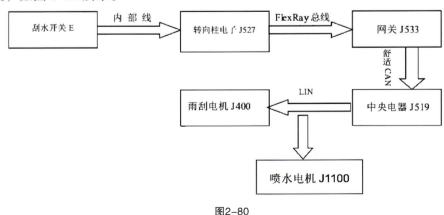

图2-80

故障排除：处理线束。

故障总结：了解工作原理有利于故障分析，细小的误差将导致不同的结果。

十二、2015 年奥迪 A8L（D4 PA）室内灯、前后天窗、遮阳卷帘等不工作

车型：2015年奥迪A8L（D4 PA）。

VIN：WAUYGB4H7FN××××××。

行驶里程：44151km。

故障现象：客户抱怨此车室内顶灯/氛围灯、遮阳卷帘不工作，前后天窗（全景天窗）均不能开启，车内部分电器不工作。

故障诊断：用诊断仪VAS6150B进行全网扫描，J393有下述故障存储记录：0046- VAG03021本地数据总线3静态故障，0008-U11100由于丢失信息功能受到损害/静态故障，同时在0046舒适系统中央模块J393中存储了多个被动的故障记录（如图2-81所示），测试计划反映本地数据总线3连接了多个LIN控制单元（如图2-82所示）。

参考车载网络拓扑图（如图2-83所示）和ElsaWeb电路图（如图2-84所示），检查发现主驾驶仪表侧SC7共用保险丝损坏，该保险丝为车顶相关功能部件共用保险。尝试更换上新保险丝，保险丝立刻被熔断。

排除与加装件无关后，针对此车短路的故障现象，决定用断路法排查故障，于是逐个断开各支路插头和用电器，当断掉倾斜天窗控制单元J392后（必须拆卸内顶棚，工程量巨大），发现其余用电器均能正常工作了，LIN数据总线也通信正常，如图2-85所示为LIN总线正常信号。再次插上倾斜天

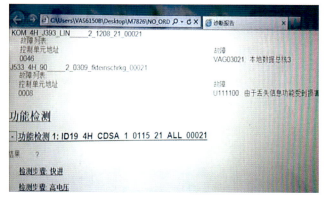

图2-81

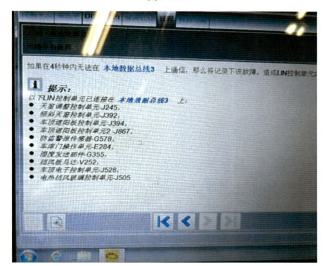

图2-82

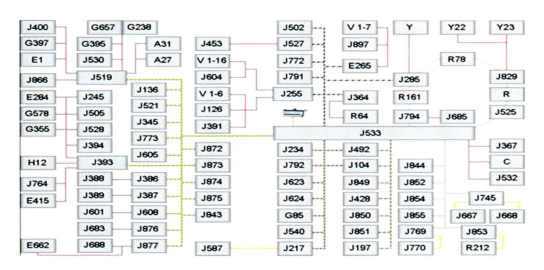

图2-83

窗控制单元 J392，保险丝又被熔断，其他部分电器也失效了。这时倾斜天窗控制单元 J392 伴有一股烧蚀气味，查看线路插头等无异常，判定为天窗电机内部烧蚀短路已损坏，如图 2-86 所示，建议为客户更换倾斜天窗控制单元 J392。

故障分析： 倾斜天窗控制单元 J392 内部短路损坏，引起保险丝熔断。因倾斜天窗控制单元 J392 短路损坏（是 LIN 从控），引起整条 LIN 总线信号故障，导致 LIN 数据总线 3 上的相关控制单元无通信，本车故障时 LIN 总线信号电压 9V，若工作正常时为蓄电池电压，其缘由请参考图 2-87 所示 LIN 总线故障原因概要。

故障排除： 更换倾斜天窗控制单元 J392，检查清洁后天窗框架及运行是否正常，对天窗和遮阳卷帘执行初始化。

故障总结： 遇到车载网络通信故障时，先参考拓扑图和 ElsaWeb 电路图等资料，再展开维修，针对性施工。当某条总线线路故障时，可逐项断开各个节点，如先支路再元件，逐步缩小故障范围，并注意控制单元的工作条件。快捷有效地排除故障，注意改装/加装件对故障的影响。

十三、奥迪 Q5 转向锁止故障

车型： 奥迪 Q5，配置 2.0T CUH 发动机。

行驶里程： 40000km。

故障现象： 组合仪表转向锁止故障报警，提示：转向锁止故障，请联系特约维修站；断开点火开关后，有时转向柱无法锁止。

故障诊断： 来店检查故障现象存在，诊断仪检测 05 免钥匙进入驾驶识别系统内有故障码：VAG02815：ESL 锁止电机供电电压对正极短路，被动/偶发，查询无 TPI 维修指导。执行引导型故障查询提示检查 ESLA 电机启动导线。

（1）检查 ESL 控制单元 J764 的插头和导线是否受潮（渗水）、腐蚀、损坏，并确保插接牢固。

（2）按照电路图检查舒适中央控制单元 J393 上的插头 ESL 电机启动导线（连接在插头 J764 针脚 4 和 J393 插头 C 针脚 15 之间）（如图 2-88 和

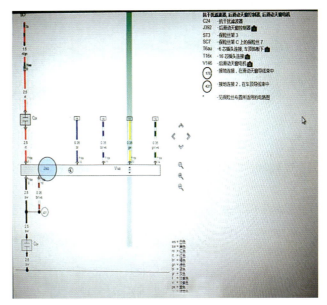

图2-84

图2-85

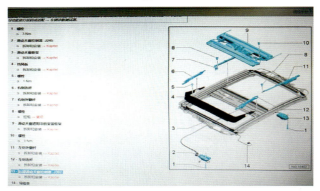

图2-86

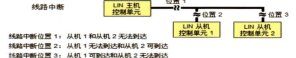

图2-87

转向柱锁止与解锁控制

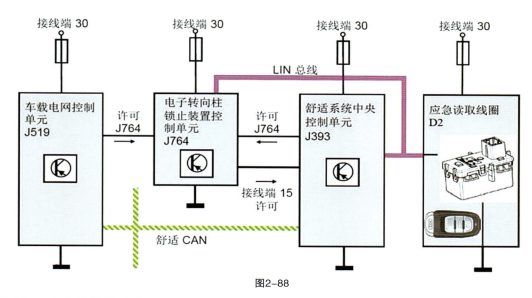

图2-88

图 2-89 所示），检查结果均正常。

再次对转向柱锁止工作过程分析：如果电源电压作用于 ELV 启动信号线上，则表明电子转向柱锁止位置控制单元 J764 可以锁定转向柱。车载电网控制单元 J519 及舒适系统中央控制单元 J393 都由接线端30 连接到相应的离散线上以便持久锁定。使用示波器对 J393 插头 C 针脚 15 进行监控发现，有时信号波形出现对正极短路的异常现象，如图 2-90 所示。

电子转向柱锁止控制单元J764

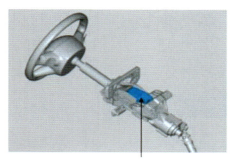

电子转向柱锁止装置控制单元 J764 安装在转向柱上。拆下转向柱后可单独更换

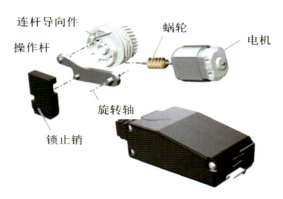

图2-89

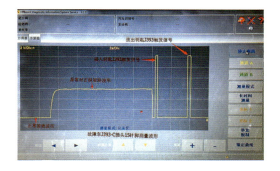

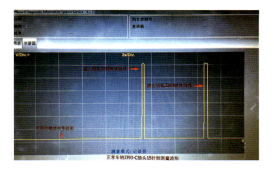

图2-90

尝试断开 J393-C 插头测量 15 针脚电压为 0V，确认导线正常，判断故障原因为 J393 内部对正极短路，更换 J393 后故障排除。

故障分析：J393内部故障导致J764触发导线对正极短路。

故障排除：更换J393，通过示波器的测量可以准确找到故障原因。示波器连接电源必须有接地线，不然测量的波形会有严重干扰，甚至出现错误波形。

十四、新款奥迪A5车内顶灯不亮

车型：奥迪A5，配置CYRB发动机。

行驶里程：11km。

故障现象：新车做入库PDI检查时发现车内顶灯不亮。

故障诊断：

（1）使用6150B读取J519故障为：本地数据总线2无通信。

（2）根据引导性功能分析故障检查，本车辆是没有车库开门配置，用引导无法确认故障点。

（3）LIN2连接点有Y7防眩目后视镜和WX3室内灯（如图2-91所示），拔掉Y7和WX3故障码不变。

（4）根据自己经验检查J519供电测量值，未发现异常，对调J519后故障依旧。

（5）检查LIN的电压与正常车对比接近蓄电池电压，未能发现异常，如图2-92所示。

（6）与别车对调车顶控制单元（WX3）后故障排除。

（7）接着把故障的车顶控制单元装到正常车辆上，故障码发生了改变，如图2-93所示。

（8）这时思考为什么故障车的J519未能报出车顶控制单元无通信而是报总线2故障，故障单元换到别的车上却能识别出明确的具体位置。

故障分析：

（1）带着问题读取了J519的识别数据，故障车顶控制单元装在正常车后报的故障。

（2）可能是版本的不同导致报出的故障不同。

故障排除：更换车顶控制单元WX3排除故障。

故障总结：

（1）根据一个故障部件放在两辆车上报出不同的故障，导致维修思路方向错乱。

（2）引导性功能也未能正确引导维修方向。

（3）建议在维修中仔细分析后，还是要以先简单后复杂的排除法解决问题。

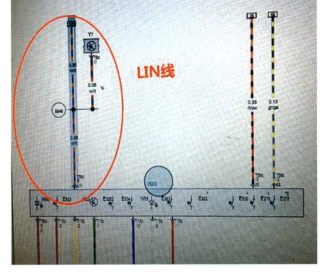

图2-91

图2-92

十五、奥迪A4L（B8）左后门无法打开

车型：奥迪A4L（B8），配置CDZ发动机。

故障现象：左后门无法打开，左后门玻璃仅在关闭点火开关后才可升降。

故障诊断：车主抱怨左后门内外无法打开，到店检查，技师读取故障码，舒适系统中央控制单元、左前门控制单元、右前门控制单元、进入及启动许可控制单元均报"左后门控制单元无通信"。并且左后门控制单元本身的地址也无法进入。

根据故障导航，需要检查左后门控制单元的供电、搭铁、本地数据总线、编码。因为左后门无法打开，先以 B 柱的 T27b 分离插头为测量点。用万用表测量后，未发现故障。

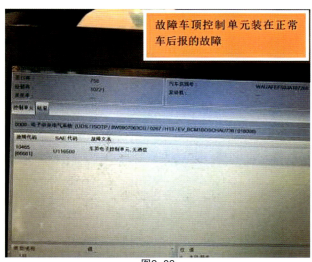

图2-93

于是小心地从内部拆下左后门饰板，露出左后门控制单元。用万用表测得供电电压为12.5V，对地电阻为 2Ω，LIN 线电压为 10V，各导线电阻也为 2Ω。也未发现异常，遂怀疑编码。

执行 SVM 实际值与规定值比较，没有需要更改编码的控制单元。那是不是控制单元本身存在问题，于是尝试将两后门的控制单元对调（两后门的控制单元零件号一样，可以通用），故障并未解决。

图2-94

接着将排查重点放在LIN线上，利用示波器VAS6356可以观察 LIN 线的实际波形。在左前门控制单元测得的LIN线处波形正常，可是在左后门控制单元处的 LIN 线测得波形却不正常，分别如图2-94和图2-95所示。

于是立即在B柱的T27b分离插头测量LIN线波形，为正常波形。最终确定故障点在左后门线束内，LIN线和正极线轻微腐蚀，相互短路，修复后故障排除。

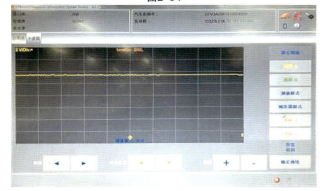

图2-95

故障分析：控制单元无通信的排故思路一般集中于供电、搭铁、数据总线、编码。本例问题出在 LIN 线上，直接导致整个左后门不能正常工作。

故障排除：修复破损线束。

故障总结：此故障难点在于存在问题的LIN线电压与正常的LIN线电压一样，为10V左右，但是只有从示波器中才能反映出问题。

第三章　奔驰车系

第一节　总线波形分析

一、总线正常波形

（1）没有断开任何控制单元，没有故障时的正常波形，如图 3-1 所示。

（2）LIN bus 波形，如图 3-2 所示。

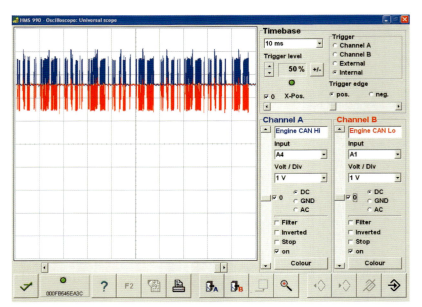

图3-1

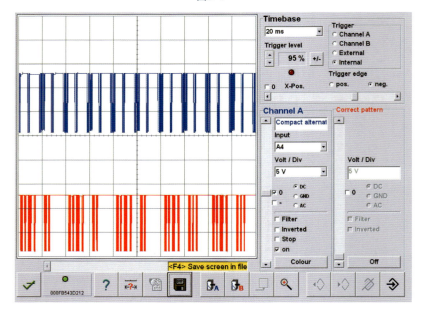

图3-2

二、总线故障波形分析

（1）在 CAN 分配器上断开几个控制单元 CAN 插头后，波形如图 3-3 所示。

（2）在 CAN 网络中进行并联电阻实验，CAN 分配器上测量到的终端电阻减小到 30Ω，发动机仍然可以启动，波形图如图 3-4 所示。

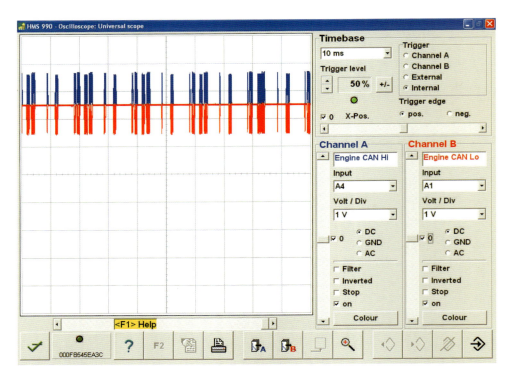

图3-3

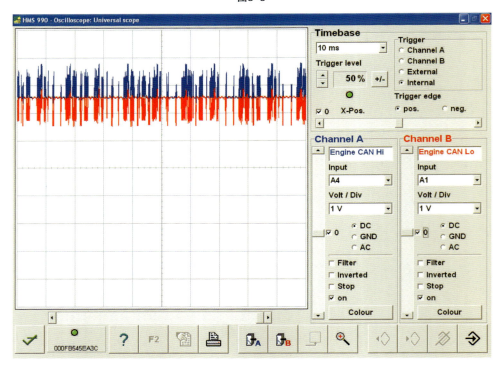

图3-4

（3）终端电阻减小到 12Ω 后发动机就无法启动了，波形如图 3-5 所示。

（4）CAN-L 对地短路，发动机可以启动，波形如图 3-6 所示。

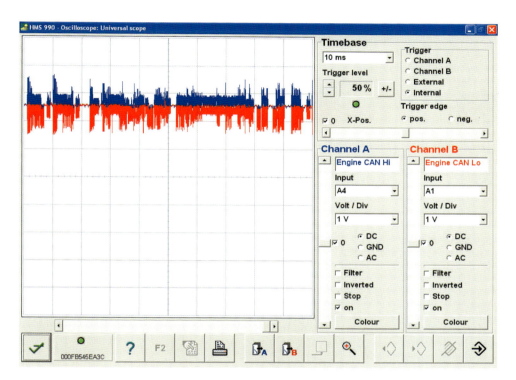

图3-5

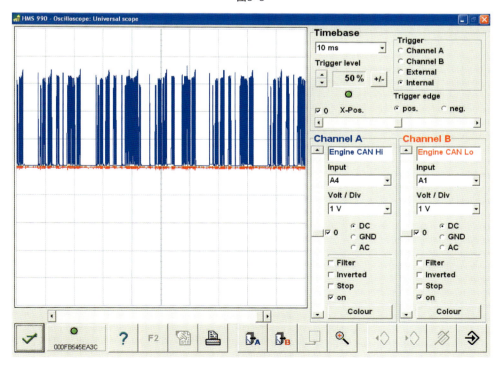

图3-6

（5）CAN-H对地短路，发动机无法启动，波形如图3-7所示。

（6）CAN-H同CAN-L互相短路后，发动机无法启动。载波电压高速CAN大约在2.5V，低速CAN大约在1.1V，波形如图3-8所示。

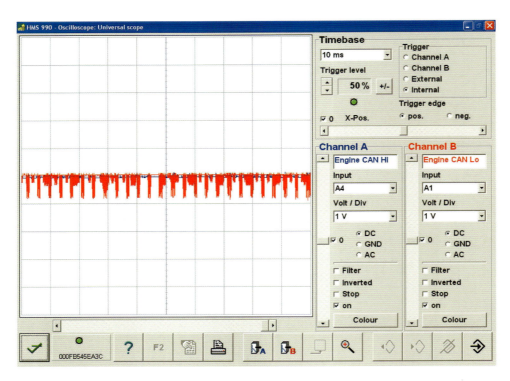

图3-7

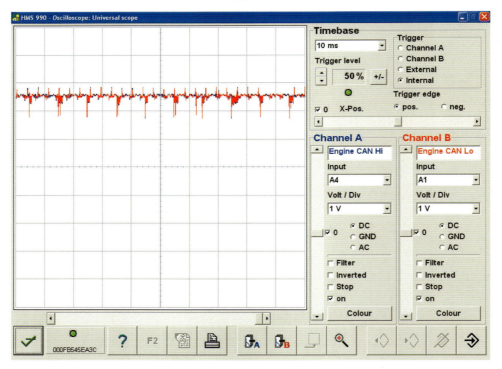

图3-8

（7）CAN-H 对正极短路，发动机无法启动，波形如图 3-9 所示。

（8）CAN-L 对正极短路，发动机无法启动，波形如图 3-10 所示。

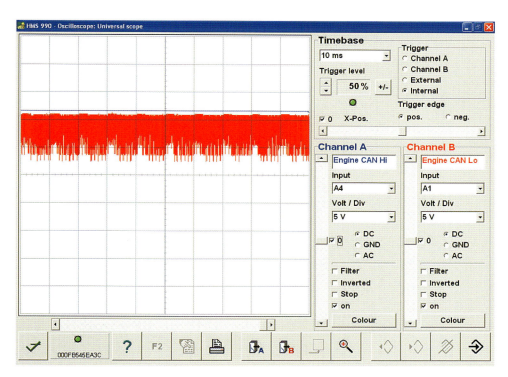

图3-9

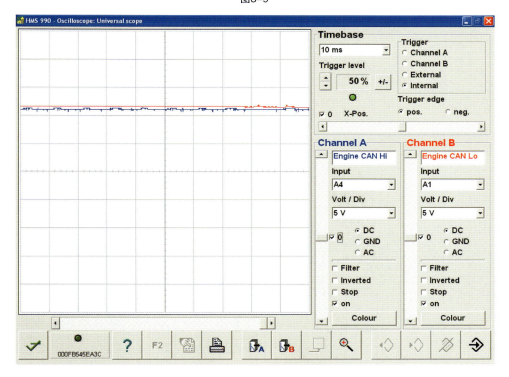

图3-10

（9）CAN 网络上某一个控制单元的 CAN–H 和 CAN–L 互相对调之后，波形如图 3–11 所示。

（10）HMS 搭铁不好 CAN–H 和 CAN–L 的波形如图 3–12 所示。

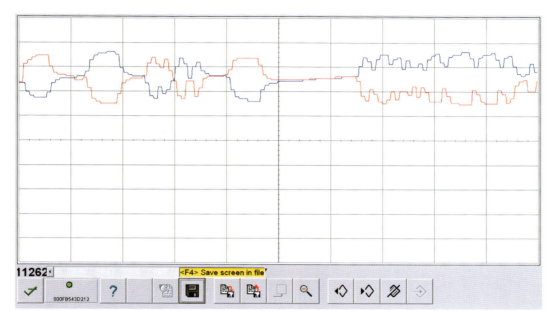

图3–11

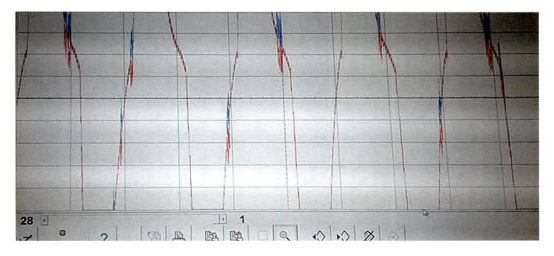

图3–12

第二节　总线波形经典案例

一、奔驰 GLC 行驶中仪表各种报警

车型：奔驰GLC越野车，配置274发动机，725九速变速器。

行驶里程：579km。

故障现象：客户投诉行驶中突然仪表各种报警，无其他故障现象。

故障诊断：接车，启动发动机，仪表显示车道保持辅助系统停止运作、近光灯报警、发动机报警，灯光常亮且无法远近变光，发动机能顺利启动并且能换挡，如图3-13所示。

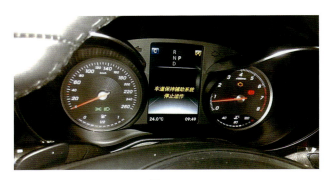

图3-13

接下来连接诊断仪对电控系统进行快速测试，有如下相关的故障码，如图 3-14~ 图 3-17 所示。

N73 － 电子点火开关（电子点火开关（EZS））　－F－

梅赛德斯－奔驰硬件号	205 901 66 10	梅赛德斯－奔驰软件号	222 902 16 11
诊断标识	020511	硬件版本	13/29 001
软件状态	15/33 001	引导程序软件版本	14/40 001
硬件供应商	Marquardt	软件供应商	Marquardt
控制单元型号	EIS222_EIS222_0511		

故障	文本			状态
U104388	与外围设备CAN总线的通信存在功能故障。　总线关闭			A+S
	姓名	首次出现	最后一次出现	
	频率计数器	---	1	
	总行驶里程	560km	560km	
	自上次出现故障以来的点火周期数	---	0	

A+S=当前并且已存储

图3-14

N10/6 － 前部信号采集及促动控制模组（前部信号采集及促动控制模组（SAM））　－i－

梅赛德斯－奔驰硬件号	205 901 39 04	梅赛德斯－奔驰软件号	222 902 11 12
诊断标识	020018	硬件版本	13/08 001
软件状态	15/29 000	引导程序软件版本	12/06 005
硬件供应商	Hella	软件供应商	Hella
控制单元型号	BC_F222_E19_2		

事件	文本			状态
U11A387	与“多功能摄像机”控制单元的通信存在故障。　信息缺失。			A+S
	姓名	首次出现	最后一次出现	
	频率计数器	---	1	
	总行驶里程	560km	560km	
	自上次出现故障以来的点火周期数	---	0	

A+S=当前并且已存储

LIN：S6/1 － 仪表板按钮组，驾驶员侧（TG-IT-FRS）　－✓－

梅赛德斯－奔驰硬件号	205 905 84 09	诊断标识	000001
硬件版本	13/20 000	控制单元型号	ASBM_DA_Diag_000001

LIN：A67 － 防眩内部后视镜（AISP）　－✓－

梅赛德斯－奔驰硬件号	253 810 06 00	诊断标识	000001
硬件版本	09/09 000	控制单元型号	EC222_Variante_000001

20.05.2017 09:54:26	03/2017	WDC0J4GB4HF179447
Copyright 1999 Daimler AG	253.346	第'1'页，共'8'页

图3-15

经诊断仪检测发现有很多控制单元无法通过诊断仪显示出来，比如传动系统 CAN 上的控制单元，发动机、变速器、油泵控制单元；还有外围 CAN 上的控制单元，比如大灯控制单元、手刹控制单元、碰撞辅助系统控制单元。

分析诊断报告：这是一个关于CAN线系统上的故障，从中央网关N73和一系列的故障码就可以看出来，还有就是进一步分析诊断报告可以得出另一个结论，就是出问题的CAN线系统就出在外围CAN和传动系统CAN上。进一步分析，CAN线系统出故障就分那么几大类，要么是CAN线路短路、断路，要么就是控制单元故障。而CAN线路出问题一般都会报故障码的，分析故障码可知，这里没有相关的短路、断路故障，所以很可能是控制单元导致的。

A1 － 仪表盘（KI）　－i－

梅赛德斯－奔驰硬件号	205 901 39 14	梅赛德斯－奔驰软件号	205 904 69 00
梅赛德斯－奔驰软件号	205 902 74 14	梅赛德斯－奔驰软件号	205 902 75 14
梅赛德斯－奔驰软件号	205 902 64 08	梅赛德斯－奔驰软件号	205 902 85 08
梅赛德斯－奔驰软件号	205 902 34 03	梅赛德斯－奔驰软件号	205 902 35 03
梅赛德斯－奔驰软件号	205 902 90 11	诊断标识	002C03
硬件版本	16/37 000	软件状态	16/28 000
软件状态	16/28 000	软件状态	16/28 001
软件状态	15/27 000	软件状态	15/42 000
软件状态	14/41 000	软件状态	14/41 000
软件状态	15/46 000	引导程序软件版本	16/28 000
硬件供应商	Continental	软件供应商	Continental
软件供应商	Continental	软件供应商	Continental
软件供应商	Continental	软件供应商	Continental
软件供应商	Continental	软件供应商	Continental
软件供应商	Continental	控制单元型号	IC222_IC205_E016_Muster

事件	文本			状态
U120E87	与盲点辅助系统的通信存在功能故障。　信息缺失。			A+S
	姓名	首次出现	最后一次出现	
	频率计数器	---	3	
	总行驶里程	560.00km	576.00km	
	自上次出现故障以来的点火周期数	---	0	

A+S=当前并且已存储

图3-16

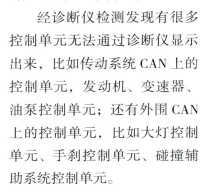

经过上面的一系列分析，最终故障的解决的落脚点在两条CAN线上，一条是传动系统CAN，一条是外围CAN。转念一想它们二者之间会不会有什么内在联系。不管了，这些都是凭空想象的，没有实实在在的证据，那就只有一步步地来分析。分析了这两条CAN线，外围CAN相对来说简单一些，它直接挂在了中央网关N73（点火开关）上，而传动系统CAN是通过FLexE连接过来的，相对来说比较复杂一些，传动系统CAN网络图如图3-18所示。外围CAN网络图如图3-19所示。

通过对比二者的网络图，一目了然，从外围CAN下手是比较好的选择。诊断CAN线故障的方法无非就是测量CAN线电压，或者测量CAN线波形，简单直接的办法就是用万用表测量电压，如果复杂就要用到示波器，这里我先用的万用表。外围CAN的CAN插在驾驶员脚坑处。如图3-20中其CAN线颜色为绿白和绿色。

图3-17

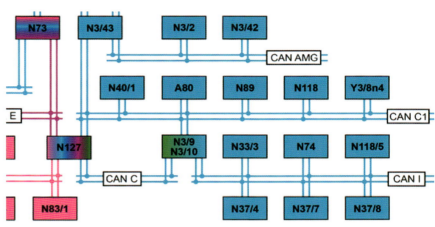

图3-18

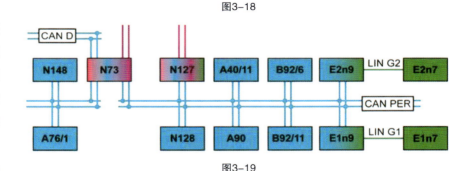

图3-19

测量的CAN-H的电压是0.075V、CAN-L的电压是0.014V，电压显示明显是有对地短路的地方。示波器测量波形如图3-21所示。

波形测量结果和万用表测量结果一致。要知道具体哪个控制单元有问题只有一个个地拔掉CAN插上的CAN插头，当拔掉其中一个插头时CAN线电压恢复正常，CAN-H的电压如图3-22所示，CAN-L的电压如图3-23所示。

要确定具体是哪个控制单元，那就要重新对电控系统进行电控测试，电控测试结果如图3-24和图3-25所示。

从电控测试的结果可以看出外围CAN的控制单元都找到了，那外围CAN上的CAN插到底是什么控制单元的呢？那就只有在CAN网络图里面找答案了，经查找一目了然了，如图3-26和图3-27所示。二者有个共同的控制单元，那就是N127传动系统控制单元，通过它把两个CAN网络联系起来的。接下来又转站

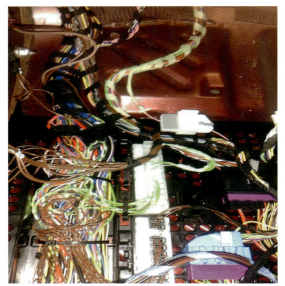

图3-20

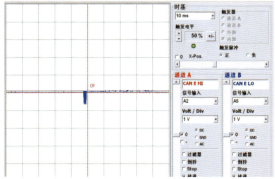

图3-21

图3-22

图3-23

图3-24

图3-25

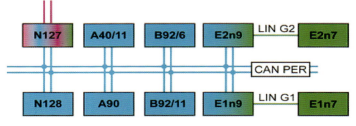

图3-26

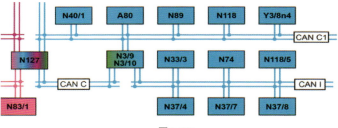

图3-27

到传动系统CAN上了，传动系统CAN在副驾脚坑，刚把副驾脚坑的盖板拿开，就发现了问题的所在了，原来是副驾脚坑的盖板，把外围CAN的线束压破导致对地短路了，如图3-28所示。

故障排除：修复线束，重新电控测试，一切正常，没有故障码，也不报警了。

故障总结：通过上面的诊断总结出一个诊断方法：中央网关是通过外围CAN对传动系统CAN的所有控制单元进行诊断沟通的，而不是通过FLexE，这是一个非常有用的诊断思路。有助于以后的故障诊断。对CAN线的诊断一定要分清楚控制单元所属的是什么CAN网络、控制单元间是什么关系，这样才能顺藤摸瓜，一步步地找下去，最终找到答案。

图3-28

二、奔驰S300行驶中仪表报警，加速无力

车型： 奔驰S300配置272 V6自然吸气发动机，722.9七速变速器。

VIN： WDDNG5GB8AA。

行驶里程： 238023km。

故障现象： 行驶中仪表各种报警，加速无力，换挡发冲。

故障诊断： 接车后验证客户投诉现象，原地没有试出来，路试车辆，果不其然，如客户所诉，仪表ESP、车道保持报警，并且加油无力，换挡发冲。回厂后连接诊断仪，相关故障码如图3-29~图3-34所示。

ME 9.7 - Motor electronics 9.7				i
MB number	HW version	SW version	Diagnosis version	Pin
0034467740	07.38	08.38	8/23	101
FW number	FW number (data)		FW number (boot SW)	
0104481840	0074471640			
Event	Text			Status
1405	No CAN message was received from control unit Transmission. (U0101)			Event CURRENT and STORED

图3-29

ETC - Electronic transmission control				- f -
MB number	HW version	SW version	Diagnosis version	Pin
0034460310	47.2006	11.2010	4/2	101
Serial number	FW number	FW number (data)	FW number (boot SW)	
2202700160	0029025700			
Code	Text			Status
C002	CAN controller: CAN bus OFF			STORED

图3-30

ABR - Adaptive Brake				- f - i
MB number	HW version	SW version	Diagnosis version	Pin
2219012700	08.49.00	09.07.00	020805	101
FW number	FW number (data)		FW number (boot SW)	
2219021201				
Code	Text			Status
502000	Chassis CAN bus : CAN controller: CAN bus OFF			STORED
Event	Text			Status

图3-31

XALWA-L - Xenon headlamp, left				i
MB number	HW version	SW version	Diagnosis version	Pin
2218708795	08.19.00	08.48.00	000703	101
FW number	FW number (data)		FW number (boot SW)	
2219020001				
Event	Text			Status
D44200	Implausible data were received from control unit 'Multifunction camera'.			Event CURRENT and STORED

图3-32

IC - Instrument cluster				i
MB number	HW version	SW version	Diagnosis version	Pin
2219013100	09.12	09.46	18/4	101
FW number	FW number (data)		FW number (boot SW)	
2219022402 2219025400 2214424321 2219029700				
Event	Text			Status
C01F	No CAN message was received from control unit Transmission.			Event CURRENT and STORED

图3-33

MFK - Multifunction camera				i
MB number	HW version	SW version	Diagnosis version	Pin
0019051700	09.40.00	09.32.00	00000A	101
FW number	FW number (data)		FW number (boot SW)	
0029022200				
Event	Text			Status
C41500	One or more signals sent from control unit ESP via the CAN bus is implausible.			Event CURRENT and STORED

图3-34

以上就是电控测试的相关故障码，大致一看此故障是一个CAN线方面的故障，牵涉的控制单元主要是底盘CAN和传动CAN方面的问题，ABR和多功能摄像头是属于底盘CAN上面的，深入分析故障码，多功能摄像头和左前大灯的故障其实是同一个控制单元引起的，那就是ESP控制单元。而发动机和仪表的故障是由变速器引起的，所以故障的突破口主要集中在变速器控制单元和ESP控制单元上，那究竟是哪个控制单元引起的呢？还不能下定论。

在没有诊断方向时，从故障码入手是比较可行的方法，首先从变速器的故障码导向入手，导向如图3-35所示。

导向的大致意思就是，某个控制单元不发送一些信号后，就会设置这个故障码。看来应该是没有发送信号才导致这样的故障码，那究竟是什么信号呢，变速器控制单元主要发送挡位信号和驾驶授权方面的信号。出现故障时查看变速器控制单元的实际值，果不其然有收获，如图3-36所示。

查看实际值发现，变速器的驾驶授权在车辆启动的情况下有时不能显示，并且这时仪表也在报警，并且此时ESP也会报一样的故障码，此时接示波器发现其波形不正常，如图3-37所示。

用示波器测量变速器出来的波形发现不正常，CAN-L线的电压不正常，很有可能是变速器没有发送信号导致的，找车对比正常的波形如图3-38所示。

CAN bus OFF
_____

Possible cause and remedy :
- The affected control unit must not be replaced.

i   Notes on CAN fault codes:

Bus OFF fault :
- A Bus OFF fault code is set, when the control unit cannot send a certain amount of messages to the CAN bus or the messages are incomplete. The control unit then switches off for a short time from CAN bus.
- For example: CAN controller: CAN bus OFF

Test sequence :
- If no customer complaint was received, perform function test and delete any fault codes that may be present.

End of test

图3-35

Drive authorization
_____

Control unit: EGS2		
No.	Name	Actual values
375	Transport protection of transmission control unit released	---
376	Transmission control unit personalized	---
377	Transmission control unit activated	---
378	Transmission control unit enabled	---

图3-36

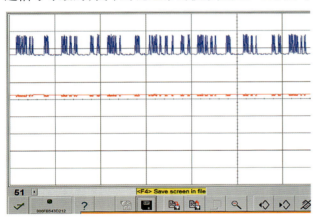

图3-37

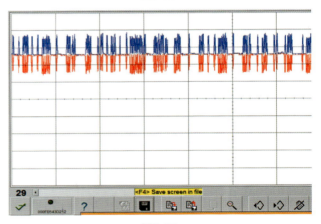

图3-38

正常的波形是上下对称的，果断报价变速器控制单元，更换后故障消失。

故障总结： 对于CAN线上的故障，分析控制单元之间的逻辑关系是非常重要的，特别是信号之间的传递很重要，借助专用的示波器测量数据，来验证自己的逻辑推理。

三、奔驰 GLK260 有时车辆无法启动并且仪表有很多报警信息

车型： 奔驰GLK260，配置M274.920发动机、722.968变速器。

VIN： LE42049371L××××××。

行驶里程： 163266km。

故障现象： 客户开车到店后，反映车辆有时无法启动并且仪表上有"请勿换挡去特许服务中心"，有时一切功能又恢复正常，可以正常使用。

故障诊断： 接到车辆后，技师根据客户的描述进行车辆检查，因为车辆是客户自己开来的，所以技师尝试故障重现，执行熄火发动机，然后再次启动发动机后，并没有发现什么异常情况。仪表上也没有

任何的报警信息。然后技师使车辆正常运转后原地踩油门踏板，发动机转速到2500r/min左右时，仪表有时会出现ESP防侧滑灯报警，如图3-39所示。

图3-39

紧接着技师多次熄火并且重新启动车辆，当出现无法启动车辆，钥匙在启动挡位时，启动机没有任何反应，并伴随着仪表上出现很多报警信息：如"请勿换挡去特许服务中心"、发动机故障灯报警、蓄电池指示灯报警及左前和右前侧安全气囊报警等，详细情况如图3-40所示。

在故障现象出现之后，技师立刻连接奔驰专用诊断仪读取相关故障，发现在中央网关控制单元N93中存在故障码：U103212 底盘控制器区域网络（CAN）通信存在故障。存在对正极短路。故障码为当前故障，故障码环境数据如图3-41所示。

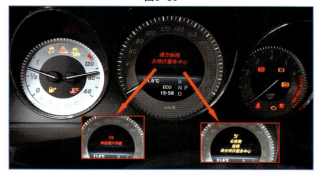

图3-40

根据以上所得信息，技师分析故障应该出现在CAN线上，再结合中央网关N93所报故障码，那么问题出现在CAN E上的可能性最大。由此得出可能的故障原因：CAN E分配器故障；CAN E部件之间线路故障；CAN E某个控制单元故障；中央网关故障。然后技师根据所列的可能原因进行逐步测量。

（1）使用示波器在CAN E的分配器X30/30处测量CAN线波形，发现波形异常，如图3-42所示的CAN E测量的异常波形和正常波形的对比图。

（2）拔下CAN E分配器X30/30测量其终端电阻值，数据是60.1Ω，正常。

（3）使用"插拔法"逐个从CAN E分配器处拔下单个控制单元插头，当拔下某个控制单元插头后波形正常。

（4）使用奔驰诊断仪重新做全车快速测试发现N10/1前SAM控制单元检测不到，此时可以把故障锁定在前SAM控制单元的CAN线故障或前SAM控制单元故障了。

（5）用电阻表测量分配器X30/30到前SAM的CAN E线路，电阻数据是0.21Ω，正常。CANE线路也没有检测到短路现象。详细数据如图3-43所示。

图3-41

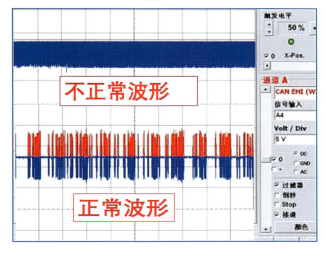

不正常波形

正常波形

图3-42

（6）根据以上所有检测，最终判断为车辆N10/1前SAM控制单元内部损坏，引起CAN E通信网络异常，最终导致客户反映的有时车辆无法启动并且仪表有很多报警信息的故障。需要更换N10/1前SAM控制单元。

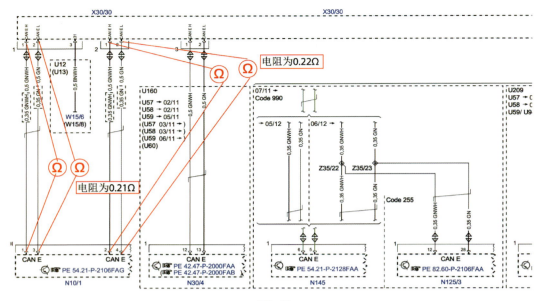

图3-43

ME - Motor electronics 'ME97' for combustion engine 'M272' (N3/10) - F

MB object number for hardware	003 446 77 40	Diagnosis identifier	8/25
Supplier ID	3	Supplier	Bosch
Control unit variant	M272_KE_VC17	MB object number for software (code)	272 902 00 00
MB object number for software (data)	272 903 30 00	Data status	6K17070CS0000
Multiplexer serial number	00 92 46 21		

Code	Text	Status
0161	Position sensor 1 for the throttle valve has a short circuit to positive	A•S
0166	Position sensor 2 for the throttle valve has a short circuit to ground	A•S
2066	Coolant temperature sensor 1 has a short circuit to positive	S
0160	The values from the position sensors of the throttle valve are implausible relative to each other	A•S

Event	Text	Status
1373	Communication with ESP has a malfunction	S
1293	Communication with the central gateway has a malfunction	S
1405	Communication with control unit "Transmission" has a malfunction	S
1353	Communication with the instrument cluster has a malfunction	S
2071	Communication with the instrument cluster has a malfunction	S
2201	Implausible data were received from the electronic selector lever module	A•S

S=STORED, A•S=CURRENT and STORED

0161 节气门位置传感器1对正极短路。

0166 节气门位置传感器2对地短路。

2066 冷却液温度传感器1对正极短路。

0160 节气门位置传感器数值相互之间不可信。

1373 与电控车辆稳定行驶系统（ESP）的通信存在故障。

1293 与中央网关的通信存在故障。

1405 与"变速器"控制单元的通信存在故障。

1353 与仪表盘的通信存在故障。

2071 与仪表盘的通信存在故障。

2201 接收到来自电子选档杆模块的不可信数据。

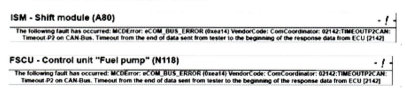

ISM - Shift module (A80) -!
The following fault has occurred: MCDError: eCOM_BUS_ERROR (0xea14) VendorCode: ComCoordinator: 02142:TIMEOUTP2CAN: Timeout-P2 on CAN-Bus. Timeout from the end of data sent from tester to the beginning of the response data from ECU [2142]

FSCU - Control unit "Fuel pump" (N118) -!
The following fault has occurred: MCDError: eCOM_BUS_ERROR (0xea14) VendorCode: ComCoordinator: 02142:TIMEOUTP2CAN: Timeout-P2 on CAN-Bus. Timeout from the end of data sent from tester to the beginning of the response data from ECU [2142]

VGSNAG2 (722.9) - Fully integrated transmission control (Y3/8n4) -!
The following fault has occurred: MCDError: eCOM_BUS_ERROR (0xea14) VendorCode: ComCoordinator: 02142:TIMEOUTP2CAN: Timeout-P2 on CAN-Bus. Timeout from the end of data sent from tester to the beginning of the response data from ECU [2142]

智能伺服模块（A80）、燃油泵控制单元（N118）、全集成式变速器控制单元（Y3/8n4）

图3-44

故障排除：更换车辆N10/1前SAM控制单元，然后对控制单元进行在线编程和设码后，客户反映的问题得到彻底排除。

四、北京奔驰E300L发动机控制单元故障

车型：北京奔驰E300L，配备272发动机。

行驶里程：1058km。

故障现象：客户投诉车子无法启动。

故障诊断：

（1）车子拖车进厂，询问客户了解到购车不到一个月，车子停放一晚上后，第二天就启动不了；打开启动开关，仪表就显示"请勿挂挡"的红色字眼，而且启动车辆时，车子没有任何反应。

（2）接上奔驰专用的XENTRY诊断仪对车辆进行快速测试，结果发动机控制单元(ME)有若干故障码，另外，有3个控制单元诊断不到，如图3-44所示。

（3）任何一个控制单元能够与外界通信的前提条件是：供电、接地、CAN线、控制单元自身均正常。根据快速测试结果，应分别检查3个控制单元的前提条件，这不仅会增加工作量，而且检查思路也显得笨拙。这样，将思路转为分析上述3个控制单元之间的相互关系，在WIS中查找CAN网络图如图3-45所示。

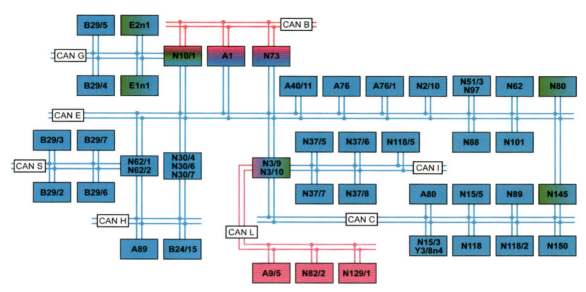

A1-组合仪表 A76-左前紧急张紧回缩器 A76/1-右前紧急张紧回缩器 A80-直接选挡的智能伺服模块 A89-限距系统控制器单元 B24/15-侧向和纵向加速度传感器 E1n1-左侧氙气灯控制单元 E2n1-右侧氙气灯控制单元 N2/10-安全系统控制单元 N3/9-柴油机控制单元 N3/10-发动机控制单元 N10/1-前SAM控制模块 N10/2-后SAM控制模块 N15/3-电子变速器控制单元 N15/5-选挡控制单元 N30/4-电子稳定程序控制单元 N30/7-高级电子稳定程序控制单元 N37/5-左侧氮氧化合物 N37/6-右侧氮氧化合物 N51/3-空气悬挂空气单元 N62-驻车系统控制单元 N62/1-雷达传感器控制单元 N62/2-视频和雷达系统控制单元 N70-天窗控制单元 N73-点火开关控制单元 N80-转向柱模块控制单元 N88-轮胎压力监测控制单元 N89-变速器油辅助泵控制单元 N101-夜视辅助控制单元 N118-燃油泵控制单元 Y3/8n-全集成式变速器控制单元 CAN B-车内控制器区域网络 CAN C-传动系控制器区域网络 CAN E-底盘控制器区域网络 CAN G-前端控制器区域网络 CAN H-车辆动态控制器区域网络 CAN I-传动系传感器控制器区域网络 CAN L-混合动力控制器区域网络 CAN S-传感器控制器区域网络

图3-45

从图3-45中可知：3个控制单元均是CAN C的用户，此车型的CAN C只配备这3个控制单元，且N3/10为CAN C的网关，即CAN C用户通过N3/10将数据传送至其他网络，同时接收数据。结合XENTRY测试结果，判断CAN C短路造成该网络瘫痪，导致所有用户无法被诊断仪测试出来。因此，决定首先排查CAN C线路。

（4）选取最容易拆装的N118入手，查询其电路得知：1插头的1和2针脚分别为控制单元的供电和接地，2插头的3和4针脚为控制单元的两根CAN线，电路图如图3-46和图3-47所示。

脱开2插头，将奔驰原厂示波器的连接线接到3和4针脚上，从N118的CAN线端测量CAN C的信号波形如图3-48所示。

图3-48中：载波电压为2.5V左右，信号电压为1.2V左右，且有稳定的波形输出，即波形是正常的，说明CAN C网络无短路且N118的CAN线也无断路。

（5）测量N118的供电端和接地端之间的电压为12V左右，即供电和接地均正常，排除了N118的外围因素，难道是N118自身有故障？带着疑问，将N118装到其他正常的车辆上测试，结果其他车仍然可以启动，说明N118是正常的。至此，N118的供电、接地、CAN线、自身均正常，为何无法被诊断仪测试到呢？另外2个控制单元难道也是同样情况？

（6）重新梳理思路，之前分析过ME为CAN C的网关，难道是它有故障？毕竟3个控制单元的信息是通过它传送至其他网络或诊断仪的，并且它属于防盗件，无法单独与其他车对调，需要一整套防盗件

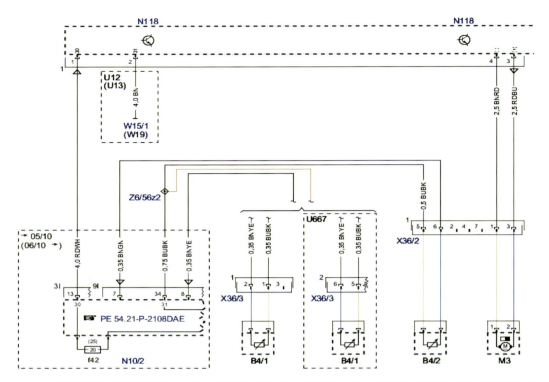

B4/1−左侧燃油液位指示传感器　B4/2−右侧燃油液位指示传感器　M3−燃油泵　N10/2−后SAM控制单元
N10/2f42−保险丝42　N118−燃油泵控制单元　U12−适用于左座驾驶型车辆　U13−适用于右座驾驶型车辆　W15/1−
右侧脚坑接地点　W19−右前座椅横梁接地点　X36/2−油泵和车尾线束电气插接器　X36/3−燃油泵线束电气插接
器　Z6/56z2−端子31结点

图3−46

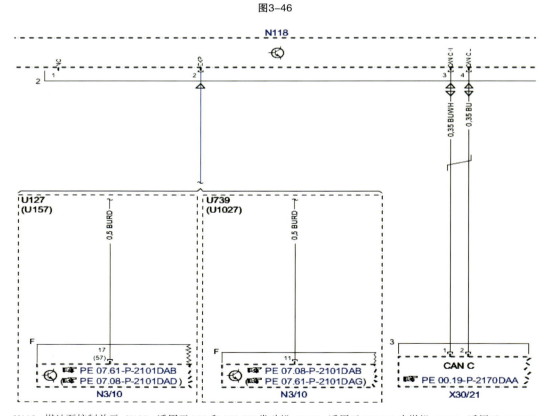

N118−燃油泵控制单元　U127−适用于272和273 KE 发动机　U157−适用于272 DE 内燃机　U739−适用于271 DE
发动机　U1027−适用于271 KE 发动机　X30/21−CAN C 电位分配器

图3−47

都对调，工作量极大，故障陷入困境。

（7）沉思一会，对调 ME 虽然不能启动车辆，但可以进行快速测试，进而判断能否测到 CAN C 用户。按此思路，与正常车辆对调 ME，然后重新快速测试，结果 XENTRY 可以测试到 A80、N118、Y3/8n4 这 3 个模块，说明原车的 ME 内部故障而无法传输 CAN C 的信号，从而导致车辆无法启动。

（8）为排除软件因素，对 ME 进行编程，但没有新版本，彻底说明 ME 内部硬件故障，如图 3-49 所示。

（9）更换发动机控制单元，删除故障码，故障顺利解决。更换 ME 后的快速测试结果如图 3-50 所示。

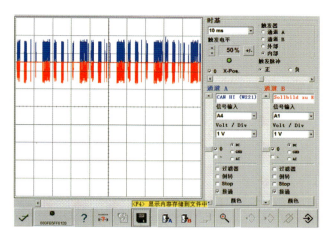

图 3-48

五、奔驰 R300L CAN 线问题导致车辆无法启动

车型： 奔驰 R300L，配置 M272.945 发动机、722.999 变速器。

VIN： WDC2511541A ××××××。

行驶里程： 126326km。

故障现象： 客户反应早上启动车辆时，发动机没反应，无法着车。

故障诊断： 接到车辆后，根据客户的描述技师详细检查车辆，用钥匙启动车辆发现车辆没有任何反应，并且仪表也不亮。然后技师连接充电机，充电 10min 后，钥匙开 2 挡时，仪表可以点亮了。可是技师发现，当钥匙关掉后车辆的第三排空调出风口一直出风，发现异常。打开空调的"REST"功能后出风口停止出风，可是当技师关闭"REST"功能后第三排空调出风口再次出风。但是当打开点火开关后检查空调相关功能并未发现异常，并且第三

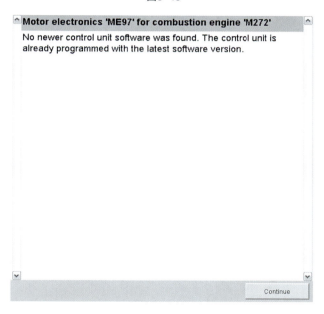

图 3-49

更换 ME 后的快速测试结果

图 3-50

排空调出风口也停止出风。使用奔驰专用诊断仪进行全车故障检测，但是没有相关的故障码。然后技师查到此车的空调电路图，如图 3-51 所示，根据电路图分析可能的故障原因：①LIN 线信号故障；②空调控制单元 N22/7 的唤醒线在关闭钥匙后存在激活电压信号；③N29/7 后部空调的鼓风机调节器故障；④空调控制单元 N22/7 自身故障。

然后技师根据以上信息和列出的可能原因进行逐步检测。①因为没有相关的故障码，所以使用奔驰专用诊断仪查看相关的实际值和设码，但是没有发现异常。②对空调控制单元 N22/7 进行升级处理后，

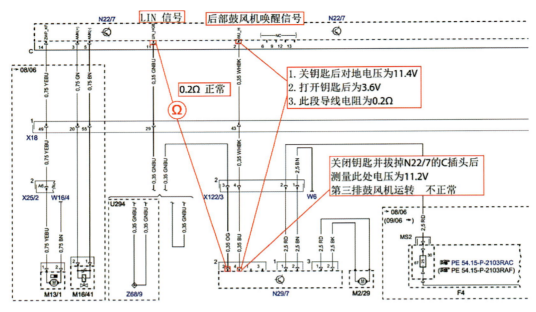

图3-51

故障依旧。③根据电路图（图3-51所示）进行逐步检测，测量空调控制单元N22/7的11号插针到N29/7后部空调的鼓风机调节器的2号插头的2号插针，电阻是0.2Ω，正常。④测量空调控制单元N22/7的2号插针到N29/7后部空调的鼓风机调节器的2号插头的4号插针，电阻是0.2Ω，正常。⑤测量N29/7后部空调的鼓风机调节器的2号插头的4号插针，关闭钥匙后对地电压为11.4V、打开钥匙后为3.6V，并且还发现关闭钥匙并拔掉N22/7的C插头后，测量此处电压为11.2V，并伴随第三排鼓风机运转，不正常。至此终于发现了异常情况。⑥为了判断是N29/7的内部短路还是N22/7的唤醒线路对正极短路，进行插拔N29/7的2号插头进行

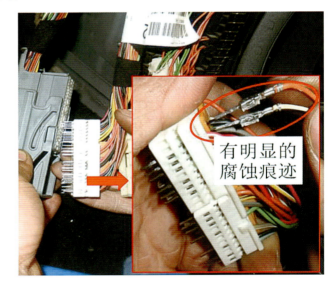

图3-52

测试检查，当拔掉后鼓风机停止运转，可以排除调节器内部短路（从以上信息可以判定故障就出现在空调控制单元N22/7的2号插针到N29/7后部空调的鼓风机调节器的2号插头的4号插针之间的线路）。⑦查看N22/7的2号插头和插头X122/3未发现有腐蚀短路的痕迹。⑧拔掉X18的插头再次测量N29/7的2号插头的4号针脚电压为0V，变为正常了。⑨紧接着再次测量N22/7的C插头（断开）的2号针脚处的电压，仍有11.2V，不正常。⑩技师此时仔细检查插头X18后，发现此处有水迹，如图3-52所示。至此找到导致客户反映问题的故障点了。

技师为了彻底搞明白导致故障的根本原因继续测量。①当关闭钥匙后单独拔掉X18的43号插针后，测量N22/7的C插头的2号针脚的电压为0V，正常。②当插上43号针脚后再次变为11.2V，不正常。③单独测量X18的44号插针处的电压为12.3V，查看插头X18电路图得知其44号针脚是CAN-B L（CAN B的低CAN），如图3-53所示。

在奔驰车辆上低速CAN的速率为83.3kbit/s（超过125kbit/s为高速CAN），通过两条线路实现对称

信号传输，在 0~16V 电压范围中具有短路防护功能，传输输出电流小于 1mA，总线线路具有静态差动电压，它来自具有默认电位的终端网络（静态模式）。最大总线长度取决于数据传输速率。其带有数据、不带数据和静态模式下的理论波形如图 3-54 所示。

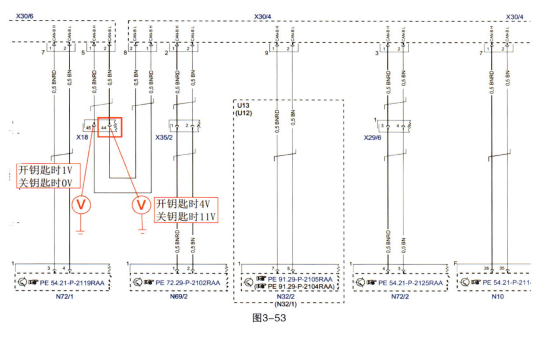

图3-53

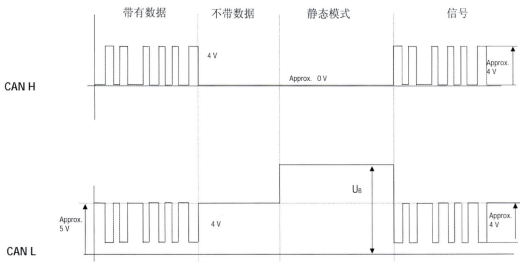

图3-54

根据以上的分析诊断，得出结论：插头 X18 进水腐蚀导致其 43 号与 44 号针脚短路，而 CAN-B L 在休眠状态下电压为 12V，从而唤醒后部的鼓风机一直运转把电平电量耗尽，最终导致车辆停放一段时间后不能再次启动。

故障排除：更换锈蚀的插针并进行插头的防腐蚀处理，所有部件装复后进行功能测试，一切正常。

六、2011 年奔驰威霆 119 仪表警告灯为何偶尔点亮

车型：2011年奔驰威霆119；整车型号：636 705；发动机：272.924。

VIN：LB1WA6882B8××××××。

行驶里程：335267km。

故障现象：此车间歇性存在车辆启动后，ESP/ABS故障灯、黄色三角指示灯、胎压灯、发动机和水温灯警告灯点亮，挡位指示灯不显示，发动机转速表指针在零位（如图3-55所示），变速器换挡杆无法从位置P移出，发动机运转正常。此现象时有时无，没有规律。

故障诊断：此故障已维修了一年多了，在4S店中也检测过，建议更换ESP/ABS总成。此部件非常昂贵，不保证更换后能解决问题，所以一直没有更换。

这次车辆又出现了此故障，需要我们救援。维修人员到达现场后，使用奔驰专用诊断仪进行快速检测，并把故障码进行了保存。因在现场不方便维修，需要把车开回修理厂。客户反应反复踩制动，偶尔可以移动换挡杆。按照客户的建议，反复踩制动，挂上D挡后把车开往修理厂，开始转速表和车速表都不工作，车辆只能低速行驶。行驶几千米后，车速表和转速表偶尔同时跳起。因车辆不能正常换挡，怕损坏变速器，联系了拖车。大约等待了1h，拖车到达后，启动车辆，仪表警告灯熄灭，车辆又一次一切正常。

车辆拖到厂后试车，一切正常。调出诊断仪储存的快速测试结果，在仅带故障码和事件的控制单元中可以看出，有多个控制单元出现故障（如图3-56~图3-58所示）。其中发动机控制模块和车辆稳定系统无法通信，电子换挡模块、电子点火开关和仪表等控制模块有当前故障和已储存故障。故障码的含义为"与部件N30/4电控行车稳定系统(ESP)的CAN通信有故障。当前的和已存储"。

通过完整分析故障码，发现所有报故障的模块(控制单元)都在发动机控制区域网络CAN C中。因为发动机可以正常运转，而ESP/ABS总成不能通信，怀疑ESP/ABS总成故障造成CAN故障，断开ESP/ABS总成插头，故障现象与偶发时的故障现象不同，因此不同确定ESP/ABS总成已损坏。

查询奔驰WIS维修系统，画出发动机控制区域CAN C网络图（如图3-59所示），对网络进行

图3-55

发动机控制模块			不能通信	- ! -
MB 号码	HW 版本	SW 版本	诊断版本	插针
				101

ESP			不能通信	- ! -
MB 号码	HW 版本	SW 版本	诊断版本	插针
				101

EWM - 电子选挡杆模块			可以通信	- F -
MB 号码	HW 版本	SW 版本	诊断版本	插针
6395450432	42.2002	05.2004	0/1	9

编码	文本	状态
P1876	与部件N30/4 （电控行车稳定系统（ESP））的CAN通信有故障。	当前的和已-存储的
P1906	与部件N30/4 （电控行车稳定系统（ESP））的CAN通信有故障。	当前的和已-存储的

图3-56

EZS（电子点火开关）- EZS（电子点火开关）				i
MB 号码	HW 版本	SW 版本	诊断版本	插针
6399006600	07.02	10.31	0/0	101

事件	文本	状态
900E	应急解锁·已通过控制单元N30/4 （电控行车稳定系统（ESP））进行紧急解锁。	事件"当前"和"已存储"
900F	应急解锁·已通过控制单元N30/4 （电控行车稳定系统（ESP））取消紧急解锁。	事件"已存储"

图3-57

KI - 组合仪表				- F -
MB 号码	HW 版本	SW 版本	诊断版本	插针
6364460021	08.29	08.28	1/1	101

FW 号码		FW 号码（数据）	FW 号码（Boot-SW）	
6390000000			0000000000	

编码	文本	状态
9100	发动机 CAN总线·控制器区域网络（CAN）总线断路	当前的和已存储的
9101	发动机 CAN总线·控制单元N30/4 （电控行车稳定系统（ESP））的CAN信息缺失。	已存储的

图3-58

分析。此区域网络中有以下9个控制单元组成：A1– 仪表盘；B24/15– 转速、横向和纵向加速度传感器；B24/8– 转向角传感器；N15/3– 电子变速器（EGS）控制单元；N15/5– 电子选挡杆模块控制单元；N3/23– 发动机电子设备（ME）控制单元；N30/4– 电控车辆稳定行驶系统（ESP）控制单元；N62– 驻车定位（PTS）控制单元；N73– 电子点火启动开关（EZS）控制单元。

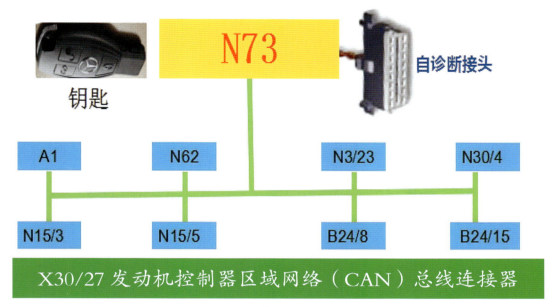

图3–59

通过分析感到非常困惑的是，只有发动机控制单元和ESP/ABS控制单元不能通信，而其他控制单元可以通信。所有的控制单元的数据线都是并联的，有故障时应都不能通信，而不是只有两个控制单元不能通信。

仔细查看每个控制单元的电路图，希望找到突破点。当看到N15/5– 电子选挡杆模块控制单元的电路图时（如图3–60所示），发现了问题。此控制单元有单独的K线与自诊断接头连接，也就是说此控制单

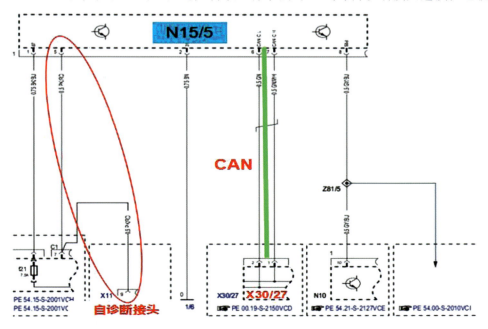

图3–60

元的诊断数据没用使用 CAN C 线。因此当数据线 CAN C 出现故障时，依旧可以进行诊断。而横向和纵向加速度传感器、B24/8 – 转向角传感器、N15/3– 电子变速器（EGS）控制单元、N62– 驻车定位（PTS) 控制单元，断开 CAN 线后，在诊断仪上的控制单元列表中就不存在了。所以在 "仅带故障码和事件的控制单元" 中没有出现这些带有故障控制单元。

查看奔驰 WIS 维修系统，拆掉位于右前脚坑上面的护板，找到发动机控制总线 CAN C 总线连接器 X30/27（如图 3–61 所示）。

因为此故障在其他地方多次维修过，其数据线插头位置已混乱，无法判断哪条数据线是哪个控制单元的。查看奔驰 WIS 维修系统，查找发动机控制总线区域网络系统各控制单元安装位置，找到各个控制单元，分别断开各控制单元的数据线，检测电压是否存在，确定此线是哪个控制单元。也可以断开数据线后，在诊断仪上看是否还能通信，确定此线是哪个控制单元。然后在数据线插头上标记各个控制单元。

把每条数据线是哪个控制单元的弄明白后，等待故障出现。如果故障出现，利用示波器测量波形，看哪条数据线波形不正常。

功夫不负有心人，终于一天早上车辆出现了故障。接好示波器，在连接器 X30/27 测量发动机控制总线 CAN C 的波形，发现有一部分的形状和其他正常的不一样，不符合技术标准（如图 3–62 所示）。接下来逐一断开分配器 X30/27 上的 CAN 线插头，当拔掉电子点火开关的插头时，波形恢复了正常。使用示波器查看电子点火开关波形分析，图像可以明确显示故障波形（如图 3–63 所示）。

图3-61

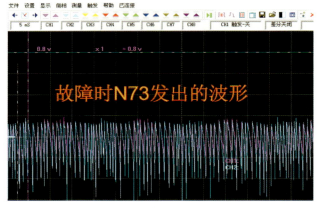

图3-63

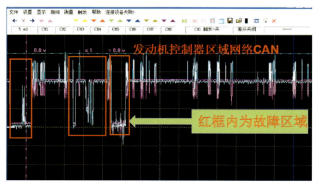

图3-62

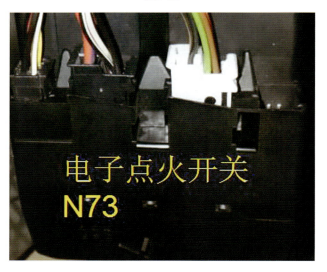

图3-64

拆下电子点火开关（如图3-64所示），仔细检查，发现插头的插脚都是黑色的，氧化严重。处理好插头插脚后，故障没有出现。

故障排除：处理电子点火开关插头的氧化物。车辆已正常使用了1个多月，证明故障排除。

故障总结：此车的故障原因为电子点火开关插头氧化造成线路接触不良。当遇到多个控制单元同时报CAN线故障时，可以判定车辆控制网络出现故障，先不要盲目地维修，要确定问题出在哪个区域网络上，再确定问题出在区域网络中的哪一个控制单元上，根据控制原理和电路图，分析故障原因，通过示波器确定故障点，维修好车辆。

七、奔驰 B200 无法挂挡行驶

车型：奔驰B200。

故障现象：客户反应无法挂挡行驶，并且仪表显示请勿挂挡，请到特许服务中心检测。

故障诊断：技师接到车辆后，根据客户的描述进行检查车辆，发现和客户描述的一致，仪表有报警，并且无法挂挡行驶，确认客户所反映的故障现象。接着技师连接奔驰专用诊断仪读取相关故障码，发现在发动机控制单元中报有U002888与传动系CAN总线的通信存在功能故障。总线关闭。

图3-65

U002887与传动系CAN总线的通信存在功能故障。信息缺失。还有其他一些与传动系CAN网络控制单元的通信故障。详细故障码如图3-65所示。

然后技师查找发动机控制单元的电路图（如图3-66所示）查看，结合故障码和客户反应的情况分析，得出可能原因：①CAN分配器X30/21损坏；②发动机控制单元N3/10损坏；③发动机控制单元N3/10到分配器X30/21的线束或插针故障。

根据所列的可能原因，技师首先找到分配器X30/21（如图3-67所示），断开发动机控制单元ME插

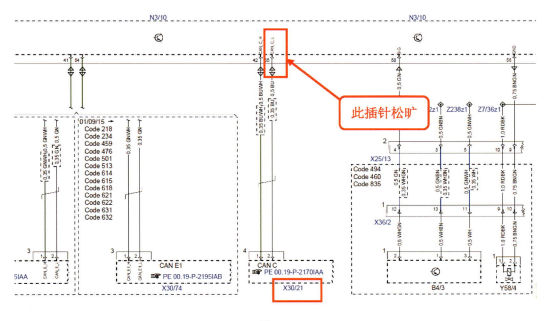

图3-66

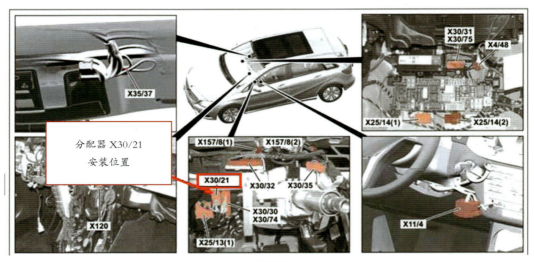

图3-67

头和其他插头，测量 CAN C 分配器 X30/21 的电阻为 60Ω，正常。测量完毕，重新连接好插头后，发现车辆功能一切正常了，然后技师尝试升级变速器控制单元和发动机 ME 控制单元软件到最新版本。然后做长距离车辆测试，试车一段时间后故障再次出现。

技师担心故障会再次消失，赶快用示波器测量传动系 CAN C 的波形，发现波形图异常，如图 3-68 所示。然后技师用"插拔法"，挨个拔下分配器 X30/21 上的插头，当拔下连接发动机控制单元上的 CAN C 插头后，波形正常了，如图 3-69 所示。

根据测量发现问题了，应该是发动机控制单元 N3/10 到分配器 X30/21 的线束或插针故障。测量线束，没有发现断路，没有发现短路，也没发现对正极短路。那就很奇怪了，从电路图上也没有发现中间有插头。那么线束没有问题，是不是插针有问题。经过用标准插针测量发现，在发动机控制单元的 F 插头的 CAN C 的 CAN 低插针松旷，位置如图 3-70 所示。

故障排除： 按照WIS标准，修复发动机控制单元的F插头的CAN C的CAN低松旷的插针。1个月后打回访电话，反馈得知没有再出现过以前的故障，至此故障得到排除。

八、奔驰 E260 发动机故障灯亮

车型： 奔驰E260，配置274发动机、722.9自动

出现故障时，在分配器 X30/21 测量波形，不正常

图3-68

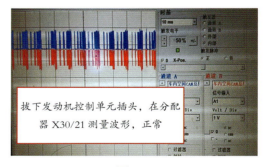

拔下发动机控制单元插头，在分配器 X30/21 测量波形，正常

图3-69

松旷的插针

图3-70

变速器。

VIN: LE4×××××。

行驶里程: 14620km。

故障现象: 客户反映发动机故障灯亮。

故障诊断: 接车后启动车辆,发动机能够顺利启动,启动后发动机故障灯常亮,经询问客户得知,故障灯亮后车辆行驶没有任何的异常,但是偶尔会出现油表指针落到底,同时COMAND显示屏上会出现"低至储备燃油油位,是否搜索附近加油站"的提醒,仪表指针马上就又恢复正常了,而此时油箱里油位是3/4,故障出现没有什么规律性,有时两三天出现一次,有时2h出现一次。连接诊断仪进行快速测试,读取到的故障码如图3-71~图3-73所示。

从故障码中可以看出,发动机控制单元中报了发动机关闭时间存在不可信的数值,并且该故障码是造成发动机故障灯亮的原因,首先根据发动机控制单元内的故障码进行引导检测,故障引导提示由于控制器区域网络(CAN)输入信号不可信,所以生成一个功能性控制器区域网络(CAN)故障码,控制单元A1(仪表盘)的信号中至少有一个被识别为不可信,读取控制单元A1(仪表盘)的故障存储器并处理故障码。于是进入到仪表盘内读取到故障码如图3-74所示。

对仪表盘内的故障码进行引导检测,故障引导提示,不允许替换相关的控制单元,如有没有客户投诉,那么删除该故障码。如果有客户投诉,检查电气导线和插头是否接触不良或有腐蚀,检测结束。

由于故障引导并没有提供可靠的解决方法,于是对发动机控制单元及仪表盘进行升级后,删除故障码,把车交予客户观察使用。谁知第二天客户再次进店维修,反映发动机故障灯亮,连接诊断仪读取故障码,依然是报发动机关闭时间存在不可信数值的故障码。由于进店时车辆的故障现象并不存在,于是建议客户把车放店里检查。

给车辆连接好充电机,钥匙开到2挡,等待故障出现。由于是报了车内CAN通信的故障码,于

N3/10 - 内燃机'M274'的发动机电子设备'MED40' (ME(发动机电子设备))

梅赛德斯-奔驰硬件号	274 901 19 00	梅赛德斯-奔驰硬件号	270 901 01 00
梅赛德斯-奔驰软件号	270 902 64 00	梅赛德斯-奔驰软件号	274 903 60 02
诊断标识	02203B	硬件版本	11/13 00
硬件状态	11/25 00	软件状态	13/16 00
软件状态	15/18 00	引导程序软件版本	11/25 00
硬件供应商	Bosch	软件供应商	Bosch
软件供应商	Bosch		
控制单元型号	VC11		

故障	文本	状态
P261084	发动机关闭时间存在不可信的数值。有一个信号低于了允许的极限值。	S
P261082	发动机关闭时间存在不可信的数值。未更新指令计数器。	S
U300E00	"电路15接通"输入信号不可信。	S

事件	文本	状态
U016487	与空调的通信存在故障。信息缺失。	S

S-已存储

图3-71

N3/8n4 - 全集成化变速器控制(起动离合器油压传感器(VGS))

梅赛德斯-奔驰硬件号	000 901 71 00	梅赛德斯-奔驰软件号	000 000 00 00
梅赛德斯-奔驰软件号	000 902 33 24	硬件版本	13/08 00
诊断标识	000805	软件状态	14/36 00
软件状态	10/44 01	引导程序软件版本	11/10 00
硬件供应商	04/82 00	软件供应商	Continental
软件供应商	Continental		MB
控制单元型号	MB		
	VGS540 000805h		

故障	文本	状态
U140000	接收到来自智能伺服选档模块(ISM)的不可信数据。	S
U140400	未接收到"内燃机"控制单元的"发动机转矩"信号。	S
U140100	未接收到"内燃机"控制单元的"发动机转速"信号。	S
U140500	未接收到"内燃机"控制单元的"发动机转矩"信号。	S
U140600	未接收到"内燃机"控制单元的"发动机转矩"信号。	S
U140700	接收到一个不可信的"发动机转矩"信号。	S
U014600	与中央网关的通信存在故障。	S
U016400	与空调的通信存在故障。	S
U140200	未接收到"内燃机"控制单元的"发动机温度"信号。	S
U010031	与"内燃机"控制单元的通信存在故障。信号不存在。	S

S-已存储

图3-72

N30/4 - 电控车辆稳定行驶系统(ESP®)

梅赛德斯-奔驰硬件号	212 901 87 04	梅赛德斯-奔驰软件号	212 902 59 07
诊断标识	000101	硬件版本	11/41 00
软件状态	13/26 00	引导程序软件版本	12/01 00
硬件供应商	Bosch	软件供应商	Bosch
控制单元型号	Diag 000101		

事件	文本	状态
C067100	未收到控制单元'N10/2(后部带保险丝和继电器模块的信号采集及驱动控制模组(SAM)控制单元)'的控制器区域网络(CAN)信息。	S
C03A600	控制单元'发动机'的控制器区域网络(CAN)信息有错误。	S
C03A400	控制单元'发动机'的控制器区域网络(CAN)信息有错误。	S
C03A300	控制单元'发动机'的控制器区域网络(CAN)信息有错误。	S
C038200	控制单元'发动机'的控制器区域网络(CAN)信息有错误。	S
C039200	控制单元'发动机'的控制器区域网络(CAN)信息有错误。	S
C037500	控制单元'变速箱'的控制器区域网络(CAN)信息有错误。	S

S-已存储

图3-73

A1 - 仪表盘(KI)

梅赛德斯-奔驰硬件号	212 901 29 05	梅赛德斯-奔驰软件号	212 902 63 10
梅赛德斯-奔驰软件号	212 902 62 08	梅赛德斯-奔驰软件号	212 902 01 07
梅赛德斯-奔驰软件号	212 902 97 06	梅赛德斯-奔驰软件号	212 902 68 08
诊断标识	00290A	硬件版本	12/31 00
软件状态	14/31 00	软件状态	13/06 02
软件状态	12/37 00	软件状态	12/37 00
软件状态	13/06 02	引导程序软件版本	10/47 00
硬件供应商	VDO	软件供应商	VDO
软件供应商	VDO	软件供应商	VDO
软件供应商	VDO	软件供应商	VDO
控制单元型号	[C218_212_207_204Hid_Ae]		
	13		

故障	文本	状态
U001908	车内控制器区域网络(CAN)通信存在故障。存在一个信号故障或信息有错误。	S

S-已存储

图3-74

是在等待故障现象的时间里，把两个前座椅拆掉，检查左右两个CAN线分配器，没有发现异常。然后接上示波器，以便故障出现时观察波形的变化，大约2h后，故障终于出现了，空调面板上的指示灯及仪表上的指示灯快速闪烁一下，油表指针和水温表指针落到底，但是立即又恢复了正常。同时COMAND显示屏上提示寻找加油站，如图3-75所示。但是故障出现的瞬间波形并没有发现明显变化，车内CAN波形如图3-76所示。

图3-75

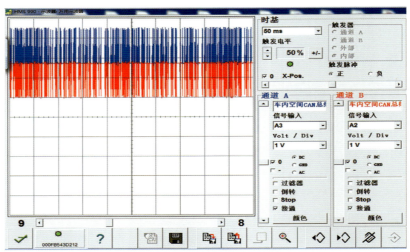

图3-76

一般情况下，对于CAN总线方面的故障，如果故障存在，可以尝试逐个拔掉CAN线分配器上的插头，直到故障消失，那么该插头相连接的控制单元就是故障点，而此车故障现象出现时只是瞬间，根本来不及拔插头。况且示波器捕捉到的波形也没有明显变化，所以根据现有的故障码及检测结果，无法判断是哪个部件出现问题。接下来经过了30km的路试，怀疑由于某处插头接触不良引起的偶发故障，也到颠簸路上进行了试车，及反复开关钥匙、锁车、启动等测试，故障一直不能再现，于是对车内CAN上相连的控制单元都进行了升级，交予客户使用几天后，故障依然会出现。接着先后和正常车辆调换了CAN分配器，空调控制单元，故障依然存在。

在接下来的检查中发现，每隔几分钟后，诊断仪就会提示不能读取到点火开关的状态，询问是打开还是关闭（此时没有故障现象），考虑到点火开关在CAN网络中处于一个关键网关的作用，怀疑是电子点火开关存在偶发性故障造成CAN网络异常，于是向技术部门发报告进行技术咨询，在技术部门的支持下，更换了电子点火开关。截至目前，该车已使用3个月，故障没有再出现。后来在和其他店的技师交流中得知，其他人也遇到过类似的故障码，但最后是更换仪表盘排除了故障。在此希望通过此案例，能和更多的维修技师进行分享交流，遇到类似故障时能够更快地排除故障，希望大家不吝赐教。

九、2015年奔驰E300导航闪屏

车型：2015年奔驰E300，配置272发动机和E212底盘。

故障现象：车辆近期出现COMAND使用时出现闪屏现象，有时明明车子启动的但COMAND屏幕上提

示"启动车辆3min后关闭"。仪表指针有时乱跳，方向盘右侧按键均无反应。接到这台车后根据客户描述，测试此车确有这些现象存在。按遥控钥匙偶尔无反应，空调在开启过程中出现自动停机又自动开机现象。

故障诊断：使用XENTRY诊断仪对该车进行诊断时有如下信息：①中央网关报车内CAN总线关闭故障；②仪表板报与音频COMAND控制单元通信存在故障；③转向柱模块报与前部信号控制采集模块通信存在故障；④发动机控制单元报空调控制单元发送的一个或多个信息存在缺失。另外根据经验判断在这份快速测试中只有20多个控制单元，正常的这款车应该有40个控制单元左右。

按图索骥，依据当前所掌握的信息分析推理可能故障原因：

（1）网络系统存在断路、短路；

（2）某个模块存在电气故障干扰其他模块的正常工作。

对此必须掌握奔驰E级车的整车网络结构原理，了解了E级车的网络结构图（如图3-77和图3-78所示）后再结合开始的控制单元快速测试又对比同款车型的控制单元模块数量后发现诊断仪未能正常通信的模块都集中在了CAN A和CAN B之中。因为这里涉及的控制单元数量较多，为了能更精确地找到故障点，再借助到奔驰专用诊断示波器HMS990，对车辆进行诊断。

查找到CAN A与CAN B分配器位置如图3-79和图3-80所示，先将线路连接到CAN B上读取波形，波形异常，有非常多的杂波，如图3-81所示。于是逐个分开CAN B上的插头，当断到A40/3时波形恢复正常，仔细查看网络图发现A40/3也正是属于CAN A与CAN B的网关。将其他CAN B插头都接上，只拔掉A40/3的插头，再次快速测试，这时候CAN B的模块都能正常通信了。到了这里越来越接近问题点了，于是将A40/3主机拆出来检查。

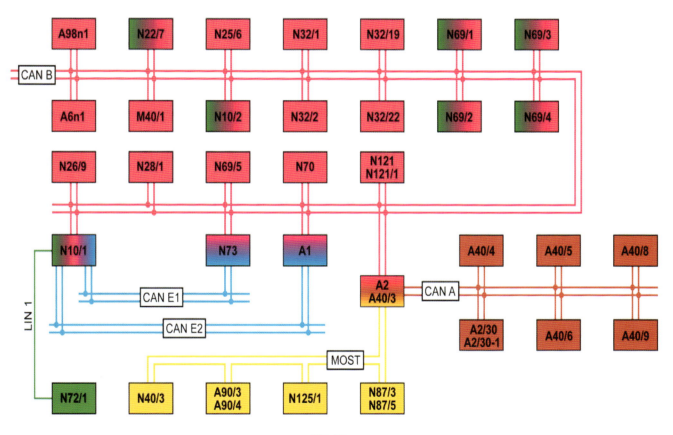

图3-77

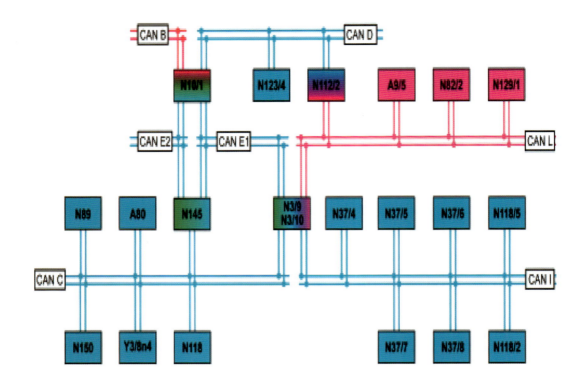

图3-78

图3-79

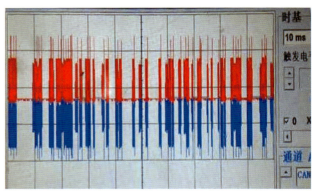

图3-81

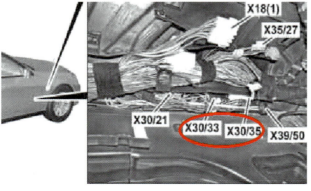

图3-80

经过拆下A 40/3主机后检查，发现在主机后加装了一个CAN分配盒。由于加装的那盒子刚好处于空调通风管壁上，造成空调冷凝水流到那个盒子上，如图3-82~图3-84所示。

故障分析：因客户加装部件正处于空调通风管壁上，且插头位置朝上空调制冷时，管道壁上的冷凝水顺着插头流进模块中，对CAN网络造成干扰，继而引发一系列奇怪故障现象。

故障排除：将原因告知客户后将加装部件移

图3-82

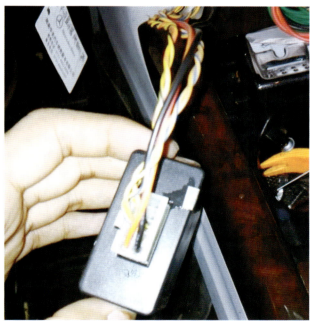

图3-83

图3-84

除，恢复原车线路，再对车辆进行检测，功能均恢复正常。

十、2013年奔驰ML400越野车电子选挡杆模块CAN线故障

车型：2013年奔驰ML400越野车。

行驶里程：3505km。

故障现象：客户投诉车辆行驶过程中仪表出现"请勿挂挡，去授权服务中心"报警信息。

故障诊断：试车或原地怠速，有时仪表会出

智能伺服模块（ISM）- 换挡模块（A80）

梅赛德斯-奔驰硬件号	005 446 19 10	梅赛德斯-奔驰软件号	012 448 48 10
梅赛德斯-奔驰软件号	012 448 32 10	诊断标识	000041
硬件状态	11/30 00	软件状态	12/23 00
软件状态	12/23 00	引导程序软件版本	08/24 00
硬件供应商	Continental	软件供应商	Continental
控制单元型号	_0041_MTC800U3		

事件	文本	状态
P124088	控制器区域网络（CAN）总线存在故障，总线关闭	S

S=已存储

ME -（发动机电子设备）- 内燃机'M276涡轮增压器'的发动机电子设备'MED177'（N3/10）

梅赛德斯-奔驰硬件号	276 901 61 00	梅赛德斯-奔驰软件号	000 904 10 00
梅赛德斯-奔驰软件号	276 902 49 00	梅赛德斯-奔驰软件号	276 903 16 01
诊断标识	022443	控制单元型号	M276LA_VC13
硬件供应商	Bosch	数据状态	684312068300000000 2705

事件	文本	状态
U010387	与电子选挡杆模块的通信存在故障。信息缺失。	S

S=已存储

启动离合器油压传感器（VGS）- 全集成化变速器控制（Y3/8n4）

梅赛德斯-奔驰硬件号	000 901 71 00	梅赛德斯-奔驰软件号	000 902 70 17
诊断标识	000805	软件版本	13/08 00
硬件状态	10/44 01	软件状态	13/17 00
软件状态	04/B2 00	硬件供应商	Continental
硬件供应商	Continental	控制单元型号	VGS40_000805h
生产商专门的序列号	1329701533	电动液压调节单元（EHS）零件号	2312703801
程序状态	w13aa01p	数据状态	20stvgd5
型号编码	ap20		

故障	文本	状态
U010300	与电子选挡杆模块的通信存在故障。	S
U000200	传动系统控制器区域网络（CAN）总线关闭故障	S
U000100	传动系统控制器区域网络（CAN）通信存在故障	S
U113800	与"变速器内电动机油泵"控制单元的通信在功能故障	S
U002800	与传动系CAN总线的通信在功能故障	S

事件	文本	状态
U010000	与"内燃机"控制单元的通信存在故障。	S
U012600	与转向柱模块的通信存在故障。	S

S=已存储

SG-AWF - 控制单元'防撞辅助系统'（A90）

梅赛德斯-奔驰硬件号	000 905 66 00	梅赛德斯-奔驰软件号	000 902 80 16
诊断标识	000003	硬件版本	10/42 00
软件状态	12/49 00	引导程序软件版本	10/32 07
硬件供应商	Autoliv	控制单元型号	PCW246_000003
生产商专门的序列号	S629555100A134750198		

事件	文本	状态
C322300	控制单元'电子变速器控制系统'的控制器区域网络（CAN）信号'传动比'不可信。	S
C371000	系统'防撞辅助系统'触发了一个警告。	S

电子驻车制动器（EFB）- 电动驻车制动器（N128）

梅赛德斯-奔驰硬件号	246 545 05 32	梅赛德斯-奔驰软件号	246 902 60 01
诊断标识	00000B	硬件版本	10/15 00
软件状态	13/05 00	引导程序软件版本	09/27 00
硬件供应商	TRW	控制单元型号	_00000B
生产商专门的序列号	468		

故障	文本	状态
U119800	与智能伺服模块（ISM）的通信存在故障。	S

事件	文本	状态
U010100	与"变速器"控制单元的通信存在故障。	S

S=已存储

ESP® - 电控车辆稳定行驶系统（N30/4）

梅赛德斯-奔驰硬件号	166 901 34 00	梅赛德斯-奔驰软件号	166 902 32 03
诊断标识	000002	硬件版本	10/44 00
软件状态	12/50 00	引导程序软件版本	10/05 00
硬件供应商	TRW	控制单元型号	000002
生产商专门的序列号	166901340031131128833		
	230702BFI		

事件	文本	状态
C075600	未收到控制单元'变速箱'的控制器区域网络（CAN）信息。	S

S=已存储

电子控制空气悬挂系统 - 电子控制空气悬挂系统（N51/3）

梅赛德斯-奔驰硬件号	166 901 54 00	梅赛德斯-奔驰软件号	166 902 79 03
诊断标识	004103	硬件版本	11/18 00
软件状态	13/28 00	引导程序软件版本	11/40 00
硬件供应商	Kostal	控制单元型号	Serie_LF_ADS_004103
生产商专门的序列号	213328070076		

事件	文本	状态
U040100	"内燃机"控制单元接收到不可信的数据。	S

S=已存储

注：智能伺服模块（A80）即电子选挡杆模块

图3-85

现上述报警，故障不定时出现，即表现出偶发性特点。

用奔驰专用诊断仪（XENTRY）对车辆进行快速检测，若干控制单元有故障码，如图3-85所示。

分析DAS结果：CAN C网络的控制单元与其他网络通信存在故障，CAN C网络内的控制单元之间的相互通信也存在故障，且主要是与电子选挡杆模块、变速器控制单元的通信存在故障。另外，这两个控制单元的故障码都说明了CAN C总线存在故障，判断CAN C总线存在偶发性短路，应首先从CAN C总线入手检查故障。按此思路，进行如下检查：在WIS中查找CAN C分配器的电路图（如图3-86所示），得知分配器为X30/21且位于车内右前脚空间处。

将奔驰原厂示波器连接到X30/21上，在怠速下测量CAN C网络波形，观察在故障出现时的变化情况，结果波形会从正常转变为对地短路时的形状，即CAN总线对地短路，短路波形如图3-87所示。这样，接下来应确定短路的具体位置是在电子选挡杆模块还是变速器控制单元的CAN线上。

注意仪表出现"请勿挂挡"的信息，挂挡由A80来完成，即挡位P、N、D、R之间的切换由A80执行，结合A80的故障码，判断短路位置在A80的CAN线上。观察CAN线走向，从车内的X30/21上沿着仪表台内部的防火墙、发动机舱布置连接到车辆底部变速器壳体侧面的A80上，这样，从肉眼容易看到的发动机舱线束开始检查，结果发现发动机后部的一个支架磨破线束（如图3-88所示），造成CAN线偶尔搭铁，如图3-89所示。这样，修复线束并重新布置线路的走向，然后试车，故障彻底排除。

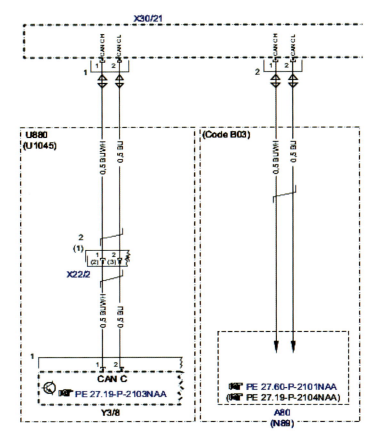

A80-智能伺服模块 Code B03 ECO-启动/停止功能 X30/21-传动系CAN分配器 U880-适用于发动机642 U1045-不适用于柴油发动机642 Y3/8-变速器控制单元

图3-86

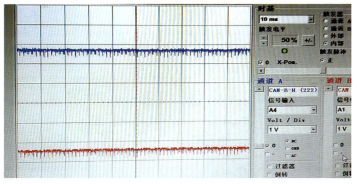

图3-87

图3-88

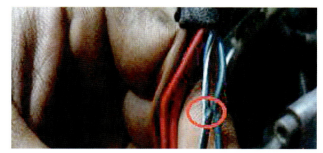

图3-89

十一、奔驰新款 C300 无法启动

车型：奔驰C300，配置270发动机。

行驶里程：4330km。

故障现象：客户反映车辆无法启动，仪表上出现了很多报警，于是拖回维修。

故障诊断：接车后尝试启动车辆，发现仪表上挡位无法正常显示，不能启动。同时仪表上反复出现"低压续跑指示器停止运作，请勿换挡、请去特许服务中心，车道保持辅助系统停止运作，ESP停止运作"等很多报警。连接诊断仪进行快速测试，读取到很多通信方面的故障码，如图3-90所示。

同时发现发动机控制单元、变速器控制单元、智能伺服模块、燃油泵控制单元等这些重要部件都检测不到，这些部件都直接影响到发动机启动。这些控制单元同时损坏的可能性是非常小的，肯定是某个控制单元或者是 CAN 网络出现异常，造成无法检测到。查找网络框图（如图 3-91 所示），分析这些控制单元的共同点。发现这些检测不到的控制单元都在 CAN C1 上面相连，CAN C1 又通过 N127 控制单元和其他 CAN 线进行数据交换，在网络中 N127 控制单元起到了网关的作用，同时发现 N127 控制单元也是检测不到的。

根据功能原理及维修经验，首先要把检查的重点放在N127控制单元上，拆掉右前地毯，在脚坑处找到N127控制单元，根据电路图（如图3-92所示）并结合故障引导进行测量。首先检查供电保险丝，正常；接着拔掉N127上的C插头，测量2号、3号针脚到4号针脚的电压都在12.4V左右（像N127控制单元，ME控制单元等都采用了多个线束

图3-90

N73 - 电子点火开关（电子点火开关（EZS）） -ⁱ

梅赛德斯-奔驰硬件号	205 901 01 12	梅赛德斯-奔驰软件号	222 902 60 11
诊断标识	020511	硬件版本	13/29 001
软件状态	15/03 001	引导程序软件版本	14/40 001
硬件供应商	Marquardt	软件供应商	Marquardt
控制单元型号	EIS222_EIS222_0511		

故障	文本	状态
U103E00	与底盘FlexRay总线系统的通信存在功能故障。	

事件	文本	状态
U012208	与"牵引系统"控制单元的通信存在功能故障。存在一个信号或信息有错误。	
U116000	识别到一个总线唤醒醒来。	
U119887	与智能伺服模块（ISM）的通信存在故障。信息丢失。	A+S

S=已存储，A+S=当前并且已存储

N10/6 - 前部信号采集及驱动控制模组（前部信号采集及驱动控制模组（SAM）） -ⁱ

梅赛德斯-奔驰硬件号	205 901 39 04	梅赛德斯-奔驰软件号	222 902 66 11
诊断标识	020017	硬件版本	13/08 001
软件状态	15/09 000	引导程序软件版本	12/06 005
硬件供应商	Hella	软件供应商	Hella
控制单元型号	BC_F222_E18_6		

故障	文本	状态
B181E64	发动机罩 传感器存在故障。存在一个不可信的信号。	

事件	文本	状态
U011587	与"传动系统"控制单元的通信存在功能故障。信息丢失。	S
U012887	与电动驻车制动器的通信存在故障。信息丢失。	S
U012964	与"再生制动系统"控制单元的通信存在功能故障。存在一个不可信的信号。	S
U021287	与转向柱模块的通信存在故障。信息丢失。	S

S=已存储，A+S=当前并且已存储

N2/10 - 辅助防护装置（辅助防护系统（SRS）） -ⁱ

梅赛德斯-奔驰硬件号	205 901 83 08	梅赛德斯-奔驰软件号	205 902 79 05
梅赛德斯-奔驰硬件号	205 903 40 00	诊断标识	020400
硬件版本	13/41 000	硬件版本	14/31 000
软件状态	14/36 000	引导程序软件版本	12/49 000
硬件供应商	Continental	软件供应商	Continental
软件供应商	Continental	控制单元型号	ORC222_Serie

事件	文本	状态
U010067	与"内燃机"控制单元的通信存在功能故障。信息缺失。	A+S

A+S=当前并且已存储

A76 - 左前自适应安全带拉紧器（左前自适应安全带拉紧器（RevGUS-VL）） -ⁱ

梅赛德斯-奔驰硬件号	222 901 49 01	梅赛德斯-奔驰软件号	222 902 93 09
诊断标识	00860C	硬件版本	12/37 000
软件状态	14/14 000	引导程序软件版本	12/04 000
硬件供应商	Autoliv	软件供应商	Autoliv
控制单元型号	RGTMPFL222_D_013		

事件	文本	状态
U010067	与"内燃机"控制单元的通信存在功能故障。信息缺失。	A+S
U012287	与"牵引系统"控制单元的通信存在故障。信息缺失。	A+S

S=已存储，A+S=当前并且已存储

N62 - 驻车系统（PARK） -ⁱ

梅赛德斯-奔驰硬件号	000 901 75 02	梅赛德斯-奔驰软件号	000 902 09 21
诊断标识	004401	硬件版本	12/32 000
软件状态	14/07 000	引导程序软件版本	12/32 000
硬件供应商	Valeo	软件供应商	Valeo
控制单元型号	PARK222_App1_004401		

事件	文本	状态
U010067	与"内燃机"控制单元的通信存在故障。信息缺失。	A+S
U010187	与"变速器"控制单元的通信存在故障。信息缺失。	A+S
U014187	与前部信号采集及驱动控制模组的通信存在故障。信息缺失。	S
U015187	与辅助防护装置（SRS）的通信存在功能故障。信息缺失。	S
U016887	与电子点火开关的通信存在故障。信息缺失。	S
U021287	与转向柱模块的通信存在故障。信息缺失。	S
U103E88	与底盘FlexRay总线系统的通信存在功能故障。总线关闭。	S

S=已存储，A+S=当前并且已存储

A1 - 仪表盘（KI） -ⁱ

梅赛德斯-奔驰硬件号	205 901 85 08	梅赛德斯-奔驰软件号	205 904 14 00
梅赛德斯-奔驰硬件号	205 901 84 04	梅赛德斯-奔驰软件号	205 902 85 04
梅赛德斯-奔驰硬件号	205 902 32 03	梅赛德斯-奔驰软件号	205 902 87 04
梅赛德斯-奔驰硬件号	205 902 34 04	梅赛德斯-奔驰软件号	205 903 35 03
梅赛德斯-奔驰硬件号	205 902 90 04	诊断标识	002C03
硬件版本	14/32 000	硬件版本	14/28 000
软件状态	15/06 000	软件状态	15/06 000
软件状态	14/41 000	软件状态	14/41 000
软件状态	15/06 000	引导程序软件版本	14/28 000
硬件供应商	Continental	软件供应商	Continental
硬件供应商	Continental	软件供应商	Continental
硬件供应商	Continental	控制单元型号	IC222_1C205_E016_Master

事件	文本	状态
U010087	与"内燃机"控制单元的通信存在故障。信息缺失。	A+S
U010987	与"燃油泵"控制单元的通信存在故障。信息缺失。	A+S
U012287	与"牵引系统"控制单元的通信存在功能故障。信息缺失。	S
U012887	与电动驻车制动器的通信存在故障。信息缺失。	S
U013187	与"助力转向"控制单元的通信存在故障。信息缺失。	S
U015987	与驻车定位系统（PARKTRONIC）的通信存在故障。	S
U021287	与转向柱模块的通信存在故障。	S

S=已存储，A+S=当前并且已存储

B92/6 - 右侧外后部内置雷达传感器（IRS-HRA） -ⁱ

梅赛德斯-奔驰硬件号	000 901 88 02	梅赛德斯-奔驰软件号	000 902 26 17
诊断标识	000103	硬件版本	13/06 001
软件状态	13/19 002	引导程序软件版本	11/43 004
硬件供应商	Autoliv	软件供应商	Autoliv
控制单元型号	IBSM3G205_R1_I8SM_000103		

事件	文本	状态
U041600	从"牵引系统"控制单元接收到不可信数据。	A+S
U021287	与转向柱模块的通信存在故障。信息缺失。	S
U012287	与"牵引系统"控制单元的通信存在故障。信息缺失。	S
U010087	与"内燃机"控制单元的通信存在故障。信息缺失。	A+S

S=已存储，A+S=当前并且已存储

A40/11 - 多功能摄像机（单眼）（MFK） -ⁱ

梅赛德斯-奔驰硬件号	222 820 13 97	梅赛德斯-奔驰软件号	222 902 56 10
诊断标识	000110	硬件版本	13/04 000
软件状态	14/20 003	引导程序软件版本	13/42 000
硬件供应商	ADC	软件供应商	ADC
控制单元型号	MMPC222_VMMPC222_AEJ14_00 0116		

事件	文本	状态
U010087	与"内燃机"控制单元的通信存在故障。	A+S
U021287	与转向柱模块的通信存在故障。信息缺失。	S
U012287	与"牵引系统"控制单元的通信存在故障。	S
U120897	与"大灯"控制单元的通信存在功能故障。系统功能受到制约。	S
U041600	从"牵引系统"控制单元接收到不可信数据。	S

S=已存储，A+S=当前并且已存储

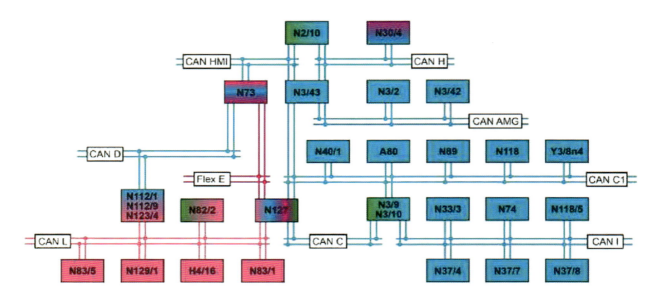

N2/10-辅助防护装置控制单元　N30/4-ESP控制单元　N73-电子点火开关　N3/43-AMG悬架控制单元（装配保护式发动机支座）　N3/2-
电子差速器控制单元（装配电子差速锁）　N3/42-保护式发动机支座控制单元（装配保护式发动机支座）　A80-智能伺服模块　N89-自动
变速器辅助油泵控制单元　N118-燃油泵控制单元　Y3/8n4-变速器控制单元　N82/2-蓄电池管理系统控制单元　N127-传动系统控制单元
N3/10-ME控制单元　N129/1-电力电子控制单元　H4/6-声音发生器　N83/1-直流/直流（DC/DC）转换器控制单元　CAN C-发动机控制器
区域网络　CAN C1-传动系统控制器区域网络　CAN D-诊断系统控制器区域网络　CAN H-车辆动态控制器区域网络　CAN HMI-用户接口控
制器区域网络　CAN I-传动系统传感器控制器区域网络　CAN L-混合动力控制器区域网络

图3-91

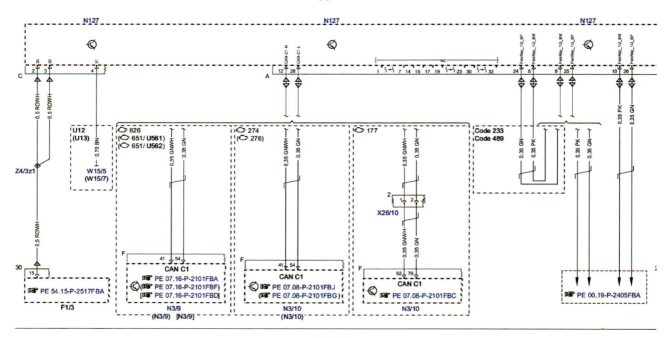

图3-92

供电，这样是为了减少供电线束的负荷）。接着根据故障引导，测量A插头的13号针脚和搭铁之间的电压
为2.40V，29号针脚和搭铁之间的电压为2.64V，正常。测量二者之间的线束阻值，说明线束之间没有短
路的地方，标准值为大于20kΩ。连接赫尔曼专用工具，测试CAN波形也正常（如图3-93所示），于是判
定为N127控制单元自身损坏，造成无法检测和通信。把N127控制单元更换掉，并按照标准流程做试运行
后，报警消失，进行试车一切正常。

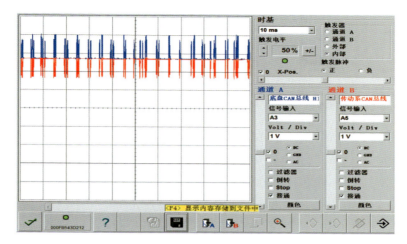

图3-93

十二、2012 年奔驰 R350 仪表警告灯偶尔全亮

车型：整车型号：R 350 4MATIC；型式：251 157；发动机型号：276 958；生产日期：2012年7月。

行驶里程：112893km。

故障现象：车辆在行驶中或停车时，偶尔出现仪表警告灯点亮，发动机转速表指针回落到零位的现象，但发动机运转正常（如图3-94所示）。将发动机关闭后，重新启动发动机，有时启动机无反应，需要反复几次才能启动。故障出现时没有任何规律，也没有任何前兆。

图3-94

故障诊断：首先连接DSA诊断仪，进行快速测试，读取各系统的故障码，发现大多数控制单元内都有"U"类故障码（如图3-95所示）。

编码	文本	状态
MED 17.7 – 发动机电控直喷系统17.7 – f –		
U014687	与中央通道的沟通存在功能故障。信息缺失。	已存储的
U016887	与电子点火开关的沟通存在功能故障。信息缺失。	已存储的
U016487	与空调器的沟通存在功能故障。	已存储的
U015587	与仪表盘的沟通存在功能故障。信息缺失。	已存储的
U012287	与"牵引系统"控制单元的通信存在功能故障。信息缺失。	已存储的
U021287	与转向柱模块的沟通存在功能故障。信息缺失。	已存储的
U010187	与"变速器"控制单元的沟通存在功能故障。信息缺失。	已存储的
U015500	与仪表盘的沟通存在功能故障。	已存储的
U140787	收到一个不可信的"发动机转矩"信号。信息缺失。	已存储的
U010387	与电子选挡杆模块的沟通存在功能故障。信息缺失。	已存储的
FSCU – 燃油泵 – f –		
U015500	与仪表盘的沟通存在功能故障。	已存储的
U016800	与电子点火启动开关的通信存在功能故障。	已存储的
EGS – 电子变速器控制系统 – f – i		
C002	控制器区域网络（CAN）总线控制器：控制器区域网络（CAN 已存储的	
C100	未曾收到控制单元发动机控制的CAN信息。	事件"已存储"
D10B	未曾收到控制单元发动机控制的CAN信息。	事件"已存储"
ISM – 智能伺服模块 i		
U010087	与"内燃机"控制单元的通信存在故障。信息缺失。	事件"已存储"
ESP – 电控行车稳定系统		
5021	由控制单元发动机控制通过CAN总线发送的一个或多个信号–不可信。	事件"当前"和"已存储"
5018	未曾收到控制单元发动机控制模块的CAN信息。	事件"当前"和–"已存储"
AB – 安全气囊KI		
9194	未曾收到控制单元N93（中央通道控制模块）的CAN信息。	事件"已存储"
9196	未曾收到控制单元发动机控制模块的CAN信息。	事件"已存储"
9197	未曾收到控制单元发动机控制模块的CAN信息。	事件"已存储"
KI – 组合仪表		
9102	控制模块ME（发动机电控系统）未发送任何数据。	事件"已存储"

图3-95

综合以上的故障码来分析，发现与CAN C（动力CAN）相关的控制单元都无法通信，判断故障可能为CAN C网络故障，所以对CAN C网络进行检测。通过查询WIS，找到乘客侧控制区域网络总线CAN C连接器X30/19（如图3-96所示）。车辆断电，测量CAN C H（高）与CAN C L（低）之间的电阻值，实测电阻值为60.2Ω，在正常的范围内，说明整个网络的连接是正常的。接好电源，启动车辆，测量CAN C线的电压，CAN C H电压为2.7V左右，CAN C L电压为2.2V左右，在出现故障时，电压没有特别明显的变化。这就奇怪了，为什么电压没有明显的变化呢？CAN C线肯定有故障，只是测量的电压表是平均电压，不能反映出来。于是连接示波器，观察CAN C的实际波形，在出现问题时，看到了波形不正常（如图3-97所示）。CAN C H和CAN C L的波形应该是对称的，但不正常的时候两个波形重合了。在CAN C连接器X30/19上依次拔下各个控制单元的数据通信线插头，当拔下连接发动机控制单元的插头后，波形恢复正常。说明发动机控制单元的数据通信线对整个网络系统有干扰。

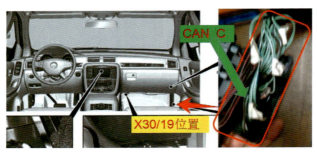

图3-96

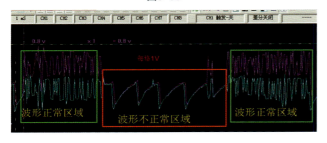

图3-97

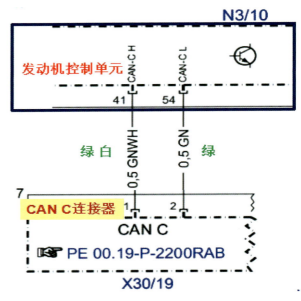

图3-98

在WIS上查看发动机控制单元CAN C 电路图（如图3-98所示），测量CAN C连接器X30/19的1脚和2脚到发动机控制单元的41脚和54脚的电阻，实测电阻小于0.5Ω，正常。两线对地、对电源和相互间的电阻无穷大，线路正常。查看线束的插针和插脚没有明显的故障。因为出现故障时，发动机运转正常，所以发动机控制单元的电源和搭铁正常。

既然外电路正常，那么发动机控制单元损坏成为可能，于是进行维修。拆开发动机控制单元后进行检查，没有发现问题。没办法只有更换发动机控制单元了，找到一块拆车的发动机控制单元，把原车的发动机控制单元数据拷贝到拆车的发动机控制单元内，相当于克隆了一块发动机控制单元。更换后，试了一上午的车，故障也没出现。

图3-99

下午故障又出现了，还是偶发。思路有点乱了，发动机控制单元新换的不可能这么快就损坏了，如果损坏了不会还是偶发的故障。控制单元和线路都没问题，是哪的问题呢？

于是仔细询问客户故障什么时候出现的。客户反映此车在雨季发动机进过水，后来连杆断裂发动机报废，在4S店拆检过，在外面换的发动机，换完发动机出现的此故障。更换发动机只更换了发动机机械部分，没有更换电气原件，此故障为电气方面的故障。更换发动机需要断开发动机控制单元插头，是不是插头接虚接？分解发动机控制单元，测量CAN C连接器X30/19的1脚和2脚到发动机控制单元内部的对应41脚和54脚的电阻，发现1脚到41脚有几十欧姆，晃动线束电阻变化，有的时候无穷大。拔下发动机线束插头（如图3-99所示），重新调整插脚，晃动线束，电阻正常并且不再变化。装复后试车，故障再也没出现。

故障排除： 处理发动机控制单元侧线束数据通信线插脚，故障排除。

故障总结： 此车故障原因为发动机数据通信线路接触不良，造成干扰，使通信数据不能正常传递。维修此类故障的方法为，首先使用诊断仪读取故障码，确认是网络故障，然后断开控制区域网络总线CAN连接器进行区分判断是哪个控制单元出现故障，最后找到故障点。

十三、奔驰GLC260无法启动

车型： 新款奔驰长轴距GLC260，配置274发动机和9速自动变速器。

行驶里程： 6120km。

故障现象： 客户反映发动机无法启动，要求救援。

故障诊断： 到达救援现场后，尝试启动车辆，发现能够顺利启动，但是启动后发动机故障灯亮，电子扇高速转。由于救援地点离店不远，于是把车开回店里维修。经询问客户得知，车辆在路边短时间停放后，就出现了无法启动的情况，之前使用一切正常，刚开始以为是蓄电池亏电造成的，谁知过了一会，又能启动了。

连接诊断仪进行快速测试，读取到很多故障码，如图3-100所示。

图3-100

图3-101

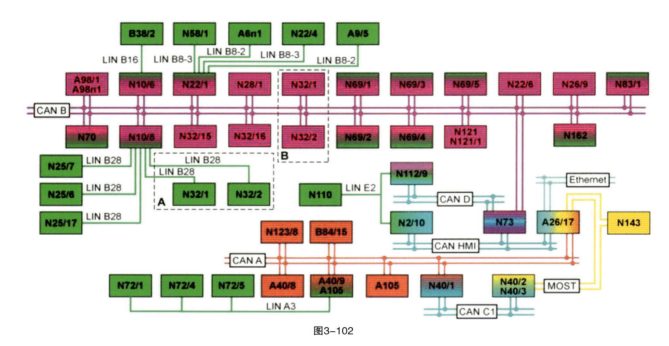

图3-102

此外，在燃油泵控制单元、前SAM控制单元、无钥匙启动（KG）控制单元、SRS控制单元、转向柱模块、ESP控制单元等都存在很多故障码。由于故障码太多，不能确定故障方向，于是准备清除故障码，然后再次读取故障码。谁知在清除故障码后，发动机就不能启动了。按下KG按钮后，仪表提示插入钥匙启动，如图3-101所示。插入钥匙可以开到2挡，但启动时启动机不转。

此时进行快速测试，发现只有19个控制单元，而原来有42个控制单元。像前SAM控制单元、后SAM控制单元、仪表、车顶控制单元、KG控制单元、SRS控制单元、驻车系统控制单元等这些重要的控制单元都检测不到了。查找网络框图，如图3-102所示，发现这些控制单元大多分布在CAN B上，于是就准备对CAN B上的部件进行重点检查。

查找WIS，发现CAN B共有两个CAN分配器，即X30/32和X30/33，于是首先拆开左侧地毯，找到X30/32，检查CAN分配器上的插头无松动，腐蚀痕

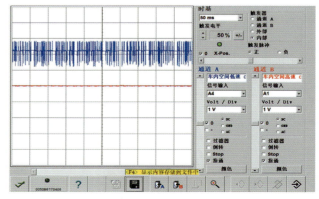

图3-103

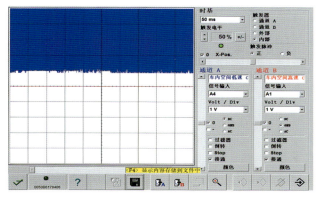

图3-104

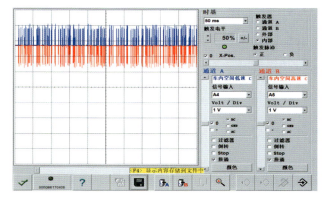

图3-105

迹。测量CAN分配器的阻值为60.2Ω，正常。连接示波器HMS990，测试CAN B波形，发现波形不正常，正常情况下，CAN L在2.4V左右，CAN H在2.6V左右，而用万用表实际测量该车在CAN L在1.9V，CAN H在2.2V左右，与测得的波形一致。如图3-103所示。

针对此类故障，多个控制单元同时损坏的可能性是非常小的，最简单、最有效的办法就是逐个拔掉CAN分配器上的插头，如果拔掉某个插头波形恢复正常，那么该插头就是故障点。在排除过程中，发现在未拔掉任何插头的情况下，CAN波形会突然上升到7~11V，如图3-104所示，过一会又自动恢复正常。经多次试车发现，在波形恢复到图3-103的波形时，发动机能够启动，变为图3-104波形时，发动机就不能启动了，这时很多控制单元检测不到。

根据维修经验判断，电压会上升到11V，说明是有地方对正极短路造成的，当拔掉一个插头后，波形突然恢复了正常，如图3-105所示。经检查该插头为左前车门控制单元的CAN线插头，于是拆掉左前门饰板，检查左前门控制单元，未发现进水痕迹，相连线路无磨损。

检查相关线路时发现加装的360摄像头的线束通过左前门线束插头进到车内，当检查该线束插头后，发现了问题所在，插头内部已进水腐蚀了，如图3-106所示，造成CAN B偶尔对正极短路，尝试清洁插头，吹干后重新装复，再次试车一切正常。

图3-106

第四章 宝马车系

第一节 总线波形分析

一、K-CAN 总线信号波形

（一）K-CAN 总线正常信号波形

K-CAN 正常信号波形，如图 4-1 所示。

（二）K-CAN 总线故障信号波形分析

（1）K-CAN 休眠后的信号波形，如图 4-2 所示。

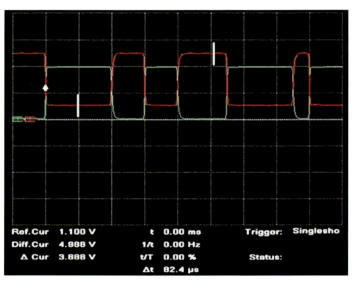

图4-1

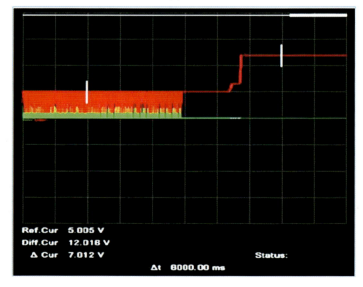

图4-2

（2）K-CAN-Low 对地短路信号波形，如图 4-3 所示。

（3）K-CAN-High 对地短路信号波形，如图 4-4 所示。

图4-3

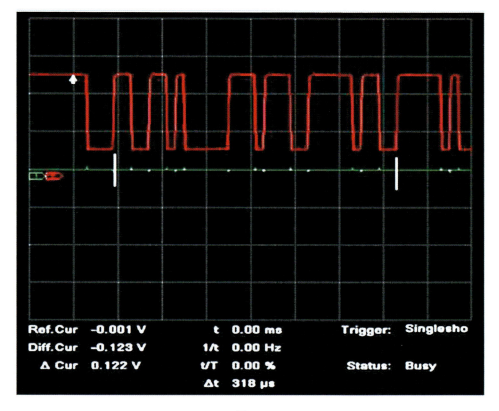

图4-4

（4）K-CAN-Low 对正极短路信号波形，如图 4-5 所示。

（5）K-CAN-High 对正极短路信号波形，如图 4-6 所示。

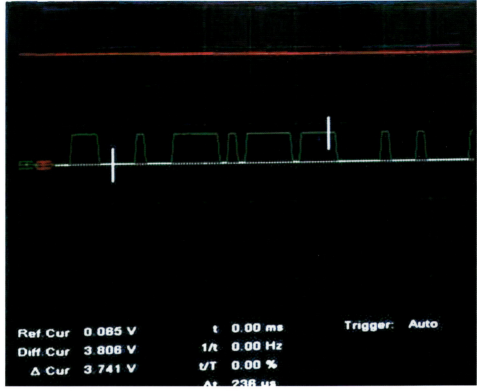

图4-5

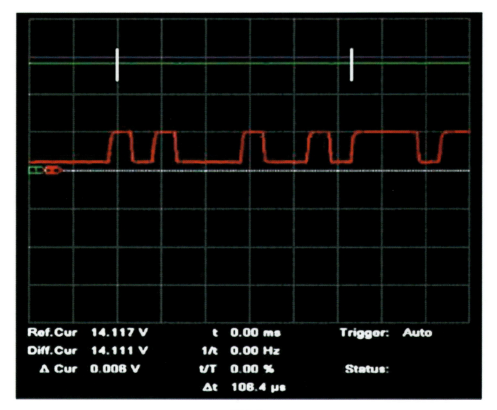

图4-6

（6）K-CAN-High、K-CAN-Low 相互短路信号波形，如图 4-7 所示。

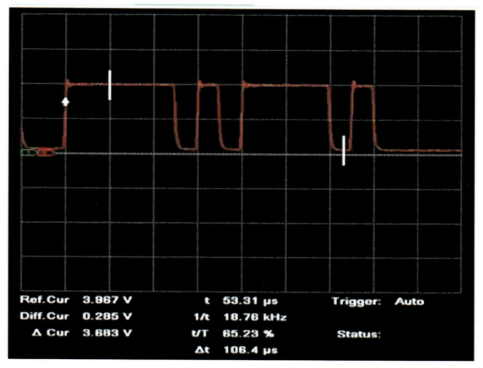

图4-7

二、PT-CAN 信号波形

（一）PT-CAN 正常信号波形

PT-CAN 正常信号波形，如图 4-8 所示。

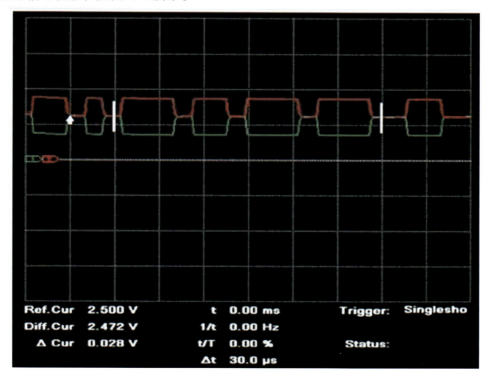

图4-8

（二）PT-CAN 故障信号波形分析

（1）PT-CAN 休眠后的信号波形，如图 4-9 所示。

（2）PT-CAN-Low 对地短路信号波形，如图 4-10 所示。

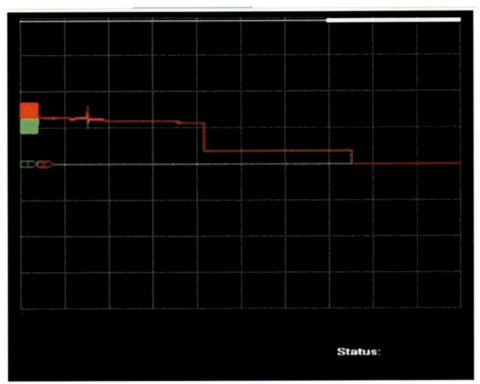

图4-9

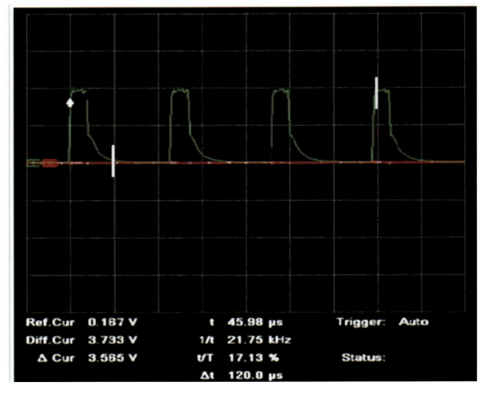

图4-10

（3）PT-CAN-High 对地短路信号波形，如图 4-11 所示。
（4）PT-CAN-Low 对正极短路信号波形，如图 4-12 所示。

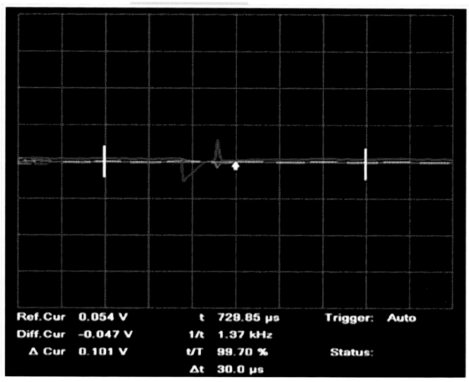

图4-11

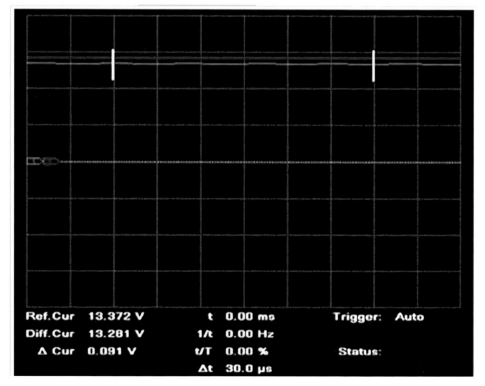

图4-12

（5）PT-CAN-High 对正极短路信号波形，如图 4-13 所示。

（6）PT-CAN-High、PT-CAN-Low 相互短路信号波形，如图 4-14 所示。

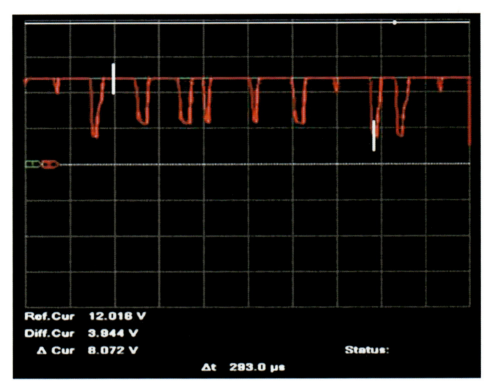

图4-13

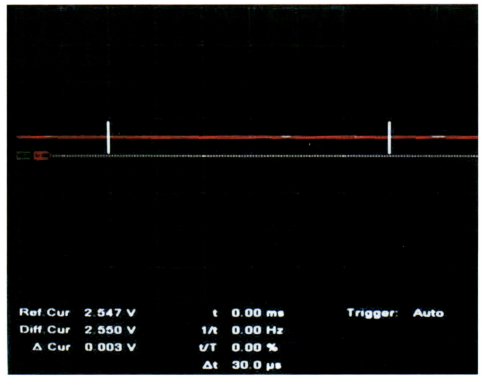

图4-14

（7）PT-CAN 总线断开 1 个终端电阻后信号波形，如图 4-15 所示。

（8）PT-CAN 总线断开 2 个终端电阻后信号波形，如图 4-16 所示。

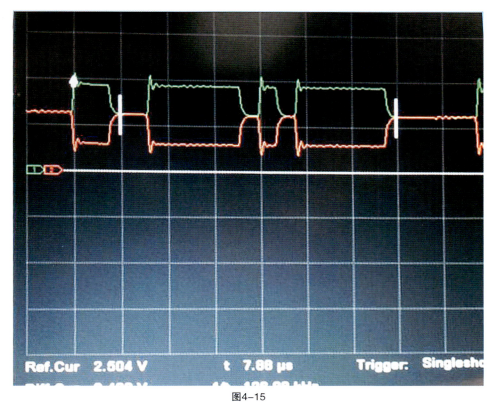

图4-15

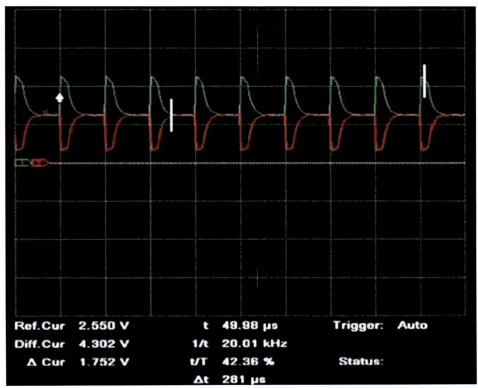

图4-16

（一）LIN 总线正常波形

LIN 总线正常波形，如图 4-17 所示。

（二）LIN 总线故障波形分析

LIN 总线短路信号波形，如图 4-18 所示。

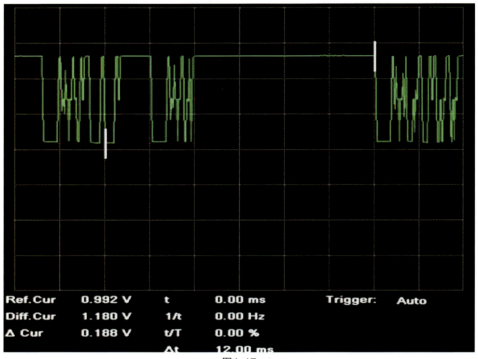

图4-17

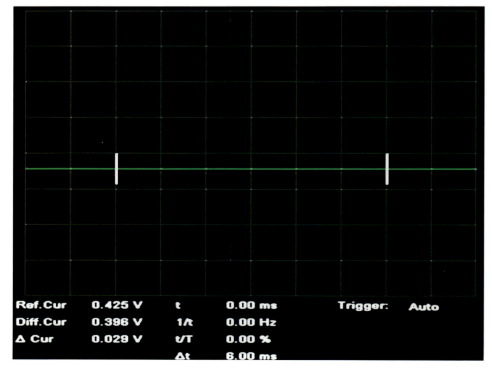

图4-18

第二节　总线波形经典案例

一、2014 年宝马 525Li 显示器黑屏无法启动着车

车型: 2014年宝马525Li,车型为F18。

行驶里程: 80000km。

故障现象: 客户反映车辆的中央信息显示屏,频繁重启。有时打不着车,仪表中多个发动机故障灯点亮报警,车辆无法挂挡前进,偶尔勉强启动着车也无法挂挡,故障已经连续出现过多次。

故障诊断: 车辆由于此故障3次拖车进店检查维修,其中一次拖车到店后故障现象自动消失,也有试过断电后故障消失。车辆最后一次被拖回维修店进行检查维修,首先连接ISID进行诊断测试,诊断树桩图显示PT-CAN总线上的多个控制单元未黄色,即无通信,如图4-19所示。

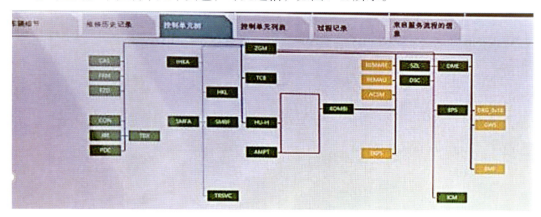

图4-19

读取车辆故障存储器中记录有大量信息缺失的故障码和多个PT-CAN通信故障。诊断出的故障码如下:

CD840A-DME,PT-CAN:通信故障;

1F2104-DME,错误的数据语句:CAN 超时;

C9440A-ACSM,PT-CAN:通信故障;

E1040A-KOMBI,PT-CAN:通信故障(总线关闭);

DC440A-REMALL,PT-CAN:通信故障;

D38440A-EMF:PT-CAN 通信故障;

CF0403-EGS:PT-CAN 通信故障;

CD040A-ZGM,PT-CAN:通信故障。

检查时发现只要打开点火开关,低压燃油泵就一直工作,导致 EKPS 模块控制单元表面温度很高。在 EKPS 模块总线节点处测量总线电压与波形,发现有异常。在点火开关开启的状态下,测量 PT-CAN 总线信号波形如图 4-20 所示,信号波形明显受到干扰。关闭点火开关时,反而有正常的 PT-CAN 信号波形,如图 4-21 所示。

当 K-CAN 或 PT-CAN 数据总线失效时,在 CAN-Low 或 CAN-High 导线上可能存在短路或断路。或者某个控制单元已损坏。

为了查找故障原因,建议进行下列工作步骤:

将总线用户从 CAN 总线上依次拔下,直至找到故障原因 (= 控制单元 X)。

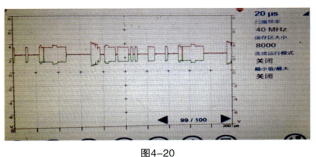

图4-20

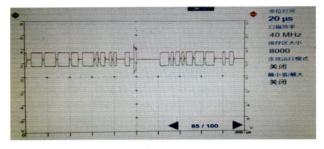

图4-21

检查通往控制单元 X 的导线是否短路或断路。

如有可能，检测控制单元 X。

如果某个控制单元至 CAN 总线的分支线短路，仅执行该工作步骤就成功了。如果 CAN 总线中的一条导线自身短路，则必须检查电线束。

在点火开关打开状态下，依下面顺序拔掉保险丝测试：REMARE（2 个）、REMALI（2 个）、ACSM（无保险，不断开插头）、EKPS（1 个）、EGS（1 个）、GWS（1 个）、EMF（3 个）、KOMBI（2 个）。当拔掉 KOMBI 保险丝 F26 后，PT-CAN 波形正常，拔掉 KOMBI 另一个保险丝 F10，信号波形一样受干扰，电路图如图 4-22 所示。

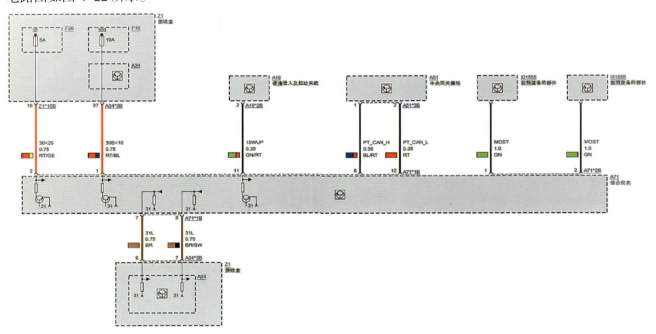

图4-22

保持仪表保险丝 F26 为断开状态，逐个插回其他保险丝，波形还是正常。当插回仪表保险丝 F26 后，仪表亮起，波形还是正常，车辆可以正常启动，且无故障报警。进行车辆测试，所有模块通信正常，故障码可以删除，删除后多次测试，无法重现故障现象，再次进行车辆测试，无故障码记录。说明车辆的仪表 KOMBI 控制单元存在故障。

故障排除：更换KOMBI，对控制单元进行编程，测试所有功能正常，故障排除。

- -

二、2011 年宝马 535Li 便捷登车功能失效

- -

车型：2011年宝马535Li，车型为F18。

- -

行驶里程：90000km。

故障现象：客户反映车辆遥控器失效，技师试车，遥控钥匙上的遥控功能无法使用，无钥匙启动也不正常，启动时须将钥匙靠近应急线圈，门把手舒适登车功能无法便捷开锁或者闭锁。

故障诊断：接车后验证客户反映的故障现象，检查确认车辆的一把遥控器已经失效，无法通过遥控上的按钮进行开锁或者闭锁车辆。使用门把手便捷功能，4个车门的门把手开锁或者闭锁的功能全部失效。正常启动车辆，按压启动按钮，发动机没有反应，仪表显示无法找到钥匙识别器，进行应急启动，把遥控器靠在转向柱右侧，发动机可以正常启动着车。

为了排除是否为遥控钥匙的故障，测试车辆的第二个遥控器，使用第二把钥匙故障现象依旧，测量两把钥匙的蓄电池电压均达到3.0V左右。进行诊断仪诊断无相关故障。添加检测计划"遥控器和接收器"，测试遥控器按键、场强、电量，均出现有时可识别，有时不可识别。

根据车辆装备情况，在CAS控制单元中集成了便捷上车功能的控制单元功能，每个车门的车门外把手中都有一个车门外把手电子装置。车门外把手电子装置中的传感器可以探测车门把手的状态变化，并将其发送至CAS控制单元。通过CAS控制单元的一个天线信号要求识别传感器进行自我识别。此天线信号由CAS控制单元通过车外天线输出。为了与识别传感器通信，需要不同的天线：便捷上车功能的车内天线和车外天线以及遥控操作的天线。所有天线都与CAS控制单元连接，下一步的数据处理以及相应的功能执行在CAS控制单元中进行。CAS控制单元是连接启动/停止按钮和连接环形天线的接口。转向柱上的环形天线传递钥匙数据。此环形天线用于信号收发器芯片（在识别传感器中）和CAS控制单元之间的通信。在不利的情况下（例如识别传感器损坏、识别传感器的无线电传递受干扰），可能无法通过车厢内部的车内天线找到识别传感器。通过环形天线进行的通信使CAS控制单元能够识别有效的识别传感器并授予允许启动。

根据故障现象和原理可能产生的原因：

CAS本身损坏（车辆能启动，暂时先排除）；

FBD损坏（待验证）；

遥控钥匙损坏（待验证）；

CA天线、门把手（待验证）；

线路接触不良。

从最简单的原因，遥控钥匙入手，遥控钥匙电量正常，且两把同时出现故障的概率极低，初步分析认为遥控钥匙无故障。接下来检查FBD，因为FBD拆装简单，故直接和相同频率的正常车辆对换FBD，对换后故障车故障依旧，正常车依旧正常，判断FBD正常。车辆的遥控控制信号和便捷登车信号如图4-23所示。

根据信号流分析，不管是舒适登车还是遥控钥匙解锁，CAS都需要接收到FBD的信号才会执行解锁或被动启动，分析的重点集中在CAS上。为了准确判断CAS的故障，考虑检查FBD给CAS的信号是否正常，最终测量FBD至CAS的信号CAS_

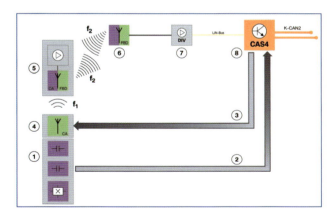

1– 车门外侧拉手电子装置TAGE 2– 发送至CAS的TAGE请求 LIN–Bus局域互联网总线 3– 通过舒适登车系统天线发送请求 4–识别发射器 5– 后窗玻璃天线 K–CAN2车身CAN2 6– 多相择优模块内的遥控信号接收器 7– 便捷登车及启动系统 8 –CAS 4 f_1–低频信号（kHz） f_2–高频信号（MHz） CA/FBD–舒适登车系统/远程操作服务

图4-23

LIN 信号，电路图如图 4-24 所示。

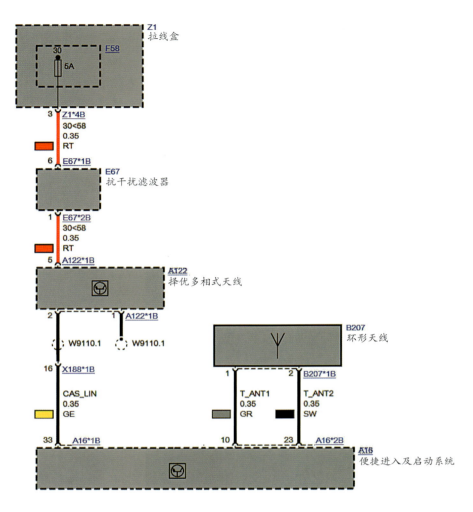

图4-24

　　在未操作任何遥控及其他信号时，测得波形如图 4-25 所示。正常情况，在不操作遥控器或触发门把手时，CAS_LIN 不应该出现波形信号，而应该是车载的电压信号，如图 4-26 所示。

　　根据测量的波形得知，是由于 FBD 给 CAS 的信号不正常，造成 CAS 无法执行相关指令，触发 FBD

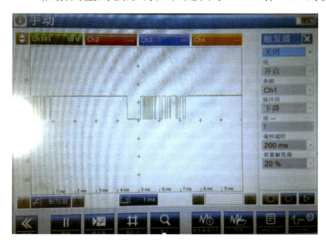

图4-25

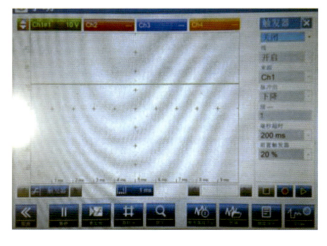

图4-26

发出信号的除了遥控器之外，还有 4 个门把手和后盖开关。接下来依次断开 4 个门把手进行排除检查，当右后门把手拔下后，示波器中的波形恢复正常，各功能恢复正常，一插上该门把手故障立即出现，故障点右后门把手上。

故障排除：更新右后门把手故障消失。

三、2011 年宝马 740Li 自动变速器跳挡故障

车型：2011年宝马740Li，车型为F02。

行驶里程：90000km。

故障现象：客户反映车辆行驶中偶尔挡位自动跳到空挡。

故障诊断：接车后验证客户反映的故障现象，短暂路试，车辆行驶中并没有出现挡位跳挡的故障现象。连接ISID进行诊断检测，读取车辆故障存储器中存储有多个K-CAN总线相关的故障码。其中自动变速器稍有相关联的故障码如下：B7F68C-KOMBI，换挡显示器、换挡点指示器、CAN信息缺失。查询故障码的详细说明，如表4-1所示。

表4-1

B7F68C-KOMBI，换挡显示器、换挡点指示器，CAN信息缺失	
故障描述	组合仪表的显示卡识别到变速器控制单元或发动机控制单元的信息有错误
故障识别条件	电压：6V 或更高，总线端 Kl. 30接通
故障码存储记录条件	在1s后生成故障记录
保养措施	执行总线系统分析的测试模块
用于故障后果的提示	显示器中不显示选挡杆位置或换挡点指示器
驾驶员信息	无
服务提示	此故障也可能在低电压时记录：注意环境条件

这个故障说明里提示会影响变速器挡位显示，而选挡杆和仪表正连接在 K-CAN 总线上。当前没有更多信息指向变速器，先解决 K-CAN 总线相关联的故障。

总线故障可能原因：

线路故障；

模块故障；

线路干扰。

根据经验分析，K-CAN 线路被干扰的可能性很小，多数是由于线路或模块进水导致接触电阻引起。而 K-CAN 特性可以单线运行，某根线出问题是不会有故障现象的，这也是很难和客户反映现象连接起来的原因。总线故障排除最忌讳漫无目的地拆卸，可能因此改变故障状态。因此首先分析测量总线电压信号，找到可疑点。

故障诊断时，有 EHC 相关联的 K-CAN 总线故障，于是调出 EHC 的控制单元的供电电路图如图 4-27 所示。从 EHC 处测量 K-CAN 的信号波形，如图 4-28 所示。可以看到 CAN 高和 CAN 低波形

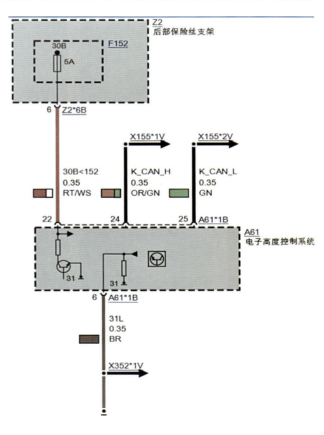

图4-27

完全一样，K–CAN 低变成了 K–CAN 高的波形。这
说明 K–CAN 高、低线路有互短，所以 K–CAN 低
变成了 K–CAN 高的波形。

K–CAN 总线故障时的几种现象：

K–CAN 是可以单线运行的；

K–CAN 低或 K–CAN 高其中一条线路对正极或
负极短路均不会影响另外一条线的波形；

K–CAN 低或 K–CAN 高其中一条线路断路均不
会影响另外一条线路的波形；

K–CAN 低 和 K–CAN 高互短，K–CAN 低才会
变成 K–CAN 高的波形。

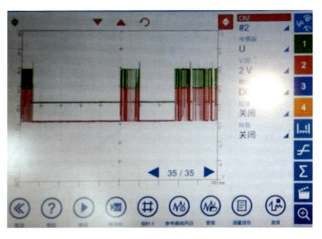

图4-28

线路互短有 3 种可能：子模块内部短路、线路短路、网关模块短路。调出 K–CAN 的总线的连接电路图，
发现 K–CAN 从网关处有两个总分支，如图 4–29 所示。

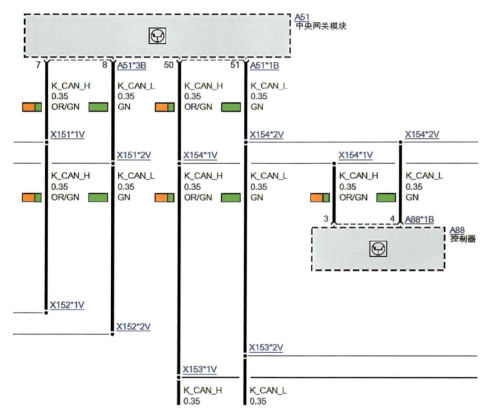

图4-29

断开中央网关模块 A51*3B 连接插头，单独测量中央网关 K–CAN 的输出波形，测量结果的信号波形
和图 4–28 所示一致。再断开中央网关模块 A51*1B 的连接插头，继续测量网关输出的信号波形，如图 4–30
所示。

可以看到此时 CAN 高是从 0V 到 4V 上升，CAN 低是从 5V 到 1V 下降的，整体波形信号和平时观察
到的 K–CAN 波形信号又不一致。因为所有从网关出去的 K–CAN 都已断开，不再有数据传输，波形会呈
现得很有规律。此时波形是正常的。

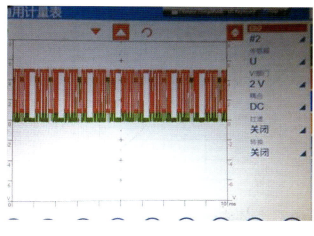
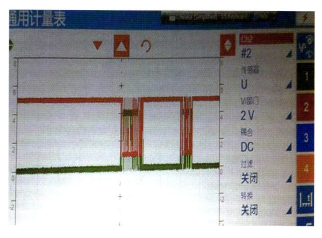

图4-30 图4-31

排除网关，故障点剩下 K-CAN 总线上的模块和线路了。由电路图分析，现在只要分别断开这 4 条线，然后看波形是否正常就能找到故障出在哪条线上。还原之前拆卸所有的连接插头，分别单独断开中央网关输出的 4 条 K-CAN 线路，并连接适配器，实时测量 K-CAN 信号波形。当断开中央网关模块 A51*1B 端子的 Pin51 时，测量 K-CAN 波形信号立即恢复了正常，如图 4-31 所示。说明故障点就在中央网关模块 A51*1B 端子的 Pin51 连接的 K-CAN-L 导线上。接下来需要逐一排查中央网关模块 A51*1B 端子连接的模块和线路。检查过程中发现车辆加装行车记录仪，是把原厂后视镜拆除后改装的。车辆配置显示此车安装有自动防眩目后视镜，ISTA 诊断时控制单元树里 FLA 模块也通信正常，原车的后视镜给拆了还有正常通信，推断这里存在疑点。

拆卸车顶功能中心 FZD 后检查线路发现的，K-CAN 双绞线被压在车顶与顶棚架之间，已经互相短路，导致 K-CAN 波形重合，同时在上侧的绿色 CAN 低线偶尔与车顶接触，造成已互短的两条线同时对地短路，K-CAN 失效，并对 K-CAN 总线上的控制单元造成了严重干扰。所以车辆故障存储器中条存储有多个 K-CAN 相关的故障，并引起车辆跳挡的故障现象。

四、2007 年宝马 750Li PT-CAN 总线故障

车型：2007年宝马750Li，车型为E66。

行驶里程：23000km。

故障现象：客户反映车辆无法启动，尝试启动车辆发现，按下点火开关后电机正常运转，车辆无法启动着车。仪表中多个故障灯点亮。

故障诊断：接车后发现车辆故障现象当前存在，连接ISID进行诊断检测，诊断树桩图显示整个PT-CAN总线为黄色，PT-CAN总线中控制单元都无法通信。诊断结束，故障存储器显示如下控制单元无法通信：DME、DSC、EGS、EMF、EDC、ARS、ZGM。分析来看，造成整个PT-CAN模块都无法通信的原因有：

PT-CAN H 对地或对电源短路、断路，对其他线路短路；

PT-CAN L 对地或对电源短路、断路，对其他线路短路；

PT-CAN H 和 PT-CAN L 之间互短；

终端电阻损坏；

PT-CAN 上的某个模块有问题。

拔下 DSC 的插头连接适配器测量其 PT-CAN H 和 PT-CAN L 的波形发现其高和低的波形均不正常，如图 4-32 所示。

用万用表测量高和低的电压为 1.84V 和 1.86V。通过波形测量和电压测量可以排除 PT-CAN-H 和 PT-CAN L 对电源和对地短路、相互之间短路与断路。测量其终端电阻为 60Ω，断开一侧为 120Ω，正常范围之内。

PT-CAN 总线的波形每个模块都会发出，在 DME 上的插头 X60004 上挑出 36 号和 37 号针脚，如图 4-33 所示。

在 DME 上测量输出的波形发现没有任何波形输出，电压均为 0V。在正常车辆上做同样的操作

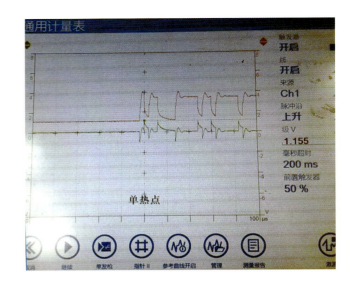

图4-32

波形与电压均正常。分析有模块问题，从而干扰了 PT-CAN 的波形，于是直接测量 DME 插头 X60004 上挑出的 36 号、37 号针脚的波形与图 4-32 一样。于是逐个挑出 PT-CAN 上的模块上的 PT-CAN H 和 PT-CAN L 的针脚，测量模块输出的波形与电压发现，除了 ZGM 其他均没有电压与波形输出。ZGM 模块 PT-CAN H 电压为 2.87V，PT-CAN L 为 1.95V，但是输出的波形无法判断是否正常。

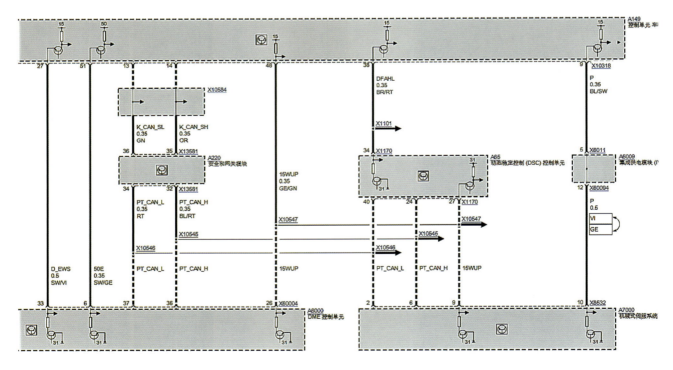

图4-33

分析来看，所有的模块都没有波形输出，不可能所有的模块全部损坏，但是的确 PT-CAN 总线上其他控制单元都无法通信，没有参与工作。测量 DME 的供电时发现其唤醒线没有电压，再次查看线路图时发现 PT-CAN 上所有的模块公用一条唤醒线，如图 4-34 所示。

在 CAS 插头 X10318 上连接适配器测量 48 号针脚电压 0V，挑出 48 号针脚后测量 CAS 输出电压为

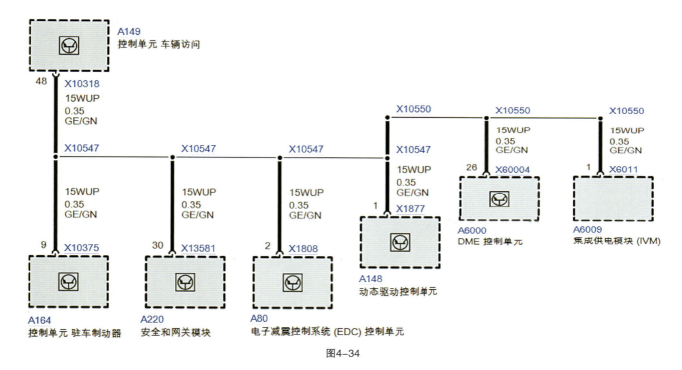

图4-34

10.59V。唤醒线对地短路，在 X10547 结点处断开 5 条线的连接，分别测量对地电阻发现有一根线对地电阻为 5.6Ω。将其他 4 根线重新接好后进行 ISTA 诊断发现只有 EMF 无通信，拔下 EMF 插头，测量唤醒线对地为无穷大，所以判断为 EMF 模块损坏。

故障排除： 更新EMF模块后试车正常。

五、2016 年宝马 740Li 百叶窗工作不正常

车型： 2016年宝马740Li，车型为G12，配置B58发动机。

行驶里程： 8000km。

故障现象： 客户反映车辆的百叶窗一直关闭不上。车辆启动着车，行驶加速正常，仪表和中央信息显示屏没有故障报警或者信息提示。

故障诊断： 接车后发现车辆中网内部的上下百叶窗一直呈开启状态。连接ISID进行诊断检测，读取和故障现象相关的故障码如下：

CD9203 –LIN，信息；水箱百叶窗：缺少。

在前部车身中安装有一个通过上部和下部伺服电机的主动空气风门控制装置（水箱百叶窗驱动装置）。主动式空气风门控制装置仅在需要时打开水箱百叶窗，从而调节用于冷却的供气。最新一代有以下不同之处：

盘片安装在水冷却器格栅中；

通过自身的执行器控制下部水箱百叶窗驱动装置；

也可关闭制动器通风道。

发动机控制不断计算必要的制冷功率，只有确实需要提高冷却空气量时，发动机控制才打开水箱百叶窗。通过水箱的气流随着行驶速度的增大产生较高的空气阻力。在较高的速度范围内通过关闭水箱百叶窗可改善空气动力性能。从而减少行驶模式下的能量消耗。第 3 代空气风门控制装置分析多种温度界

限，以便进行精确控制。此外包括冷却液、空调冷凝器、废气触媒转换器和增压空气的温度值。其他重要的调节参数还有行驶速度和制动盘的温度。需要冷却空气时首先打开下部风门。另外，15°~30°的角度位置已足够。需要最大冷却空气量时也要打开上部风门。水箱百叶窗驱动装置是一个直流电机，发动机控制系统通过 LIN 总线（局域互联网总线）与上部水箱百叶窗驱动装置连接。从那里通过 LIN 总线传送至下部水箱百叶窗驱动装置。散热器百叶窗驱动装置由发动机控制系统控制。通过前部配电器利用总线端 30B 为水箱百叶窗驱动装置供电。查看故障码说明如表4-2所示。

表4-2

CD9203 –LIN，信息；水箱百叶窗：缺少	
故障描述	诊断监控 LIN/BSD 总线通信。如果未在 90s内接收到 LIN/BSD 信息，则识别到故障。
故障识别条件	控制单元电压介于 9~16V之间
故障码存储记录条件	立刻记录故障
保养措施	如果额外记录有 LIN/BSD 总线通信故障，则首先排除该故障； 如果存储有来自与总线相连的不同控制单元的多个 LIN/BSD 总线信息错误，则检查相应的电线束 / 与总线相连的控制单元； 检查与总线相连的控制单元的供电； 检查发动机控制单元和与总线相连的控制单元之间的电线束； 更新与总线相连的控制单元
用于故障后果的提示	发动机可能能根据故障原因在紧急运行模式下运行。例如可以最大限度控制电动风扇

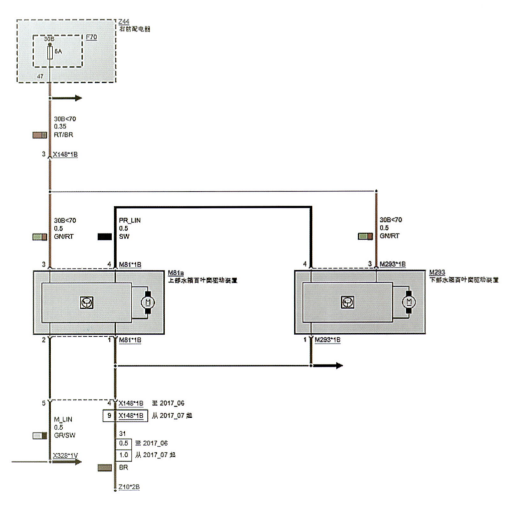

图4-35

选择故障内容执行检测计划，根据检测计划提示驱动测试时，上、下部分水箱百叶窗都没反应。调出百叶窗的控制电路，如图4-35所示，测量上水箱百叶窗端子M81*1B的Pin 3 供电有12V，在正常范围之内。测量上水箱百叶窗端子M81*1B的Pin 1针脚至车身接地，测量结果为0.36Ω，在正常范围之内。测量上水箱百叶窗端子M81*1B的Pin 2，LIN总线波形信号，波形信号显示正常。测量上水箱百叶窗端子M81*1B的Pin4，LIN总线波形信号，波形信号显示为一条直线，为12V，不正常，测量结果如图4-36所示，这说明了LIN总线信号输入至上水箱百叶窗信号正常，而从上水箱百叶窗输出信号则不正常。为了验证上水箱百叶窗的故障，脱开上水箱百叶窗驱动装置的插头，在M81*1B端子的Pin 2和Pin4用导线短接一起，不装回上水箱百叶窗驱动装置的插头，用ISID进行驱动测试时，下水箱百叶窗随即动作了。由此确定故障点为上水箱百叶窗驱动装置故障。

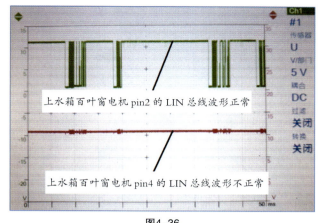

上水箱百叶窗电机pin2的LIN总线波形正常

上水箱百叶窗电机pin4的LIN总线波形不正常

图4-36

故障排除： 更换水箱百叶窗驱动装置，故障排除。

六、2011年宝马X3遥控器偶尔无法锁车

车型： 2011年宝马X3，车型为F25。

行驶里程： 80000km。

故障现象： 客户反映遥控器偶尔无法遥控锁车，有时无法便捷启动。

故障诊断： 接车后首先验证客户反映的故障现象，试车测试发现，车辆为偶发性故障，多次试车才能确认故障现象。当故障出现时，车辆无法使用遥控器锁车，在车内中控锁按钮能正常操作中控锁，无法便捷启动，遥控器贴在方向管柱紧急线圈处能启动车辆；按压遥控器，便捷功能不能与车窗、天窗、后视镜联动。

诊断仪诊断无相关故障存储。检查发现两把遥控器发315MHz，更换新的遥控器电池试车故障依旧。测试收音机功能正常，说明天线放大器收

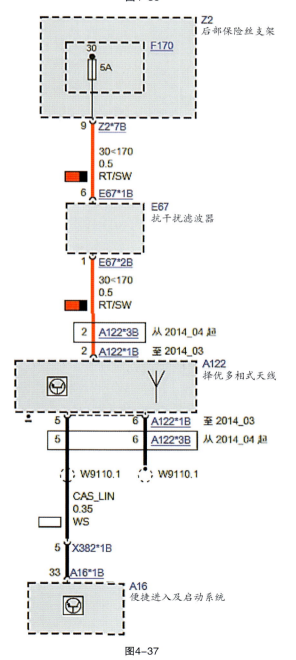

图4-37

音机信号部分正常，FBD的接地正常。故障点可能是FBD的供电或是CAS-LIN，或是FBD本身故障。检查时发现当故障出现时，遥控器与后窗天线位置距离远近无关，说明后窗天线的可能性不大。调出电路图，如图4-37所示。

根据电路图测量FBD的供电12V，接地正常，多次试车，车辆正常时，测量CAS-LIN波形正常，如图4-38所示。当故障出现时，CAS-LIN波形显示为一条直线，如图4-39所示。检查后风挡玻璃线路正常。问题指向FBD，推断FBD可能损坏，倒换同型号FBD测试，故障依旧。

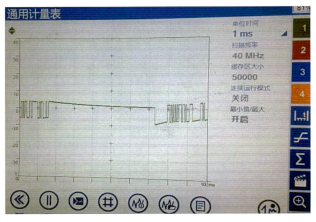 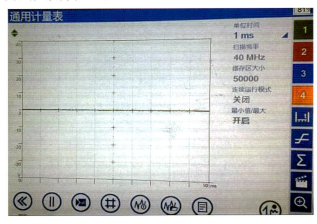

图4-38 图4-39

再次对FBD进行基础的检查，测量发现FBD的A122*1B端子Pin2针脚，测量供电电压很低，为虚电，用试灯测无法点亮。给FBD的A122*1B端子Pin2针脚直接供电，测试发现，遥控器开锁、闭锁功能恢复正常。

检查供电线路，供电FBD的供电F170正常，电源经过E67抗干扰滤波器后电压就不正常了。说明可能是抗干扰滤波器损坏，分解抗干扰滤波器，测量发现将其内部短接，测试车辆的故障立即排除。

故障排除：更换抗干扰滤波器，故障排除。

七、2010年宝马523Li燃油泵控制故障

车型：2010年宝马523Li，车型为F18。

行驶里程：100000km。

故障现象：客户反映车辆行驶中中央信息显示批示"供油系统故障"，仪表中没有故障灯点亮报警提示。车辆行驶加速没有明显地影响。

故障诊断：接车后首先验证客户反映的故障现象，车辆的中央信息显示屏文字报警信息提示当前存在，仪表中无故障报警灯点亮了报警。连接ISID进行诊断检测，读取和发动机供油系统相关的故障内容，只有两个信息类的故障码，如下：

CED400- 信息（输送量，0x137）缺失，EKP接收器，DME/DDE发射器；

CDA524- 信息（电动燃油泵状态，0x335）缺失，接收器DME/DDE，发射器。

查看调阅故障的内容说明如表4-3所示。

选择故障内容，执行检测计划，系统提示EKPS故障可能性较高，由于没有报DME的故障，所以DME暂时排除。

调用控制单元功能，读取EKPS模块的数据：

总线端KI.30——14.2V；

表4-3

CED400-信息（输送量，0x137）缺失，EKP接收器，DME/DDE发射器	
故障描述	如果未接收到某个要由发送控制单元发送的信息，接收器控制单元便会记录故障。此类故障主要在参与的控制单元之间的总线连接（物理连接）有故障时出现
	供电电压介于9~16V之间 总线端 KI. 15 接通 PWF 状态：驾驶 PWF 状态：居住 提示：总线端状态或 PWF 状态的名称分别根据车辆的车载网络适用
故障码存储记录条件	故障将在控制单元启动最多10ms后被记录
保养措施	执行测试模块"信息缺失系统分析"。 在这个测试模块中分析所有控制单元中的所有故障记录"信息缺失"。 这样就能把故障限定在某个区域（最可能的故障原因）。 这些故障通常只偶尔出现。如要确定具体的故障原因，必须根据分析结果进行附加测量（供电、短路、接触问题）。 如果不能准确地确定故障原因并且故障症状重复出现（反复维修），必要时必须更新相关导线、插头连接或相关控制单元。 注意：如果故障只是偶尔存在　　（无重复修理）　　并且不存在相应的客户投诉，则不允许更换相关控制单元，而且更换也没有意义。 提示： 这些故障典型地大量出现。如果只是针对某个缺失的信息存储了一个唯一的故障并且这个控制单元不存在任何功能故障，则可以忽略该故障

电动燃油泵电压——14.3V；

电动燃油泵电流——12.5A。

急加速，缓加速，电动燃油泵电流与电压并没有明显变化，基本保持不变。

在"电动燃油泵的电子调节"系统中，将根据需要控制电动燃油泵。DME 控制单元或 DDE 控制单元将计算出发动机在相应时刻所需的燃油量。所需的总量（燃油）被作为信息，经 CAN 总线发送至电子燃油泵控制单元（EKPS）。

电子燃油泵控制单元（EKPS）将调节电动燃油泵的功率，令电动燃油泵准确输送所需的燃油量。在常规系统中，电动燃油泵是可以提供的最大车载网络电压，恒定地以最高转速运行。在每一种运行状态下，均提供可能需要的最大燃油量。"电动燃油泵的电子调节"系统优化了燃油供应，并降低了燃油消耗。汽油发动机和柴油发动机分别有各自的"电动燃油泵的电子调节"系统。

利用电子燃油泵控制单元（EKPS），可以运行不同的电动燃油泵。为此，有以下两种控制单元型号：直流电型号（DC）及交流电型号（AC）。

在直流电型号中，电动燃油泵是通过带有永久磁铁的直流电机进行驱动的。在交流电型号中，电动燃油泵是通过带有永久磁铁的无碳刷三相电动机进行驱动的。通过相应的设码，可以运行配备相应控制单元型号的不同电动燃油泵。这两种控制单元型号在外观上的区别在于其插头颜色：直流电型号的插头为波尔多红色，交流电型号的插头为白色。

电子燃油泵控制单元（EKPS）始终连接在总线端 KI.30g_z（BN2000）或总线端 KI.30B（BN2010）上，在未激活状态下只需要很小的休眠电流。

为确保燃油供应，发动机控制通过 CAN 总线将一条含有需求要求的信息发往 EKPS 电子燃油泵控制单元。根据不同的电动燃油泵调节方式，该信息或者将描述额定输送量（转速调节），或者描述脉冲宽度调制规定（压力调节）。在转速调节中，发动机控制通过 CAN 总线发送一条带有燃油量需求要求的信息（单位：L/h）。该数值将在 EKPS 内根据一条特性线换算为额定转速并进行调节至该值。压力调节是采用电压调节。通过至高压泵的供给管路内的实际压力与额定压力的比较，发动机控制将经过 CAN 总线发送一个请求信号至 EKPS。EKPS 将这个请求信号换算成标准电压。该标准电压将在考虑了实际加在总线端 KI.30 上的电压的情况下，转换为脉冲负载参数。

连接燃油压力表，对燃油压力进行测量。关闭点火开关，燃油管路中的燃油处于压力状态(约550kPa)，发动机静止20min后，压力为470kPa，正常。EKPS连接在PT-CAN2总线上，测量PT-CAN2的波形，如图4-40所示，波形信号显示正常。

电动燃油泵控制单元（EKPS）的通信失灵时，进行标准检测（全球测试模块）。存在某个控制单元内部故障时，预计将出现以下情况：电动燃油泵控制单元（EKPS）中出现故障记录。

与发动机控制单元的通信缺失或有错误时，电动燃油泵控制单元切换到紧急运行。电动燃油泵受控以全部功率运转。结合以上所有信息，分析认为EKPS内部故障的可能性最大，故对EKPS进行更换，并对车辆进行编程设码。更换后故障依旧存在。故障码也没有改变。故障码删不掉，尝试对控制单元复位，删除故障码也删不掉。

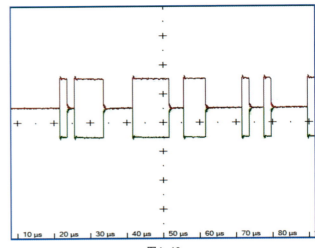

图4-40

剩下就只有DME控制单元内部故障了，找配置相同的车辆，将DME及CAS对调，安装后故障消失，读取此时的数据流。此时急加速，缓加速，电动燃油泵电流有明显变化，电流范围在7.1~10.5A之间。故障码也可以删掉。

故障排除： 更换DME，故障排除。

八、2005年宝马730Li仪表黑屏

车型： 2005年宝马730Li（E66），配置N52发动机。

行驶里程： 240000km。

故障现象： 客户反映车辆可以启动，但仪表黑屏。

故障诊断： 接车检查，车辆除了仪表黑屏以外，中央显示屏、音响、座椅调节、天窗都不能工作。用ISTA-D对车辆进行诊断，无法读取车辆数据。

此车仪表、中央显示屏、前后座椅调节、天窗都不能工作，诊断车辆无法读取车辆数据。可能存在的原因：车辆仪表故障、网关故障、总线通信故障。

检查仪表的供电及搭铁和网关的供电及搭铁均正常。由于无法读取车辆数据，参阅电路图得知网关插头X13581上的29号端子连接到OBD插头上的7号端子进行诊断的。用万用表测量OBD插头上的7号端子对地电压为13.5V正常。将车辆断电5min，然后接上蓄电池负极，启动车辆后故障依旧。由于中央显示屏也不工作，从电路图中可以看出显示屏的保险丝为5号7.5A，拔下此保险丝未发现熔断，但是拔下此保险丝时仪表突然工作，仪表中的转速表及各指示灯均能正常工作。将5号保险丝插上后，转速表立即回到零位，仪表各指示灯均不工作

图4-41

并且仪表很快黑屏。再次将5号保险丝拔下，仪表又能正常工作，用ISTA-D读取车辆数据，发现可以进入车辆诊断系统，读取的相关故障码如图4-41所示。

从诊断报告中可以看出大部分故障码都与K-CAN线路故障相关，将5号保险丝拔下，车辆能够进入诊断，并且仪表能够正常工作，说明仪表及网关没有问题，可以排除。怀疑是中央显示屏模块对K-CAN存在干扰，将显示屏后部插头断开，车辆故障依旧。

参阅电路图，发现5号保险丝不仅仅是给中央显示屏供电，还给中柱操作中心、后座区中柱操作中心供电，并且这3个模块处于K-CAN线路中，由此可以断定是K-CAN系统的故障引起仪表不工作。将5号保险丝插上，启动车辆测量K-CAN的两根线的电压分别2.79V和0.02，很显然不对。连接示波器测量K-CAN中两根线的波形，不正常的K-CAN总线波形，如图4-42所示。从示波器中可以看出波形明显异常，说明K-CAN系统中存在故障。

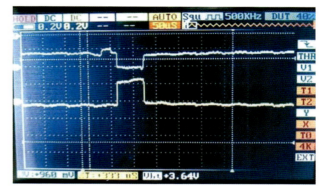

图4-42

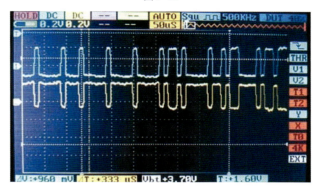

图4-43

故障排除：由于之前拔掉5号保险丝，仪表可以正常工作，故障可以锁定在中央显示屏、中柱操作中心、后座区中柱操作中心这3个模块之间，由于之前已经排除了中央显示屏的故障。断开中柱操作中心和后座区中柱操作中心的插头。启动车辆，仪表正常工作，音响系统也可以工作。用万用表测量K-CAN中两根线的电压为4.5V和0.5V正常，连接示波器测量K-CAN中的波形，正常K-CAN总线波形如图4-43所示。

将中柱操作中心的插头插上，前部座椅调节可以工作，由此可以排除中柱操作中心不存在故障。将后座区中柱操作中心控制模块的插头插上，转速表立即回到零位，将插头拔下后仪表正常工作。由此可以判定是后座区中柱操作中心的故障。更换新的后座区中柱操作中心，故障排除。

故障总结：由于后座区中柱操控中心损坏引起K-CAN线路故障，从而导致K-CAN瘫痪，仪表黑屏。

九、2014年宝马X4蓄电池漏电

车型：2014年宝马X4，车型为F26。

行驶里程：40000km。

故障现象：客户反映早上第一次启动用车时，仪表提示蓄电池电量不足。车辆可以正常启动着车。车辆有时在停放状态下没有任何触发防盗报警，喇叭自动响起，应急灯闪烁。

故障诊断：接车时目测观察，仪表中并没有蓄电池报警的故障提示。连接ISID进行诊断检测，无相关故障码，添加电源诊断的检测计划，执行检测计划，电源诊断有2次休眠电流超过80mA，故障频率只有1次。测量休眠电流，低于80mA。车辆留店观察，车辆停放时没有受到外界任何触发，车辆防盗报警系统自动启动，喇叭响起，应急灯闪烁。和客户反映的故障现象一致。车辆停放一晚后再次启动，故障现象再次出现。仪表提示蓄电池电量不足，根据客户反应故障，查看仪表和中央信息显示屏，但当前故障不存在，没有任何故障提示，可以顺利启动发动机。查阅钥匙数据的控制诊断报告，没有相关故障提示。测量休眠电流半小时后，一直在20mA左

| 415 | 接线盒电子装置（JBE），前部电子模块（FEM），主域控制器（BDC） | 蓄电池放电过高 | 车辆蓄电池
停车状态下蓄电池耗电提高。可能暂时关闭了用电器。必要时，重新设置日期和时间。重复出现时请 BMW 售后服务机构进行检查 |

图4-44

右，在正常范围内。通过ISTA的服务功能读取车辆的检查控制信息，读取的检查控制信息为415，具体含义如图4-44所示。

再次诊断测试，读取故障内容如下：

213601——动力管理：休眠电流故障；

801C10——由于不合理的唤醒请求复位总线端KL.30F；

801C11——由于不合理的关闭请求复位总线端KL.30F；

801C12——由于休眠受阻发送断电命令；

801C13——由于休眠受阻请求关闭总线端KL.30F；

8020E8——总线端KL.30F复位或关闭；

801A52——SINE：匹配设码数据时错误；

B7F301——TGB：未存储当前设码数据。

选择故障内容执行检测计划，执行电源诊断，提示FZD车顶功能中心休眠受阻，唤醒原因是防盗报警系统。

防盗报警系统（DWA）监控车门、后行李箱盖、车前盖上的触头以及倾斜报警传感器和车内监控的状态。防盗报警系统由带超声波车内传感器的超声波车内防盗监控传感器（USIS）和带倾斜报警传感器的报警器组成。倾斜报警传感器（集成在报警器中）监控车辆倾斜情况。倾斜报警传感器识别车辆的抬起或牵引。带倾斜报警传感器的报警器通过 LIN 总线与 FZD 控制单元连接。防盗报警系统（DWA）的软件已集成到 FZD 控制单元中。FZD 控制单元因此控制防盗报警系统。DWA 报警以听觉和视觉方式进行。在 DWA 报警被触发时，FZD 控制单元通过 LIN 总线激活报警器的扬声器。同时，FZD 控制单元作为信息发送一个报警信号到 K-CAN2 上。脚部空间模块（K-CAN2 上的总线用户）激活通过照明设备的光报警。报警可能已根据国家设码，例如光报警触发（通过闪烁报警；通过近光灯；通过远光灯等）和报警持续时间（间歇：1 次；3 次等）。FZD 控制单元通过 K-CAN2 接收下列状态信号：

来自脚部空间模块（FRM）或前部车身电子模块（FEM）或车身域控制器（BDC）的车门状态；

来自脚部空间模块（FRM）或前部车身电子模块（FEM）或车身域控制器（BDC）的车门状态；

来自接线盒电子装置（JBE）或车尾电子模块（REM）或车身域控制器（BDC）的后行李箱盖状态。

DWA 发光二极管直接由 FZD 控制单元控制。在 LIN 总线上监控导线连接。FZD 控制单元通过 LIN 总线向带倾斜报警传感器的报警器周期性地发送监控导线连接的要求。如果在规定的时间内应答消失，FZD 控制单元就触发一个 DWA 报警。报警触发期间，导线监控也激活调出车辆的防盗控制系统电路图，如图4-45所示。

断开防盗报警喇叭的3芯插头，测量H1*1B端子Pin1和Pin3的电压，测量结果为12.4V，在正常范围之内。测量H1*1B端子Pin1和Pin2的LIN线波形，测量结果为12V左右的常电压，没有发现信号波形，分析线路故障，LIN线对正极短路，如图4-46所示。

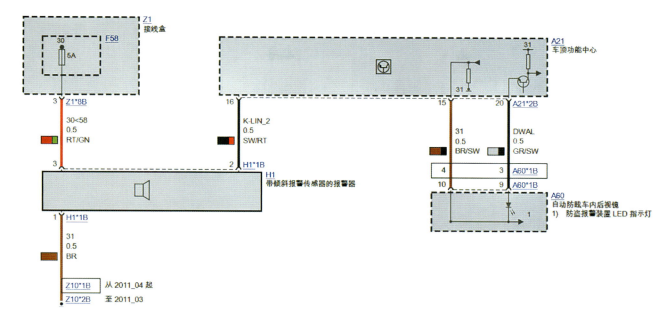

图4-45

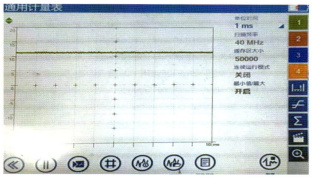

图4-46

图4-47

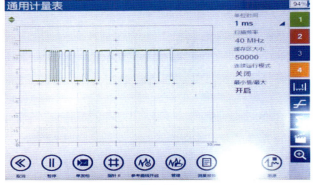

图4-48

接下来检查线路，在左前叶子板内发现3根线路被咬破皮，3根线之间存在短路现象，如图4-47所示。

重新修复线路后，再次测量LIN线波形，无论打开或关闭点火开关，都是显示12V左右的常电压，始终没有发现波形，拆下FZD车顶功能中心检测也没有发现异常，多次研究和其他正常车型对比，发现防盗报警喇叭LIN线波形只有在上锁监控后才出现通信，有别于其他LIN线。于是，上锁后再次测量的本车修复LIN线，如图4-48所示，明显可见矩形波了，峰值在12V左右，也就是说线路已经正常。

测量休眠电流，半小时后，一直在20mA左右，休眠电流在正常范围内，停放2天，防盗喇叭也没有出现乱报警现象，所有故障码可以全部清除，仪表和中央信息显示屏，没有任何故障提示，故障排除。

十、宝马F35车辆仪表报警（DSC变速器温度报警）

车型：宝马F35。

故障现象：客户反映车辆仪表有DSC、变速器油温、发动机传动系统故障等报警。

故障诊断：连接诊断仪读取故障码，如图4-49所示。

都是动力系统的相关故障吗？且出现的千米数都是90619，初步判断这应该是一个连锁故障，应该是动力系统模块之间的数据不能够相互传递从而产生的故障记忆，如图4-50所示。

笔者一时间不能理解为什么会有这个故障码。中控锁状态？查询相关电路图，初步可以确认此故障码与上面故障码没有相关的联系性。什么原因导致模块之间的数据传输出现问题呢？网络系统处于瘫痪状态;其表现的形式有几种;对地短路、对正极短路、网线相互之间短路、高低CAN断路等。接下来判断此故障属于哪一种类型;宝马车动力系统采用的冗余的设计思路，即动力系统采用了两种总线通信模式，分别为PT CAN1 与PT CAN 2，它们的通信协议传输速率等都是相同的。唯一的差别在于其所链接的模块（控制单元）名称与数量不同。结合上面的故障码发现，只用DME（发动机控制单元）EGS变速器控制

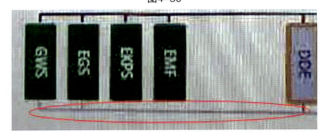

图4-49

图4-50

图4-51

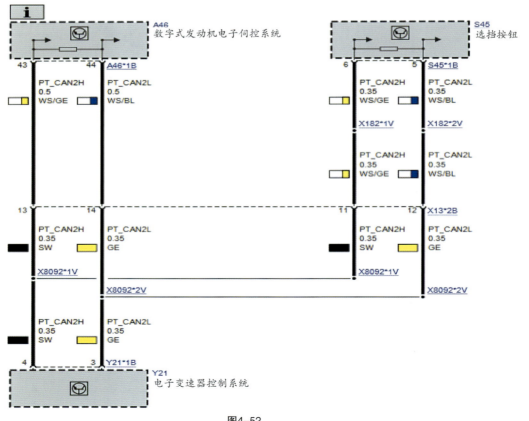

图4-52

172

单元，GWSA挂挡模块控制单元，PT CAN2仅仅涉及此控制单元，如图4-51所示。于是决定先从其着手检查。

利用示波器测量工作的波形。测量其工作电压PT CAN H为2.7V，PT CAN L为2.3V。最后决定测量其终端电阻发现为124Ω。很显然是有异常的。正常值为60Ω，这里需要指出，动力网络系统控制单元内有两个模块分别含有终端电阻，其终端电阻的阻值均为120Ω，并联以后可以测量到数值为60Ω，终端电阻的作用是为了消除在通信电缆中的信号反射。在通信过程中，有两种原因导致信号反射：阻抗不连续和阻抗不匹配。阻抗不连续，信号在传输线末端突然遇到电缆阻抗很小甚至没有，信号在这个地方就会引起反射。这种信号反射的原理，与光从一种媒质进入另一种媒质要引起反射是相似的。消除这种反射的方法，就必须在电缆的末端跨接一个与电缆的特性阻抗同样大小的终端电阻，使电缆的阻抗连续。由于信号在电缆上的传输是双向的，因此，在通信电缆的另一端可跨接一个同样大小的终端电阻。引起信号反射的另一个原因是数据收发器与传输电缆之间的阻抗不匹配。这种原因引起的反射，主要表现在通信线路处在空闲方式时，整个网络数据混乱。要减弱反射信号对通信线路的影响，通常采用噪声抑制和加偏置电阻的方法。在实际应用中，对于比较小的反射信号，为简单方便，经常采用加偏置电阻的方法。很显然有一个电阻处于断路的状态。参照电路图4-52所示，掰开插头X13*2B，测量针脚13号 与14号通往模块A46电阻为120Ω，测量针脚11号与12号通往模块S45电阻为120Ω。说明模块内部电阻均正常，很有可能在插头 X8092*1V 与X8092*2V 通往插头X13*2b 的线路有问题，仔细排查线路发现插头X13*2b 14号与12号针脚不通，至此可以发现问题。测量出PT CAN2问题波形，如图4-53所示。正确的PT CAN 2波形如图4-54所示。后来询问客户，此车为事故车，重新整理线路问题得以解决。

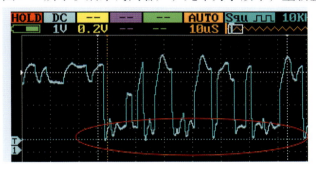

图4-53

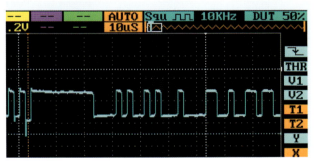

图4-54

十一、2009 年宝马 X5 K-CAN 总线故障

车型：2009年宝马X5，车型为E70。

行驶里程：50000km。

故障现象：车辆由于导航升级到店，由于车辆的I-LEVEL版本过低，无法安装新的地图版本，需要对整车进行编程，以提升整车的I-LEVEL版本。

故障诊断：接车后首先连接ISID进行诊断检测，车辆故障存储器中存储了大量故障码，如图4-55和图4-56所示。

故障码80多个，大多是信息缺失的故障码，很多没有分析的价值。删除故障码。ISID 快测，显示下列故障码：

S0337——无法与下列装置通信：驾驶员座椅模块；

S0338——无法与下列装置通信：前乘客侧座椅模块；

0093A9——ACSM：驾驶员安全带拉紧装置；

0093AA——ACSM：前乘客安全带拉紧装置；

0093AC——ACSM：左侧侧面安全气囊；

0093AD——ACSM：右侧侧面安全气囊；

0093BA——ACSM：驾驶员安全带锁扣触头；

00CA84——TRSVC,K-CAN：线路故障；

002DC4——CA：K-CAN 线路故障；

00D6C4——AMPH：K-CAN 线路故障；

00D704——EHC：K-CAN 线路故障。

而诊断测试时，查看 ISID 控制单元树，都是绿色的。依据剩下的故障码，估计有以下可能原因：

K-CAN 某个控制单元损坏；

K-CAN L 对地短路或者断路；

K-CAN H 对地短路或者断路；

K-CAN H 和 K-CAN H 互短。

实际测量 K-CAN 总线的波形，如图 4-57 所示。从波形可以看到，绿色的 K-CAN H 信号波形显示正常，红色的 K-CAN L 信号波形显示不正常。

K-CAN 有单线运行的能力，K-CAN H 或者 K-CAN 出现故障，K-CAN 总线还可以正常工作，系统会存储故障码。接下来通过节点法排除进行故障点的排查，首先断开了 K-CAN 总线中存储有故障码的相关部件节点，K-CAN 总线波形信号显示仍然不正常。遵循由简到繁，由易到难的检查原则。当断开后备箱中 X15005 和 X15006 节点（如图 4-58 所示）时，信号波形恢复了正常。

仔细检查发现 K-CAN L 节点腐蚀，已经断路。X15005 和 X15006 节点位置如图 4-59 所示。重新把节点连接处理后，再次测量 K-CAN 波形，信号波形正常，如图 4-60 所示。

故障排除： 最后删除故障存储，对车辆进行编程升级，故障排除。

故障代码存储器列表

故障代码	说明
00A0B0	CAS 输入端 制动信号灯 不可信
0093D0	ACSM：低电压
00A0B5	CAS 车速信号故障
00A118	CAS 车速信号不可信
00D2C4	CA：K-CAN 线路故障
00CAA0	信息（转向角，0xC4）有错误，接收器 TRSVC，发射器 DSC
00AAA2	VM：天线 2 未连接、高阻抗
00D2C7	CA：K-CAN 通信故障
00D02B	信息（CAS，0x380）错误，ICM 接收器，CAS 发射器
006EC8	DSC：对控制单元识码
00A0B2	CAS 总线端 Kl. 30E/30L 供电
00D35D	信息（主动转向控制，0x1FC）缺失，接收器 DSC，发射器主动转向控制
00C944	MRS／ACSM：K-CAN 线路故障
00AB69	TRSVC：供电，过压或低电压
00CA84	TRSVC，K-CAN：线路故障
009408	ACSM 自检时低电压
006F68	DSC F-CAN 信息（ICM，12E）缺失
00A0B1	CAS 选挡杆位置输入端不可信
00A2CD	CON 控制单元低电压
00D367	信息（主动转向控制，0x118）缺失，接收器 DSC，发射器主动转向控制
00AAEF	PDC：电压过低
00E1C4	RAD／CIC／CHAMP：K-CAN 线路故障
00D904	CAS：K-CAN 线路故障
0093FB	DSC 的信息（速度）缺失，ACSM／MRS5 接收器，DSC 发射器
00E2C4	CON：K-CAN 线路故障
00CA9C	信息（车速，0x1A0）有错误，接收器 TRSVC，发射器 DSC
006F67	DSC F-CAN 信息（ICM，136）缺失
00A2AD	HKL 低电压或过压
00D35C	信息（Kombi 0x1B4）缺失，DSC 接收器，KOMBI 发射器
00E2D4	信息（总线状态，0x130）错误，CON 接收器，CAS 发射器

图 4-55

00E0D6	信息（速度，0x1A0）错误，FLA 接收器，DSC 发射器
009D12	SINE 内部蓄电池
00A83A	GWS 低电压
00E0DB	信息（挡位状态，0x304）错误，FLA 接收器，EGS/HIM 发射器
00CAA6	信息（中控锁和风门状态，0x2FC）错误，接收器 TRSVC，发送器 CAS
00612F	主动转向控制：电压过低
00CE94	ICM-CAN：信息（一体式底盘管理系统发射器，13B）错误，AL 接收器，ICM 发射器
00601E	EMF：DSC 接口
002C39	DME：废气触媒转换器前混合气传感器：动态性
00A4F3	信息（定速控制，0x190）错误，HUD 接收器，DSC 发射器
00CAAC	信息（PDC 功能状态，0x377）错误，接收器 TRSVC，发射器 PDC
00CAA4	信息（档位状态，0x304）错误，接收器 TRSVC，发送器 EGS/HIM
00DE87	FZD：K-CAN 通信故障
00931A	KOMBI 右燃油液位传感器
00E096	信息（总线端状态，0x130）错误，GWS 接收器，CAS 发射器
00E444	SMFA：K-CAN 线路故障
00E484	SMBF：K-CAN 线路故障
009CB5	FRM 蓄电池过度放电
00E2D6	信息（里程数，0x330）错误，CON 接收器，KOMBI 发射器
00E2C7	CON：K-CAN 通信故障
00D35A	信息（总线端状态，0x130）缺失，DSC 接收器，CAS 发射器
00CAA5	信息（车辆行程，0x1A6）有错误，接收器 TRSVC，发射器 DSC
00601D	EMF：DSC 接口：信号无效
00D39A	信息缺失，接收器 EMF，发射器 JBE
005DCF	DSC 控制单元低电压
00E0D9	信息（转向盘角度，0xC4）错误，FLA 接收器，DSC 发射器
00A4FA	信息 CAS 里程计数器读数/作用距离，0x330）错误，接收器 HUD，发射器 KOMBI
00A7CA	FLA：电压过高
002DEC	DME 蓄电池电源管理
00D704	EHC：K-CAN 线路故障
002C3A	DME：废气触媒转换器前的氧传感器 2：动态性
00CE95	主动转向控制：CAS 信息（CAS 发射器，130）错误
00A4F4	信息（速度，0x1A0）错误，HUD 接收器，DSC 发射器

图 4-56

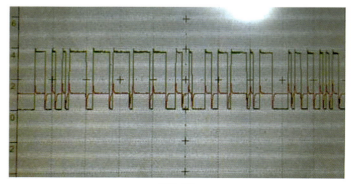

图 4-57

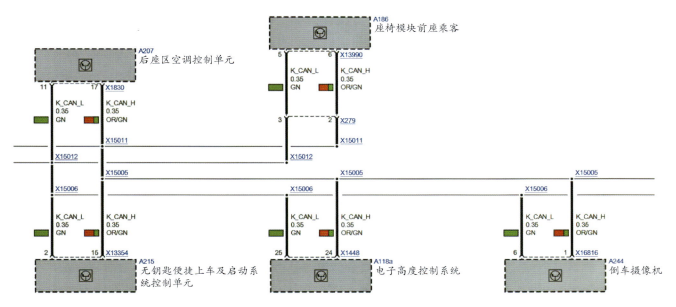

图4-58

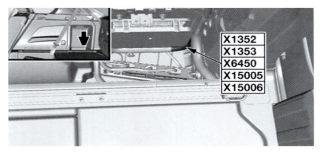

图4-59

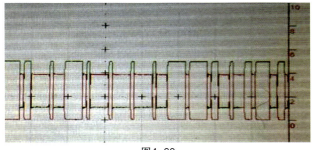

图4-60

十二、2008 年宝马 530Li 座椅无法调节

车型：2008年宝马530Li，配置N52发动机。

行驶里程：46888km。

故障现象：左右座椅无法调节。

核实故障现象：左右座椅确实无法调节，按左右开关上面的记忆按钮"M"没有点亮。

使用 ISID 读取故障码：

9FF0 SZM LIN 通信有故障；

9FF2 SZM LIN 通信有故障（右键盘）；

9FF1 SZM LIN 通信有故障（左键盘）。

根据故障码生成检测计划：

B6131_50011 – 中央控制台开关中心按钮；

SZM LIN 通信有故障（右键盘）；

SZM LIN 通信有故障；

SZM LIN 通信有故障（左键盘）。

结果提示：

与下列控制单元的通信有故障：A169 中央控制台开关中心。

可能的故障原因：

供电是否正常？

根据电路图保险丝是否正常？

根据电路图继电器是否正常？

根据电路图检查总线连接是否正常？

是。

更新下列部件：

A169 中央控制台开关中心；

对新的控制单元进行设码 / 编程。

主修做过工作：①更换 SZM 模块；②更换左右座椅开关；③使用 ISID 激活座椅可以调整；④检查座椅模块和 SZM，座椅开关供电正常。

到此本人协助主修检查：考虑到相应模块已经都替换过了，而且各个模块的供电都是好的，但是 ISID 激活座椅调节都能够动作。所以考虑为座椅开关的信号无法传到 SZM 模块里面。所以就测量了座椅开关的 K-BUS 线波形，错误的 K-BUS 波形图如图 4-61 所示。在操作座椅开关没有波形。（蓝色）电压很低约 2.8V。正常 K-BUS 电压有 12V 左右，正常 K-BUS 波形图如图 4-62 所示。

马上测量该 K-BUS 总线的对地电阻为 400Ω。判断为总线短路。该总线连接着 SZM—左

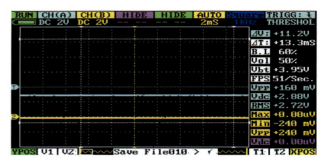

图4-61

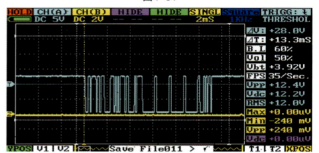

图4-62

图4-63

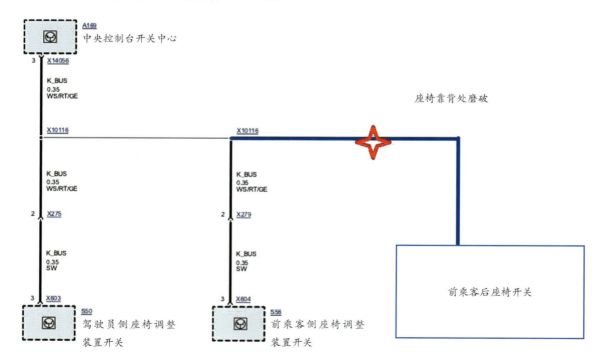

图4-64

前座椅开关—右前座椅开关—右后坐区座椅调整开关（顶配 E60LI 车型有配置）。通过断开相应线路法查找短路。当断开右前座椅的总连接插头后，座椅调节总线 K-BUS 的对地电阻变成无穷大。这样就说明在右前座椅里面存在短路。拆下座椅，找到了故障点，线路磨破了，如图 4-63 和图 4-64 所示。

最后维修磨损的 K-BUS 导线后故障排除。波形也恢复正常。宝马车的座椅靠背里面的线路磨破是很常见的故障。

十三、2010 年宝马 X6 K-CAN 总线故障

车型：2010年宝马X6，车型为E71。

行驶里程：90000km。

故障现象：客户反映车辆中央信息显示屏有时黑屏，组合仪表不亮，空调面板也没有显示。当中央信息显示屏亮起来的时候，控制器无法操作中央信息显示器中的项目。后备箱举升装置偶尔也无法正常提升或关闭。

故障诊断：接车后首先验证客户反映的故障现象，如故障现象所述，客户反映的故障现象全部当前存在。连接ISID进行诊断检测，发现多个控制单元显示为黄色状态，控制单元无法通信。故障存储器存储多个故障内容，如下：

00C908——JBE：K-CAN 线路故障；

00D704——EHC：K-CAN 线路故障；

00C907——JBE：K-CAN 通信故障；

00D707——EHC：K-CAN 通信故障；

00C944——MRS/ACSM：K-CAN 线路故障；

00D904——CAS：K-CAN 线路故障；

00D907——CAS：K-CAN 通信故障；

多个和 K-CAN 总线控制单元有关联的故障码。

K-CAN 总线为车身总线，K-CAN 用于部件的低数据传输率通信。K-CAN 通过中央网关模块也可与其他总线系统连接。一些 K-CAN 中的控制单元使用一根 LIN 总线作为子总线。K-CAN 的数据传输率为 100 kbit/s，并采用双绞线结构（两根绞合的导线）。K-CAN 可在故障情况下作为单线总线运行。

下列故障原因可能会导致总线故障：

总线导线短路；

总线导线断路；

网关中出现故障；

控制单元发送和接收部件中出现故障。

为了弄清 CAN 总线是否完好工作，必须观察总线上的通信情况。在这种情况下不需要分析单个位，而只需要观察 CAN 总线是否工作。示波器测量说明：CAN 总线很可能无故障工作。

如果用示波器测量 CAN 低（或 CAN 高）导线和接地之间的电压，则获得一个处于下列电压极限范围内的类矩形波信号：

CAN-Low（低速）对地：$U_{最小} = 1\,V$，$U_{最大} = 5\,V$；

CAN-High（高速）对地：$U_{最小} = 0\,V$，$U_{最大} = 4V$。

直接从控制器 CON 处连接示波器，测得 K-CAN 波形如图 4-65 所示，很明显 K-CAN L 波形信号电

压不对，正常的波形信号如图 4-66 所示。

　　K-CAN 总线连接的控制单元较多，如图 4-67 所示，如果逐个检查，效率不高，对于此类故障排查，使用节点排查是最有效率的方法。

　　从 X9331 端子处断开 K-CAN 的总线的一个节点，如图 4-68 所示，分别测量 X9331 端子上面的 K-CAN 波形信号和 X9331 端子下面的波形信号，发现 X9331 端子下面的 K-CAN 的信号波形信号大部分恢复正常，偶尔出现如下不正常波形，依次测量了驾驶员座椅模块和 CID，均出现如下偶尔不正常的波形。而测

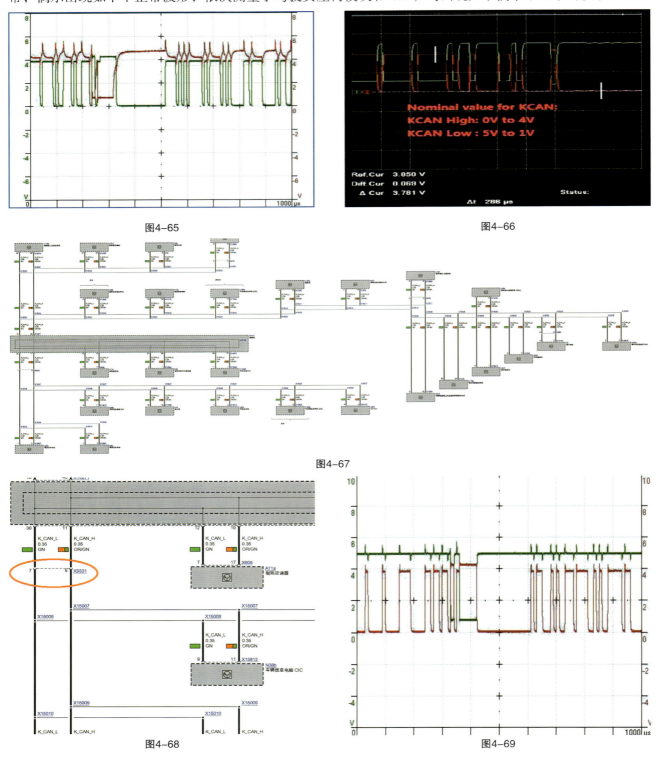

图4-65

图4-66

图4-67

图4-68

图4-69

量 EHC 和 CA 的波形都和 CON 处的波形。K-CAN L 波形信号一直受干扰，如图 4-69 所示。

继续根据上述排查进行测量，从 CID 开始 K-CAN L 波形信号发生了变化，根据电路图，如图 4-70 所示。故障应该是 K-CAN L 在 CID 和 CON 之间出现了问题，而这两模块之间有两个节点 X15004 在仪表台里面，节点 X15012 在后排座椅右侧，所以决定先排查节点 X15012。

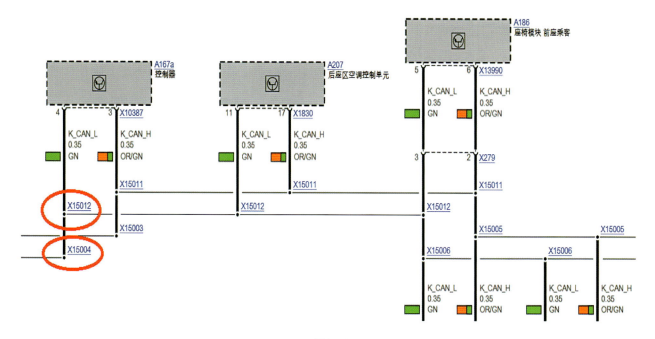

图4-70

拆卸后排座椅右侧护板时，底板垫非常潮湿，车辆的这个位置进过水。进一步检查发现 K-CAN L 的节点已经严重腐蚀了，轻轻一扯就断了。根据 ISTA 的标准要求维修更换损坏的线路，再次测量，波形信号全部恢复正常，故障排除。从理论上说 K-CAN 总线，若有一根出现问题时，另一根可以进入单线运行模式，然而此故障中的 K-CAN L 在右后座椅右侧处的节点腐蚀，处于虚接状态，对整个的 K-CAN 传输造成了干扰。因此在诊断的时候好多模块有时能通信，有时又不能通信，若 K-CAN L 完全瘫痪反而没问题。在排除总线故障时，合理地运用节点法，缩小故障的范围。

十四、2017 年宝马 X5 等红绿灯时仪表有时黑屏

车型：2017年宝马X5，配备N20发动机。

故障现象：车辆等经绿灯时仪表黑屏，车辆无法启动，拖车进店维修。检查发现仪表有时黑屏、有时点亮，仪表点亮时燃油表液位到最低，燃油剩余里程不显示，CID显示：安全气囊报警、传动系统报警、ABS报警、EMF报警，报警图片如图4-71和图4-72所示。车辆虽然不能启动，但是燃油箱里有"嗞嗞"噪音，断开燃油泵后噪音消失，插上燃油泵插头后噪音依旧，证实是燃油泵工作噪音，连接诊断仪读取燃油泵工作状态为关闭。

故障诊断：据客户回忆，1年前出现过此故障，当时查了一下午没找到故障点，对蓄电池全车断电后故障排除。在上次车辆不能启动和这次车辆仪表黑屏不能启动的区间里，使用过程中出现过七八次溜车、锁挡提醒。

根据故障现象判断故障的可能原因有：① PT-CAN 线路故障；② PT-CAN 上相关模块故障。

图4-71

图4-72

（1）执行诊断仪检测发现PT-CAN上除DME能正常通信外，其他模块全部是黄色无法通信，诊断仪检测有如下故障码：

ACSM4 0xC9440A：ACSM、PT-CAN：通信故障；

ZGW_01 0xCD040A：ZGM，PT-CAN：通信故障；

MEVD1724 0xCD840A：DME，PT-CAN：通信故障；

GSB231 0xCF0403：EGS：PT-CAN：通信故障；

EMF_01 0xD3840A：EMF，PT-CAN：通信故障；

EPS_TK02 0xD50420：EPS，Flexray：通信故障；

EPS_TK02 0xD5041F：EPS，Flexray：线路故障；

REMA_LI 0xDC440A：REMALI，PT-CAN：通信故障；

REMA_RE 0xDC840A：REMARE，PT-CAN：通信故障。

GWS_F15 0xE0840A：选挡按钮（GWS），动力传动系统控制器区域网络（PT CAN）。

（2）执行检测计划检测 PT-CAN 线路外观未见破皮互短现象。

（3）执行电压 PUMA 措施 54513464-20，针对附件中相关 PT-CAN 故障部位外观：DME PT-CAN 线、EKPS PT-CAN 线燃油箱盖板处、EMF PT-CAN 线后桥处、REMALI PT-CAN 线左侧 B 柱处、REMARE PT-CAN 线右侧 B 柱处、KOMBI PTCAN 仪表后部、PTCAN 线 BDC 处进行检查，以上线路外观均未发现破皮互短异常现象。

（4）怀疑 EKPS 故障断开 EKPS 模块故障依旧，由于检查 KOMBI 后部 PT-CAN 线路，断开 KOMBI 当再次插上 KOMBI 后故障现象消失，故障部位指向 KOMBI。

（5）车辆正常后我们测量 KOMBI A71*1B 1 号针脚电压：14V；A71*1B 2 号针脚电压：14.1V，搭铁线未见异常。测量 EKPS A98*1B 1 号针脚：13.1V；A98*1B 2 号搭铁线对车身电阻为 0，PT-CAN 波形未见异常。仪表显示车辆启动一切恢复正常，执行车辆测试整个 PT-CAN 上的模块通信全部恢复正常。

（6）将 KOMBI A71*1B 插头重新插拔后测量 PT-CAN 波形正常，但此时燃油表显示异常，关闭点火开关后不能回到 0 位，正常值应该在 0 位，车辆启动后燃油表刻度超过 1，正常值应该在 1 位置，多次重新插拔 KOMBI A71*1B 插头故障不再重现。

推理：如果 PT-CAN 线路对地短路互短不会出现仪表黑屏的现象，将 KOMBI 重新恢复后燃油表液位失常，结合以上测量结果，证实 KOMBI 内部损坏。

（7）更换 KOMI 中央仪表，重新给车辆编程，反复试车故障排除。

（8）异常、正常燃油表对比。燃油表异常照片如图4-73所示。燃油表正常照片如图4-74所示。KOMBI插头未拔下时PT-CAN正常波形如图4-75所示。KOMBI插头拔下时PT-CAN正常波形如图4-76所示。

图4-73

图4-74

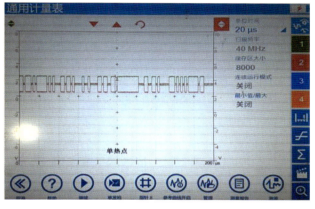

图4-75

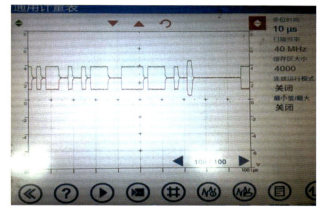

图4-76

第五章　捷豹路虎车系

第一节　总线波形分析

一、CAN 网络总线

（一）测试 CAN 网络介绍

1.测试 CAN 网络中的终端电阻

（1）断开车辆蓄电池。

（2）确保万用表设在"欧姆（Ω）"挡。

将万用表连接在诊断连接器上，红色探针连接至 CAN（高）针脚，黑色探针连接至 CAN（低）针脚。

注意：测试 CAN 网络的电阻，这样做只是确认电路中的两个终端电阻之间有完整回路，或者确认终端电阻是否有故障。

2.诊断连接器

诊断连接器如图 5-1 所示。

3.CAN网络终端电阻测试结果

（1）高速 CAN。

（高）针脚 6　　　高速 CAN；

（低）针脚 14Ω　中速 CAN；

（高）针脚 3　　　中速 CAN；

（低）针脚 11Ω。

（2）双 CAN 车辆底盘系统。

高速 CAN：

（高）针脚 12　　高速 CAN；

（低）针脚 13Ω　中速 CAN；

（高）针脚 1　　　中速 CAN；

（低）针脚 9Ω。

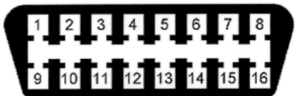

图5-1

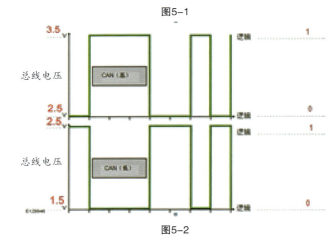

图5-2

（3）其他观察结果。用万用表测试 CAN（要测试的系统必须启用）。

①确保万用表设在"直流电压（V）"挡。

②连接万用表，红色探针连接至 CAN 高速针脚，黑色探针连接至 CAN 低速针脚。

③进行测量时，启用要测试的系统。

预期电压测试结果应在下列范围内（如图 5-2 所示）。

CAN（高）：

隐性电压：3.5V；

显性电压：2.5V。

CAN（低）：

隐性电压：2.5V；

显性电压：1.5V。

CAN 网络电压测试结果：

动力系统 车身系统。

高速 CAN：

（高）针脚 6 V　　高速 CAN（如图 5-3 所示）；

（低）针脚 14 V　中速 CAN；

（高）针脚 3 V　　中速 CAN；

（低）针脚 11 V。

双 CAN 车辆底盘系统：底盘系统　舒适与便利系统。

高速 CAN：

（高）针脚 12 V　高速 CAN；

（低）针脚 13 V　中速 CAN；

（高）针脚 1 V　　中速 CAN；

（低）针脚 9 V。

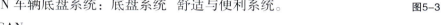

图5-3

4. 示波器诊断

用示波器诊断 CAN（使用 CAN 测试盒时，将一根 BNC 测试引线插在示波器通道 A 中，另一根 BNC 测试引线插在通道 B 中。在两根 BNC 测试引线上的每个黑色（搭铁）插头上连接一个鳄鱼夹，将两个鳄鱼夹固定至车辆蓄电池负极接线柱或底盘上良好的搭铁点。将其中一个穿刺测试探针与 BNC 测试引线上的每一个彩色插头连接。按照车辆手册，在 CAN 网络中易于接近的部位识别 CAN-H 和 CAN-L 针脚。通常在网络中每个电子控制单元的多路连接器处。用通道 A（适合 CAN-H）和通道 B（适合 CAN-L）小心地探测多路连接器的背面。按下诊断仪上的空格键，可开始实时数据捕获。参考 Pico Scope 用户指南中的 CAN 网络测试。CAN 信号示例（高速和中速）：下面的截屏示例采用的是 Pico Scope 的"自动量程"设置。记录量程指示，因为采用"自动量程"时量程指示会变化。

（二）良好的 CAN 网络波形

良好的 CAN 网络波形如图 5-4 所示。

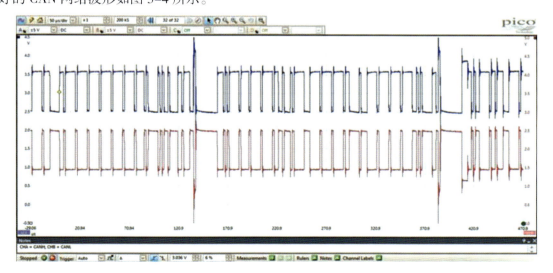

图5-4

（三）CAN 网络故障波形分析

（1）CAN（高）对搭铁短路波形如图 5-5 所示。

（2）CAN（低）对搭铁短路波形如图 5-6 所示。

（3）CAN（低）对 B+ 短路波形如图 5-7 所示。

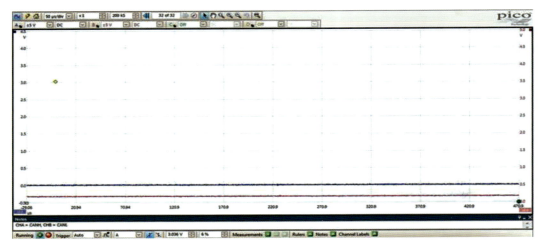

图5-5

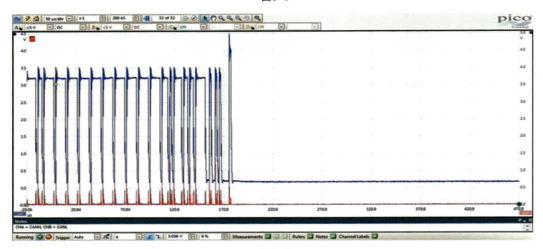

图5-6

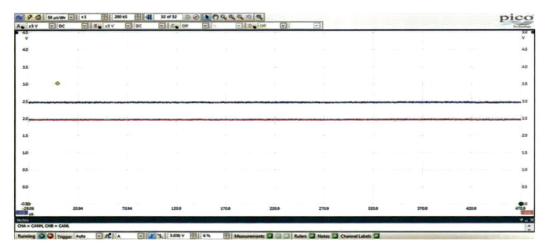

图5-7

（4）CAN（高）对 B+ 短路波形如图 5-8 所示。

（5）CAN（高）和（低）短路在一起波形如图 5-9 所示。

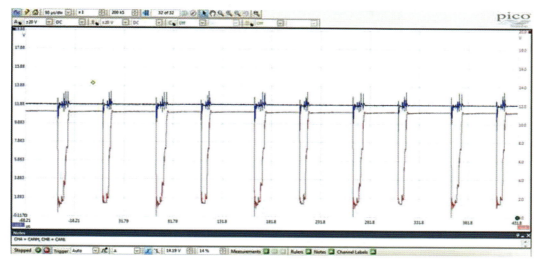

图5-8

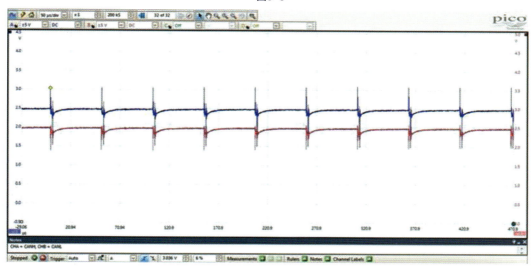

图5-9

二、局域互联网（LIN）

（一）局域互联网（LIN）测试简介

1. 电压降法测试电路

（1）采用电压降法检查所有控制模块负极（−）连接良好，正极（＋）电源电压正确。

（2）列出所有测试模块，并提供精确的测试结果读数。用电压降法测试电路（"电压降测试"是捷豹和路虎认可的电路测试方法）。

2. 电压降测试理论

（1）所有测试必须在电路接通状态下进行。

（2）12V−12V=0V（测试电路正极（＋）侧时电路完好）。

（3）12V−0V=12V（测试电路正极（＋）侧时电路断路）。

（4）12V−4V=8V（由于电路有 4V 电压降，电阻可能过高）。

（5）0V–0V=0V（在电路负极（–）侧测试时，电路完好）。

注：大部分 LIN 系统在闲置时保持高电平（平整线）。这种情况的一个例子是车门模块 LIN，其在闲置时保持高电平，因为其随时准备接收解锁指令，作为另一种情况，路虎的气候控制 LIN 保持低电平，因为气候控制系统在休眠时去除了 LIN 的电源。

捷豹路虎建议用 Pico Scope 诊断 LIN 网络。在与已完成的测试匹配的 LIN 信号示例下面记录连接器和针脚位置

（二）LIN 波形分析

（1）LIN 中央门锁休眠模式高电平如图 5–10 所示。

（2）LIN 中央门锁唤醒模式如图 5–11 所示。

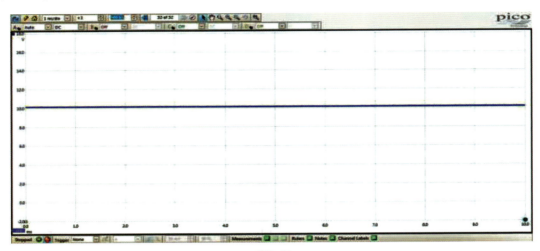

图5–10

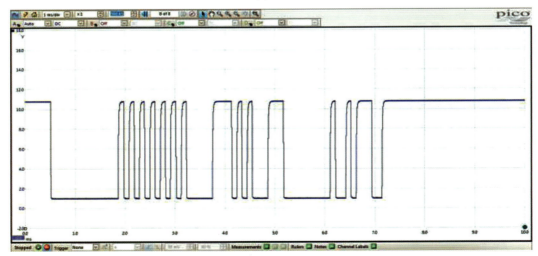

图5–11

（3）这是没有信号输出模式故障，将静止时的 LIN 信号记录在下面，或者将截屏附在技术协助（TA）上静止时读数，如图 5–12 所示。

（4）运行系统，查看信号变化。

（5）打印此页，将运行时的 LIN 信号读数绘制在下面，或者截屏，随附在 TA 中系统运行时的读数，如图 5–13 所示。

（6）LIN 气候控制休眠模式低电平如图 5–14 所示。

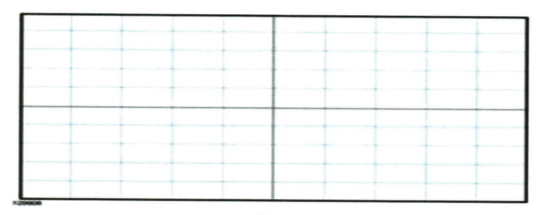

图5-12

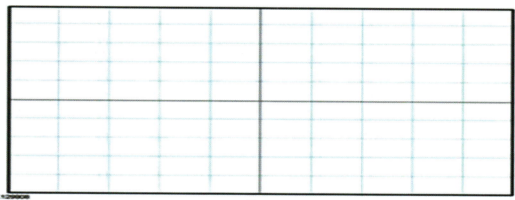

图5-13

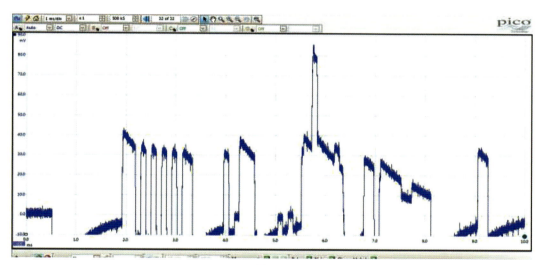

图5-14

（7）LIN气候控制无主控模块连接时高电平如图 5-15 所示。

（8）LIN气候控制无从属模块如图 5-16 所示。

（9）LIN气候控制搭铁短路如图 5-17 所示。

（10）LIN气候控制 12V 短路如图 5-18 所示。

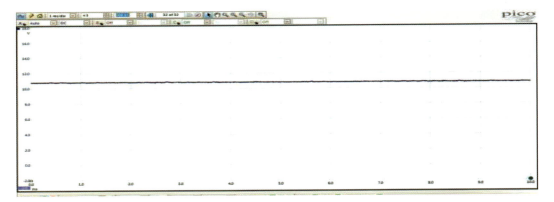

图5-15

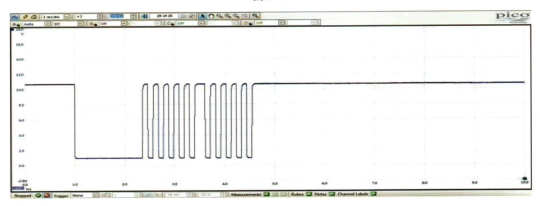

图5-16

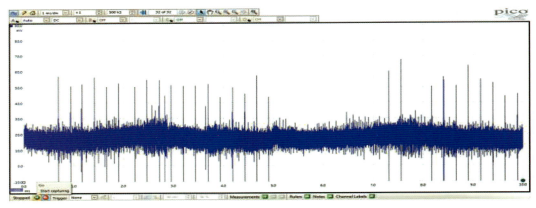

图5-17

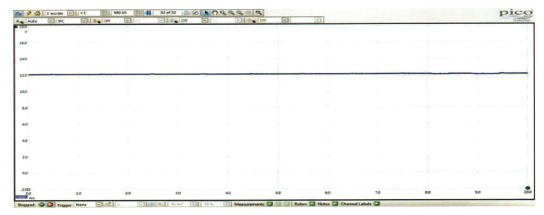

图5-18

第二节 总线波形经典案例

一、2018年捷豹XFL车辆无法启动

车型: 2018年捷豹XFL，配置2.0L I4PET MID发动机。

行驶里程: 3533km。

故障现象:

（1）车辆拖车进店检查，车辆按下点火开关时，车辆仪表无任何显示，中央显示屏无任何显示，无法启动车辆。车辆可以使用遥控器解锁车辆，驾驶员座椅可正常调节，危险警告灯可正常工作。

（2）长按遥控器解锁按钮可以将4个门玻璃及天窗打开。操作手刹开关时车辆仪表可以显示里程信息及手刹符号，无其他显示。

故障诊断:

（1）读取故障内容及SDD指导建议关键故障码的冻结值：无法连接诊断仪。

（2）车辆仪表无法点亮，诊断仪无法连接，怀疑为车辆CAN线故障或GWM故障。集中检查BCM-GWM总成，系统结构图及电路图如图5-19所示。

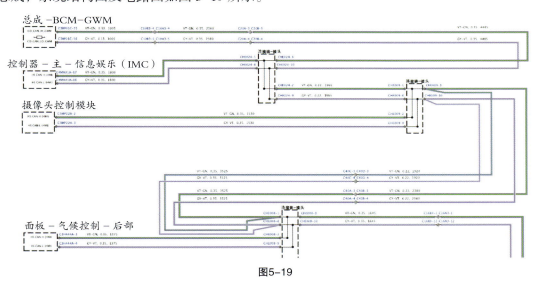

图5-19

（3）用诊断仪检查车辆，发现断诊断仪无法连接至车辆，基于车辆操作手刹开关时车辆仪表可以显示里程信息及手刹符号。

（4）初步判定底盘CAN-CH无故障，基于遥控器可正常操作，判断车身CAN无故障，怀疑车辆舒适CAN有故障，动力CAN可能有故障。检查舒适CAN。断开蓄电池，测量C10B3-4及C10B3-5电阻为60Ω，测量C10B3-4对地阻值1.8MΩ，测量C10B3-5对地阻值2.8MΩ，无明显异常。保持车辆线路完整，测量波形C10B3-4、C10B3-5波形均为2.5V直线，将C10B3-4、C10B3-5针脚挑出测量，CAN-H及CAN-L波形均为2.5V直线，如图5-20所示。

（5）经过以上检查诊断，怀疑车辆BCM没有CAN网络信号输出，测量BCM供电和搭铁良好，诊断为车身控制模块BCM故障。

（6）更换新BCM后，测量CAN网络波形正常（如图5-21所示），故障排除。

故障分析: 车辆BCM没有CAN网络信号输出。

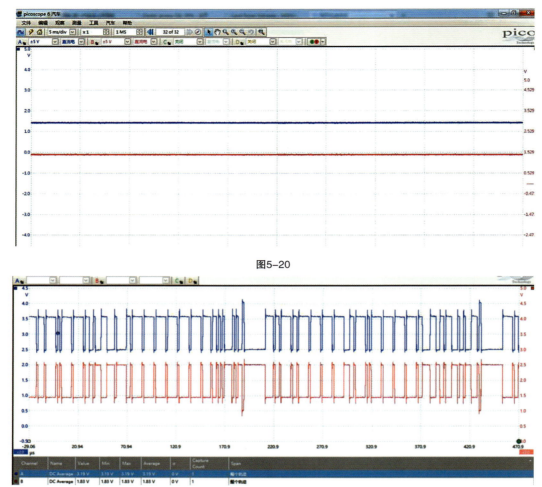

图5-20

图5-21

故障排除：更换新BCM故障排除。

二、2017年路虎揽胜运动L494客户抱怨启动车辆后仪表提示：自动紧急制动不可用，前方预警不可用，助力转向性能降低

车型：2017年路虎揽胜运动L494，配置2.0L AJ200P HI PHEV发动机。

VIN：SALWA2BY1JA×××××。

行驶里程：2972km。

故障现象：客户抱怨启动车辆后仪表提示：自动紧急制动不可用，前方预警不可用，助力转向性能降低。方向盘打转向过沉，如图5-22~图5-24所示。

故障诊断：读取故障内容及诊断仪指导建议关键故障码的冻结值，如图5-25所示。

系统结构图及电路图如图5-26所示。

诊断思路：

（1）车辆加装或改装物品。

（2）动力转向机控制插头接触不良或供电或搭铁不良。

（3）动力转向控制模块控制CAN网络线路中断。

（4）动力转向机控制模块故障。

图5-22

图5-23

图5-24

图5-25

检测过程：

（1）此故障与温度无关，间歇性出现。

（2）检查车辆无加装和改装物品。

（3）车辆维修历史查询：无事故维修记录。

（4）连接诊断仪及稳压器读取相关故障码为：无相关故障码，同时发现转向机控制模块 PSCM 无通信。

（5）相关技术公告查询：无相关技术公告。

（6）根据故障码分析：检查转向机安装良好表面无损坏现象，检查转向机控制插头无松动腐蚀现象。

（7）参考 topix 第 211-02 章节电路图测量，C1CS05A-1 动力转向供电，插好控制插头，测量与负极电压为：12.8V 电压正常，测量与正极电压为 0V 说明没有存在虚接现象，供电正常。

（8）参考 topix 第 211-02 章节电路图测量，C1CS05A-2 动力转向搭铁线，插好控制插头测量与正极电压为 12.6V，测量与负极电压为 0V，测量说明搭铁正常。

（9）参考 topix 第 211-02 章节电路图测量，C1CS05B-6 点火供电，插好控制插头测量与负极电压为：12.4V 供电正常，与正极测量电压为 0V，说明无虚接现象。

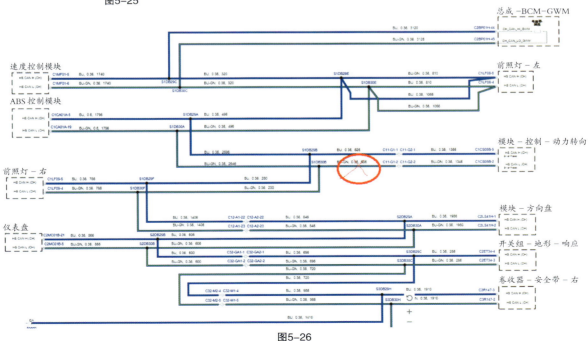

图5-26

（10）参考 TOPIX 第 211-02 章节电路图测量 C1CS05B-5 和 C1CS05B-2 车辆 CAN 使用示波器测量发现 C1CS05B-2，CAN 波形输出偏弱与正常波形不一样，电压 1.9V，偏低，如图 5-27 所示。测量 C1CS05B-5 波形正常。

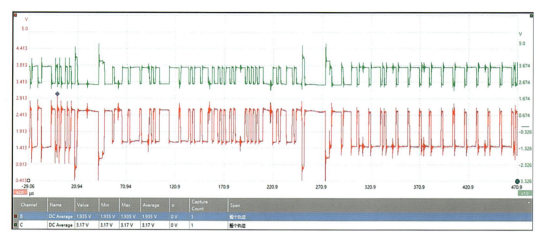

图5-27

（11）按照 topix 断电流程对车辆低压蓄电池进行断电，断电后测量 C1CS05B-5 和 C1CS05B-2 中断电阻值为 28.2kΩ，不正常。分别测量 CAN 线路对地电阻值，测量 C1CS05B-5 对地电阻值为 4kΩ，正常。测量 C1CS05B-2 对地电阻值为无穷大，无电阻值。测量说明 C1CS05B-2 线路存在故障。

（12）参考 topix 第 418-00 章节电路图测量 C11-G1-1 对地电阻值 4kΩ，正常；测量 C11-G1-2 对地电阻值为无穷大，无电阻值电路存在断路现象。

（13）参考 topix 第 418-00 章节电路图测量，临近右前大灯 C1LF09-5 和 C1LF09-4 中断电阻值为 60Ω，正常。测量 C1LF09-4 到 C11-G1-2 存在断路（如图 5-28 所示），修复 C1LF09-4 到 C11-G1-2 线路。

图5-28

故障分析：控制线路中断引起控制模块无通信。

故障排除：修复损坏线束故障排除。

三、2018 年路虎新揽胜仪表提示前方预警不可用

车型：2018年路虎新揽胜，配置3.0 S/C发动机。

故障现象：仪表提示前方预警不可用。

故障诊断：

（1）确认故障：打开点火开关后，仪表提示：前方预警不可用；启动车辆仪表也提示：前方预警不可用。

（2）驾驶员发现此故障。

（3）此故障与温度无关，永久性存在。

（4）检查车辆无加装和改装物品。

（5）检查前风挡双目摄像头安装良好，无过脏损坏，安装良好。

（6）查询维修历史，无事故维修和相关故障维修记录。

故障显示如图 5-29 所示。

读取故障内容及诊断仪指导建议关键故障码的冻结值（如图 5-30~ 图 5-32 所示）。

诊断思路：

（1）车辆前风挡玻璃非原厂玻璃。

（2）图像控制模块（IPMA）控制模安装位置不对，或软件故障。

（3）图像控制模块（IPMA）控制模的控制插头接触不良，或供电控制信号故障。

（4）图像控制模块（IPMA）控制模故障。

检测过程：

（1）连接诊断仪读取相关故障码为：C1001-57 视线系统摄像头，软件组件无效 / 不完整，C1001-49 视线系统摄像头，内部电子故障，U3000-96 控制模块，部件内部故障。

（2）根据故障码，C1001-57 视线系统摄像头，软件组件无效 / 不完整。指引清除故障码后有一个故障码无法清除，故障码为：U3000-96 控制模块，部件内部故障。

（3）topix 相关技术公告查询，无相关技术公告。

（4）根据故障码，U3000-96 参考 topix 拆下后视镜检查图像控制模块 A（IPMA），安装良好无错位松动现象；检查控制插头无松动腐蚀现象；检查模块发现控制模块温度有点高，测量模块工作温度在 50℃。

（5）根据故障码 U3000-96 参考 topix 第 413-

图5-29

图5-30

图5-31

图5-32

09 章节电路图测量，点火供电 C9MF06-6 插上控制插头对地测量电压为 12.3V，正常；测量 C9MF06-1 搭铁良好，测量 C9MF06-8 和 C9MF06-2 测量 CAN 使用示波器测量波形正常，如图 5-33 所示。

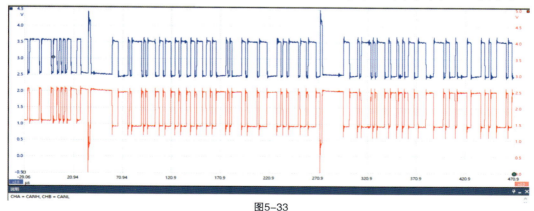

图5-33

（6）根据故障码分析运行诊断仪，图像控制模块诊断运行：允许中央配置数据记忆，运行失败，如

图 5-34 所示。

（7）根据以上测量，线路没有异常问题，寻找同款车型，对换图像控制模块（IPMA）后启动车辆，故障排除。

（8）将原车图像控制模块（IPMA）安装回原车，启动车辆，仪表提示故障：前方预警不可用。故障依旧。

（9）根据以上检查诊断为：图像控制模块（IPMA）故障。

故障分析：图像控制模块（IPMA）故障。

故障排除：更换图像控制模块（IPMA）故障排除。

图5-34

四、2018 年路虎揽胜驻车制动无法释放

车型：2018年路虎揽胜，配置3.0SC发动机。

行驶里程：4796km。

故障现象：

（1）客户反馈，车辆启动后仪表显示多个关于制动系统的故障提示，驻车制动无。

（2）车辆拖车进店，启动发动机后仪表显示"性能受限、HDC 不可用、牵引力降低、ABS 故障、驻车制动器已关闭 – 用开关打开、稳定性控制不可用 – 小心驾驶、自动紧急制动不可用、前方预警不可用、紧急制动辅助系统不可用、变速器故障"，驻车制动出现间歇性无法释放。

读取故障内容及 SDD 指导建议关键故障码的冻结值：

连接诊断仪读取 DTC，除 ABS 外其他模块均有大量 DTC，清除 DTC 后，PCM、TCM 仍有与防抱死制动系统（ABS）控制模块失去通信相关故障，如图 5-35 所示。

诊断思路：

（1）ABS 模块与 GWM 网关通信故障。

（2）ABS 模块供电或接地故障。

（3）ABS 模块内部故障。

（4）ABS 模块软件故障。

检测过程：

（1）首先检查 ABS 模块软件，发现 ABS 模块信息显示不完整，且现有模块和新模块软件均无法

Image Processing Module 'A' [IPMA]	
U0001-81	High Speed CAN Communication Bus - invalid serial data received
Powertrain Control Module [PCM]	
U0416-68	Invalid Data Received From Vehicle Dynamics Control Module - event information
U0121-00	Lost Communication With Anti-Lock Brake System (ABS) Control Module - no sub type information
U0402-00	Invalid Data Received from TCM - no sub type information
Transmission Control Module [TCM]	
U0121-87	Lost Communication With Anti-Lock Brake System (ABS) Control Module - missing message

图5-35

图5-36

图5-37

194

完成更新，如图5-36和图5-37所示。

（2）PICO示波器测量ABS模块供电对蓄电池负极电压和ABS模块CAN信号，及ABS接地对蓄电池正极电压均正常，如图5-38所示。

（3）PICO示波器测量ABS模块以太网FlexRay信号，信号间歇性出现异常情况，如图5-39和图5-40所示。

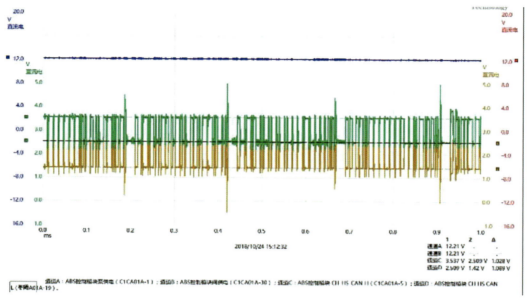

图5-38

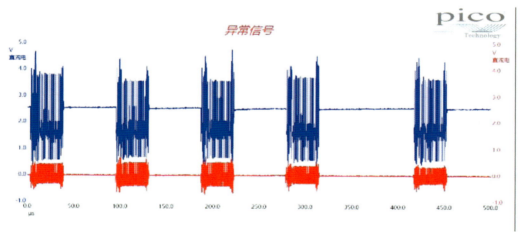

图5-39

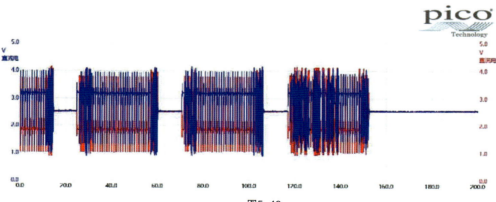

图5-40

（4）测量 FlexRay 网络终端电阻 ABS 模块连接时为 50Ω，断开 ABS 模块连接时为 100Ω，且测量 FlexRay 以太网线对接地及电源均无短路情况。

（5）综上确认 ABS 模块供电及网络连接正常。

（6）再次分析电路图发现，ABS 模块上级模块为 BCM-GWM，分析 ABS 模块是否与 GWM 网关模块有关，尝试并成功更新 GWM 软件，再次读取 ABS 模块信息，信息显示完整，更新 ABS 模块软件后测试，故障排除。

故障排除： 更新ABS模块软件后，测试，故障排除。

五、2018 年路虎发现神行客户抱怨车辆智能钥匙不可用，车辆无法启动

车型： 2018年路虎发现神行，配置2.0L I4发动机。

行驶里程： 15952km。

故障现象： 客户抱怨车辆智能钥匙不可用，车辆无法启动。

故障诊断：

（1）按压智能钥匙解锁和锁车键车辆无反应，打开车门后按压车辆点火开关，车辆仪表提示智能钥匙未找到，如图5-41所示。按压车辆喇叭和远光灯工作正常，确认故障存在。

（2）使用应急方法按压点火开关，点火开关可以打卡，仪表无任何故障提示，踩下制动踏板启动车辆，车辆无反应，启动机不运转，车辆无法启动。

读取故障内容及SDD指导建议：

（1）连接诊断仪及稳压器读取相关故障码,读取车身控制模块BCM故障码：U0011-87 中速 CAN 通信总线性能，信息缺失和U0300-00 内部控制模块软件不兼容，无子类型信息。

（2）同时发现车辆控制模块有后尾门控制模块 RGTM、遥控功能执行器控制模块 RFA、左前门控制模块 DDM、左后门控制模块 DRDM，以上几个控制模块无通信，如图 5-42 和图 5-43 所示。

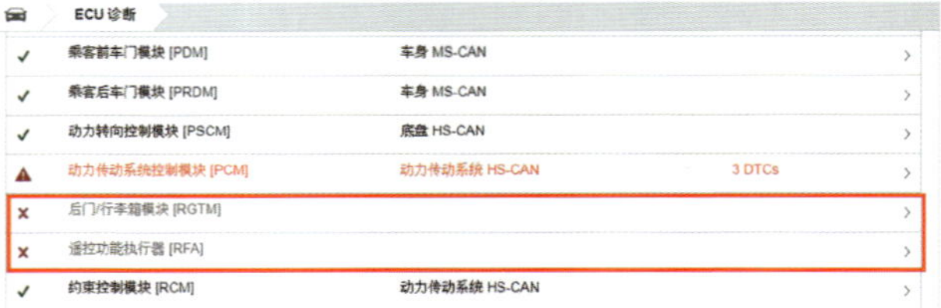

系统结构图及电路图如图 5-44 和图 5-45 所示。

故障诊断过程：

（1）根据故障码 U0011-87 和 U0300-00 分析：使用示波器测量车身控制 CAN 控制网络测量诊断插头 CAN 高 C2DB04 - 3 CAN 低 C2DB04 - 11 测量波形发现网络通信波形异常，低 CAN 波形偏低、高速 CAN 波形偏长，CAN 电压正常范围内，如图 5-46 所示。

（2）根据示波器测量结果，断开车辆负极电缆测量车身 CAN 终端电阻值，测量 CAN 高 C2DB04 - 3 CAN 低 C2DB04 - 11 终端电阻值为：123Ω，终端电阻值过高。

图5-41

图5-42

图5-43

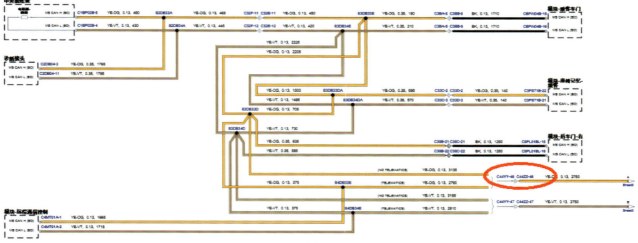

图5-44

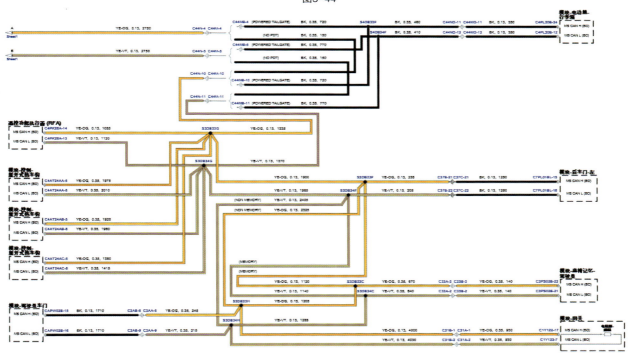

图5-45

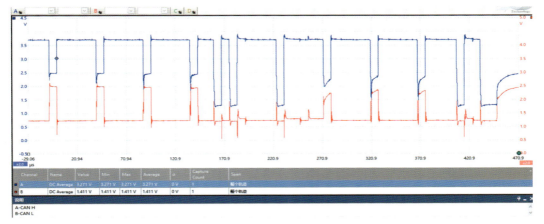

图5-46

（3）拔下左后门控制插头，测量左后门控制模块CAN通信，CAN H C38B –21和CAN L C38B –22终端电阻值为122Ω，电阻值过高。测量遥控功能执行器控制模块RFA，CAN通信CAN H C4PK28A –14和CAN LC4PK28A –13终端电阻值为121Ω，电阻值过高。

（4）参考电路图将车身控制模块，车身CAN控制插头C1BP02B拔下后测量左后门控制模块CAN通信，CAN H C38B –21 和 CAN L C38B –22 终端电阻值为∞ Ω，测量遥控功能执行器控制模块 RFA、CAN 通信 CAN HC4PK28A –14 和 CAN L C4PK28A –13 终端电阻值为 121Ω。

（5）经过以上测量分析左前门控制模块 DDM、左后门控制模块 DRDM 和遥控功能执行器控制模块 RFA 网络通信存在中断现象。

（6）参考电路图分析检查控制插头 C44YY 是从遥控功能执行器控制模块 RFA 到左前门控制模块 DDM，左后门控制模块 DRDM 转接控制插头，如图 5-47 所示。

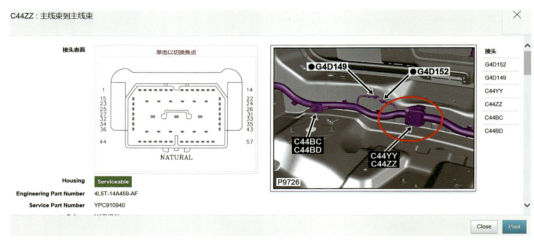

图5-47

（7）检查转接插头 C44YY，发现车身 CAN 通信控制插头 CAN H C44ZZ – 46 出现退针现象，如图 5-48 所示。

（8）修复 C44YY 控制插头插针，测量 CAN 波形恢复正常（如图 5-49 所示），故障排除。

故障分析： 车身CAN通信控制插头CAN H C44ZZ – 46出现退针导致车身中速CAN、高速CAN 信号中断，修复线路插针故障排除。

故障处理办法: 修复线路插针。

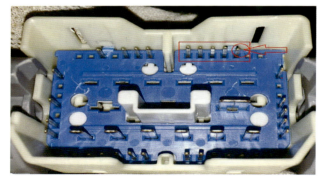

图5-48

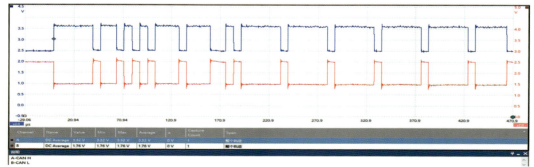

图5-49

六、2018年路虎揽胜运动车辆无钥匙进入功能间歇性不可用

车型: 2018年路虎揽胜运动,配置3.0 V6 SC发动机。

行驶里程: 8700km。

故障现象: 客户抱怨车辆无钥匙进入功能间歇性不可用。

故障诊断:

(1)确认故障:根据客户抱怨使用车辆智能钥匙锁闭车辆后,拉动车辆门把手,有时车辆可以解锁,有时车辆无法自动解锁,使用车辆遥控器可以正常解锁和启动车辆,仪表无故障提示,确认客户抱怨存在。

(2)根据客户抱怨,锁闭车辆等待 2~3min,再次拉动车辆门把手车辆无法解锁,车辆把手可以锁闭车辆,如图 5-50 和图 5-51 所示。

(3)以下流程用于验证智能钥匙

遥控功能执行器(RFA)接收到车门锁定/解锁请求。

接收到车门锁定/解锁请求后,RFA 通过 LF 天线以 125kHz 的频率将质询数据发送至智能钥匙。

智能钥匙将会对 LF 信号进行回应,处理收到的信息并利用单独的 433MHz(欧洲)[北美规格(NAS)和世界其他国家/地区(ROW)为 315MHz]射频(RF)通道对车辆做出回应。

RF 接收器(现在集成在 RFA 中)将会通过 RF 天线收到该回应。

此外,RFA 也会利用以下流程通过卫星锚点收发器向智能钥匙发送单独的质询信息,以便准确地验证并获得智能钥匙位置。

RFA 通过 LIN 连接向卫星锚点收发器发送质询数据。

卫星锚点收发器处理该数据,然后通过单独的 RF 信号以 3.99 GHz(中国为 4.5 GHz)的频率将其发送至智能钥匙。

被动进入系统

图5-50

图5-51

收到信号后,作为回应,智能钥匙将会通过 RF 信号以 3.99 GHz(中国为 4.5 GHz)的频率将身份验证信息发送回卫星锚点收发器。

接收到身份验证信息后,卫星锚点收发器将会通过 LIN 连接,将该信息发送回 RFA。

读取故障内容及 SDD 指导建议:连接诊断仪读取先关故障码为:B10C1-15 左前解锁拉线开关,电路对蓄电池短路或断路,B10C2-15 左后解锁拉线开关,电路对蓄电池短路或断路,如图 5-52 和图 5-53 所示。

系统结构图及电路图如图 5-54 和图 5-55 所示。

(1)根据故障码,参考 topix 第 501-14 章节,拆下门把手,检查控制插头,发现门把手控制插头有水在插头内部,清理后故障依旧,如图 5-56 所示。

(2)根据系统原理分析检查车辆智能钥匙(如果智能钥匙没有反馈信号,也会引起车辆无钥匙进入

B10C1-15	左前解锁拉动开关.
	电路对蓄电池短路或断路
测试失败	否
此操作循环测试失败	否
待定 DTC	否
确认的 DTC	是
自上次清除起测试未完成	否
自上次清除起测试失败	是
此操作循环测试未完成	是
警告指示灯已请求	否
B10C2-15	左后解锁拉动开关.
	电路对蓄电池短路或断路

图5-52

B10C4-15	右后解锁拉动开关.
	电路对蓄电池短路或断路
测试失败	否
此操作循环测试失败	否
待定 DTC	否

图5-53

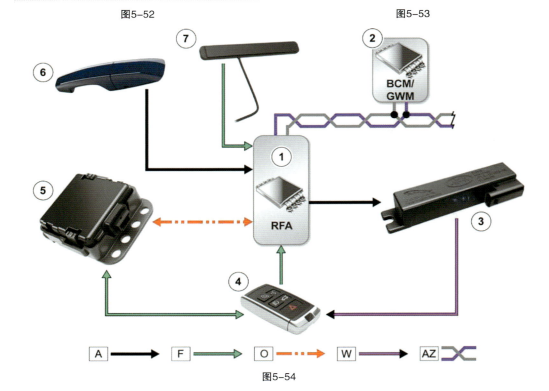

图5-54

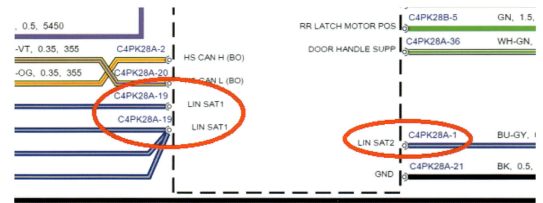

图5-55

不可用），检查车辆智能钥匙故障依旧。

（3）根据故障码使用继电器连接示波器测量门把手开锁信号，使用把手拉门时有信号输出，如图 5-57 所示。

（4）使用示波器测量门把手信号波形，测量当用手触摸门把手有低电位信号，如图 5-58 所示。

（5）不触摸门把手没有信号输出，如图 5-59

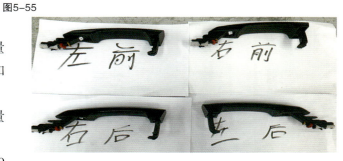

图5-56

所示。

（6）经过测量分析，车辆门把手工作正常，有信号给 RFA 模块。

（7）根据原理分析，测量 RFA 模块 SAT1、LIN 和 SAT2、LIN 信号，测量当触摸车辆门把手时，有 LIN 信号输出，如图 5-60 所示。

（8）根据以上测量诊断分析，诊断为遥控功能执行器（RFA）模块。

故障分析：根据故障原因分析接收到身份验证信息后，卫星锚点收发器将会通过LIN连接，将该信息发送回RFA模块，RFA模块没有发送给BCM车身模块解锁信号，模块如图5-61所示。

故障排除：更换遥控功能执行器（RFA），模块故障排除。

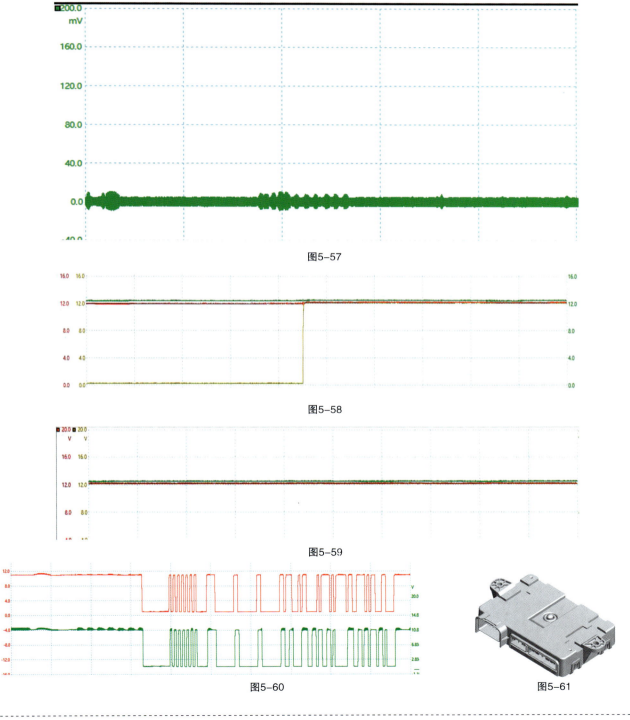

图5-57

图5-58

图5-59

图5-60

图5-61

第六章　保时捷车系

第一节　总线波形分析

一、CAN 总线

（一）高速CAN信号正常波形

高速CAN正常信号波形，如图6-1所示。

（二）高速CAN信号故障波形分析

（1）高速CAN Low对地短路信号波形，如图6-2所示。

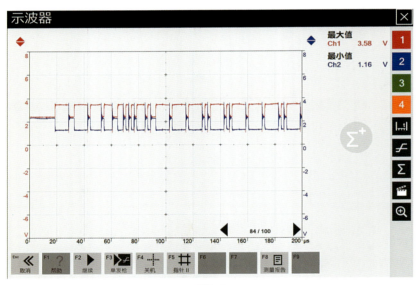

图6-1

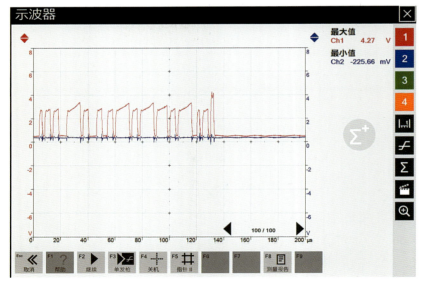

图6-2

（2）高速 CAN-High 对地短路信号波形，如图 6-3 所示

（3）高速 CAN-High 对正极短路信号波形，如图 6-4 所示。

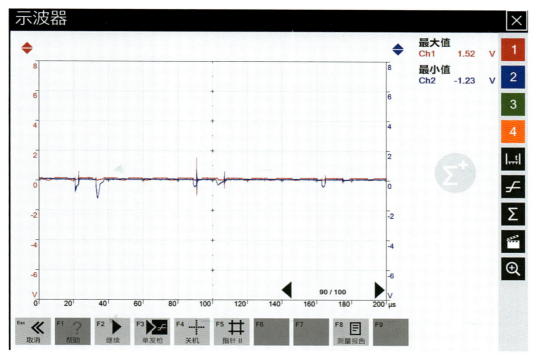

图6-3

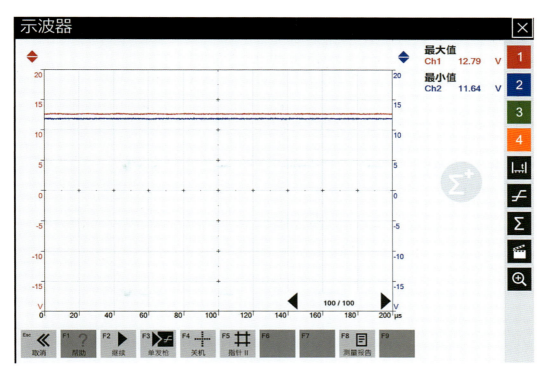

图6-4

（4）高速 CAN-Low 对正极短路信号波形，如图 6-5 所示。

（5）高速 CAN-High、CAN-Low 相互短路信号波形，如图 6-6 所示。

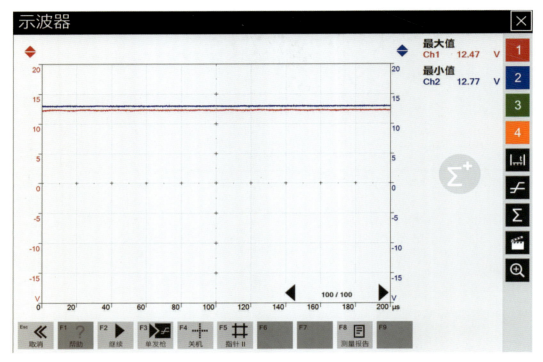

图6-5

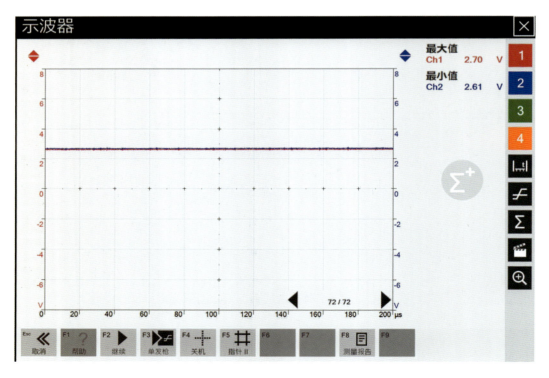

图6-6

二、LIN 信号波形

（1）LIN 正常信号波形，如图 6-7 所示。

（2）LIN 对正极短路信号波形，如图 6-8 所示。

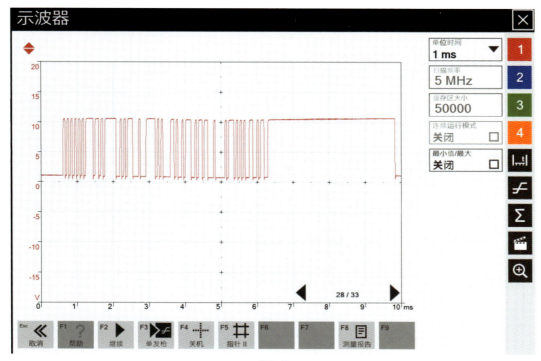

图6-7

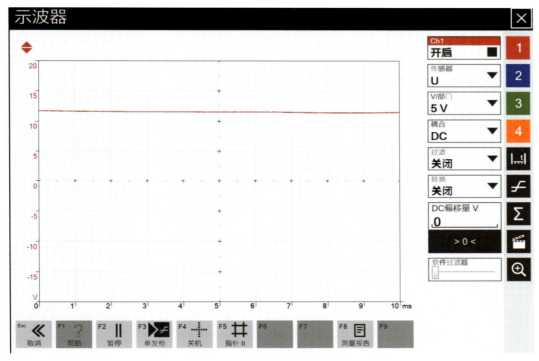

图6-8

（3）LIN 对地短路信号波形，如图 6-9 所示。

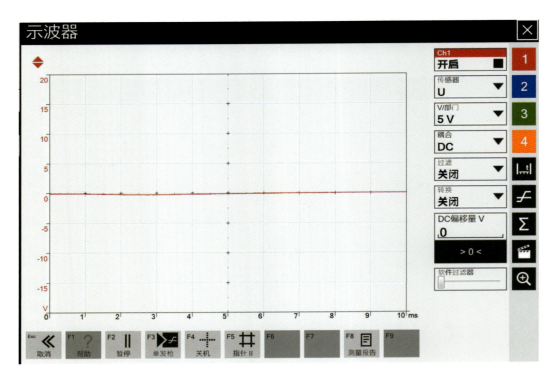

图6-9

第二节　总线波形经典案例

一、2015 年 Cayenne 启动后仪表显示 PSM 故障，底盘系统故障等多个故障灯亮

车型： 2015年Cayenne，配置3.0L发动机。

故障现象： 客户反映启动后仪表显示PSM故障，底盘系统故障等多个故障灯亮，重新启动车辆后行驶一段时间故障自动消失。故障偶尔出现。

故障诊断： 试车故障无法重现，诊断仪检测有多个偶发的故障码都是底盘CAN系统的控制单元通信故障。根据PIRAS提示信息有TI4316编程PASM控制单元，但是与本车故障现象不符。其他的信息也没有对故障诊断有直接的提示信息。

连接示波器测量底盘 CAN 波形正常；画出底盘 CAN 网络系统示意图（如图 6-10 所示）及 CAN 线线路连接和针脚；检查各个控制单元 CAN 针脚连接良好；没有发现问题。

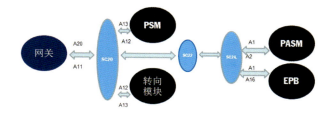

图6-10

摇晃底盘 CAN 线路故障未再现；测量底盘 CAN 线路无短路现象；因为此车没有配备 PDCC、全轮驱动和后差速锁控制单元，所以只检查了节点 SC20 和 SC24。

再次询问客户，客户反映故障发生在夜里或者凌晨比较冷的情况下，启动车辆会出现故障，白天没有发生过，分析此故障可能与温度有关。

尝试用物理降温的方法对网关、EPB、PSM、PASM、转向柱模块进行物理降温；当对 PASM 模块物理降温故障再现，捕捉到故障波形为 CAN 高对地短路的波形，如图 6-11 所示。

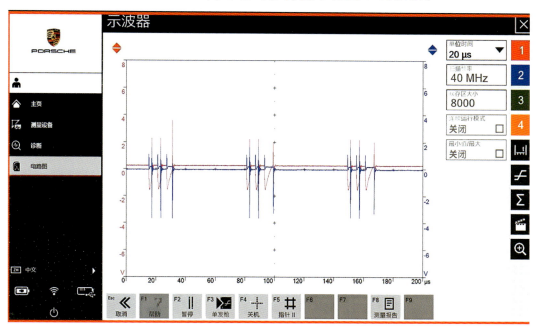

图6-11

此时断开 PASM 模块，故障现象消失，连接 PASM 模块故障再次出现。由此可判断故障时由于低温时 PASM 模块内部短路造成。

故障总结：对于这些偶发故障，必须要询问客户故障发生的具体细节，每一个细节可能都是我们查找故障的关键点。

二、2015年Cayenne气囊灯亮，后盖不能打开

车型：2015年Cayenne。

故障现象：客户反映气囊灯亮，后盖不能打开。

故障诊断：

（1）正常启动发动机，检查仪表上有气囊故障灯常亮，操作后盖开关，后盖不能打开，使用后盖开关开后盖，后盖也不能开启，停车使用遥控器开启后盖，后盖依然不能开启。同时，检查到化妆镜灯不亮，车内舒适照明不亮。

（2）检查车辆，无改装痕迹，无人为拆装痕迹，历史记录良好。

（3）使用 PIWIS Tester 读取车辆数据，与后端失去通信。可能的原因有后端或电路。

（4）根据由易到难的步骤，先检查后端控制单元电源保险，正常。

（5）拆开后端线束插头，检查后端电子 31（A15，B36）与车身搭铁电阻，为 0.5Ω，正常；检查电源 30（D1，D2，D3，D4）电压为 12.6V，正常。

（6）用示波器测量网关处，关于舒适 CAN 波形，所测波形正常。测量后端电子设备 CAN 信号，此时测出结果正常。

（7）倒换另一台车辆的后端电子设备到该车辆上，此时，故障消失，功能正常。于是更换新的后端电子设备，经过匹配和自适应，原地测试车辆，故障码消失，后盖能够开启，功能正常。并执行道路测试。

（8）经过道路测试，发现故障重现，此时故障与原先故障相同，判断后端电子设备正常，下一步诊断点位于线路的连接不良当中。

（9）再次测试之前测过试的线路，测试结果与以前相同，未见明显异常。连接后端，故障再一次消失。综上判断该现象为间歇性线路故障。

（10）使用万用表，连接后端电子 31 端子，同时测量的时候，给予相关线路摇摆和震动，线路测试始终为正常值；使用万用表，连接后端电源 30 端子，同时测量的时候，给予相关线路摇摆和震动，线路测试始终为正常值；使用示波器，连接后端 CAN 高和 CAN 低，测试线路的同时给予相关线路摇摆和震动，发现摇动车身右侧 C 柱下线束时，偶尔有线路波动情况发生（如图 6-12 所示），同时故障现象也表现为间歇性出现。拆开此处线束，检查到该处 CAN 高线接触不良（为原厂焊接不可靠，如图 6-13 所示）。

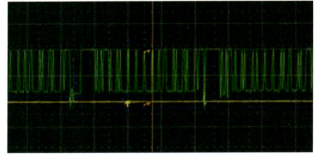

图6-12

图6-13

（11）修复该 CAN 线路，故障排除。

三、2016 年 Panamera 行驶中仪表黑屏，或不能启动

车型：2016年Panamera。

故障现象：客户反映行驶中仪表黑屏，或不能启动。打开钥匙没有反应。

故障诊断：

（1）PIWIS 检查，控制单元中全是与控制单元无通信的故障码。

（2）由于故障现象为偶发且涉及的控制单元较多，首先从控制单元的搭铁、供电查起。

（3）查询电路图发现无通信控制单元都是连接在主保险丝盒，所以更换电源分配器控制单元尝试。然而使用 5 天后故障再次出现。

（4）更换网关会故障依旧，检查相关模块电源及接地正常。

（5）当故障出现时测量舒适，发现高对地短路，如图6-14所示。

（6）故障出现时尝试断开和舒适相关的控制单元测试，当在拆座椅模块时波形恢复正常。进一步检查发现舒适高线被座椅框架磨破了，如图 6-15 所示。

故障排除：重新固定和包扎线束，故障排除。

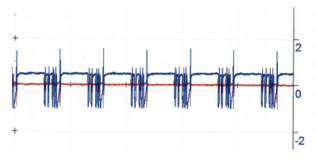

图6-14

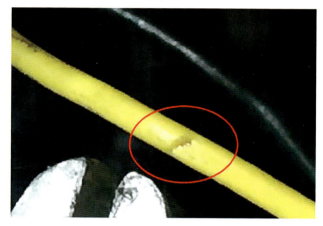

图6-15

四、2016年Macan车辆钥匙插入后仪表黑屏，中央显示器黑屏，空调面板无法使用

车型：2016年Macan。

故障现象：车辆钥匙插入后仪表黑屏，中央显示器黑屏（如图6-16所示），空调面板无法使用，但是车辆可以启动，此车为事故车辆，维修结束后出现的故障。

故障诊断：

（1）使用检查有许多与网关、空调、组合仪表、罗盘等控制单元不通信的故障码。

图6-16

图6-17

（2）组合仪表、空调都无法使用，其同时出故障概率很低，初步判断为供电或总线类故障。

（3）需要检查故障组件是否存在共用供电或搭铁。

（4）这些组件同在娱乐总线上，需要检查总线是否存在断路或短路。

（5）根据分析，故障组件均是通信故障且均连接在总线上，决定从总线检查入手，如图 6-17 所示。

（6）在网关处连接专用适配器测量记录总线电压和波形。测量结果：电压异常，波形异常，判断总线传输故障，如图6-18所示。

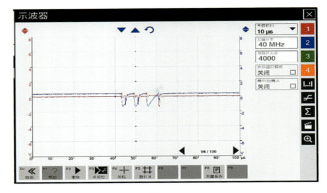

图6-18

（7）根据故障指引，总线故障可能原因有：总线互短、对地短路、对B+短路或断路、网关模块故障、单个或多个模块故障。

（8）由于总线电压波形异常，第一步需确认是总线主控单元异常还是剩余部分异常，所以首先断开网关上总线线路，单独测量网关总线，此时没有连接总线其余部分，所以在单个终端电阻情况下，电压数值正常，网关正常，如图6-19所示。

（9）恢复总线连接后，总线电压再次异常，判定故障在总线上网关以外的模块或线路连接上，于是对总线终端电阻进行测量。单独测量网关和仪表终端电阻，均无异常。

（10）总线终端电阻测量，无短路、断路，无对地短路。

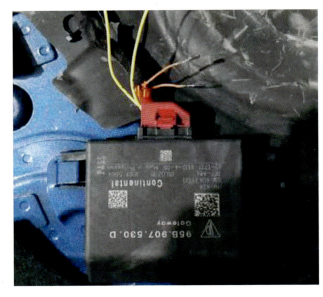

图6-19

（11）通过以上测量证明故障存在于总线某个模块内部，逐个拔下娱乐总线模块测试，当拔出倒车摄像机时，总线电压波形恢复正常，故障消失。

（12）综合分析，对于简单的、模块少的总线故障，逐个排除法比较便捷，如果故障点位置在于较为隐蔽的位置（比如地毯下方等位置时），可用节点法测量，效率较高。

五、2012年Cayenne车辆行驶中熄火

车型：2012年Cayenne。

故障现象：车辆行驶中熄火。

故障诊断：

（1）使用PIWIS诊断仪读取故障记忆，发现在多个控制单元中（前端、后端、网关、组合仪表、PASM等）均有偶发故障码C12002与发动机控制单元无通信、C1209D检查网关故障记忆。

（2）客户反映故障是之前更换汽滤后才出现的，检查汽滤、油管的安装及燃油压力均正常；清除故障记忆后反复试车未出现故障现象和故障码；由于客户着急用车，于是将车提走。

（3）几天后此车因为相同的故障再次进厂，

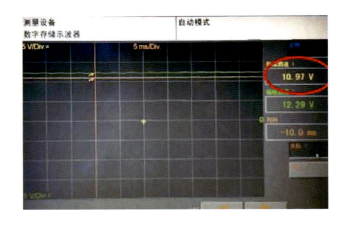

图6-20

经检测故障码与上次相同也是偶发的，经多次试车故障现象仍无法重现；根据故障码分析故障可能是由于ME偶尔无法通信造成的，使用示波器检查CAN线未见异常。检查ME线路没有断路或是短路现象，使用万用表检测DME的30端子和15端子电压，发现两者的电压值不一样，30端子的电压值(10.97V)(如图6-20所示)要低于15端子的电压值(12.2V)；30端子电源由左侧保险盒提供，测量保险丝与DME之间的线路，发现线束电阻为3.2Ω，阻值较大，怀疑线束有虚接处，最后在发动机舱保险丝盒下方找到故障点，线束已被积水腐蚀，将线束处理后故障消除。

故障原因：由于通风腔排水堵堵塞，导致线束被雨水腐蚀。

故障排除：修复线束，清理排水堵。

六、2015年Cayenne客户反映仪表黑屏

车型：2015年Cayenne。

故障现象：客户反映仪表黑屏。

故障诊断：

（1）点火开关打开，仪表无任何显示，表针也不工作，但车辆可正常启动行驶，如图6-21所示。

（2）读取故障码U112100、U015500、C12018都是与组合仪表通信故障。PIWIS Testr无法读取仪表控制单元。

图6-21

图6-22

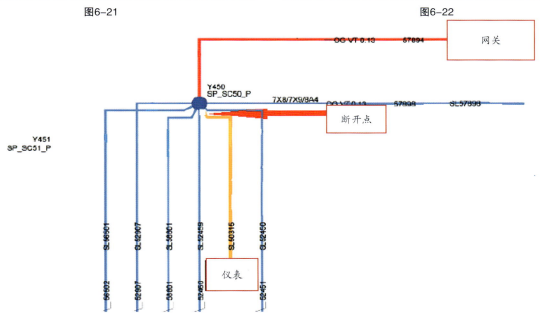

图6-23

（3）查阅电路图，检查右侧 F52，5A 仪表控制单元供电保险正常。拆下仪表检查插头针脚都无腐蚀。于是测量线束插座针脚 A2、A3、A19，电源 30 为蓄电池电源，A1、A17 端子 31 与车身接地也正常，当测量 A4、A5 针脚 CAN 网络波形时发现，A4 针脚 CAN 高无信号波形断路，如图 6-22 所示。测量网关处波形正常，说明仪表到网关之间的 CAN-H 网络线故障。

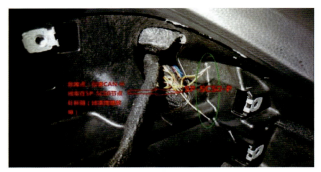

图6-24

（4）查阅网络拓扑图确定线束节点位置，用手按压线束发现仪表偶尔出现显示恢复正常，解剖线束发现 SP-SC50 节点连接不可靠、断开。修复线束故障排除。如图 6-23 和图 6-24 所示。

故障排除：

（1）仪表 CAN 高线束断路无法通信导致仪表不工作，黑屏。

（2）修复焊接仪表 CAN 高线束 SP-SC50 节点。

七、2013 年 Cayenne E2 仪表有时不显示，工作正常

车型： 2013年Cayenne E2。

故障现象： 客户反应仪表有时不显示，工作正常。

故障诊断：

（1）诊断仪检测发现仪表、空调、罗盘控制单元及网关控制单元有其不能通信的故障码。仪表、空调、

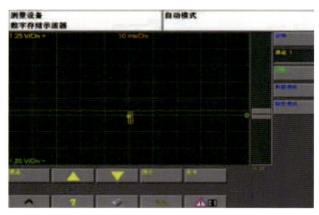

图6-25

图6-26

罗盘均不能使用，且无任何显示。发动机 PCM 均不能访问。

（2）检查网络拓扑图，发现发生故障的控制单元同属 CAN display 网络，检查 CAN 波形，发现对地短路，如图 6-25 所示。

（3）逐个拔出相关的控制单元测试，到罗盘时，发现波形正常，如图6-26和图6-27所示。

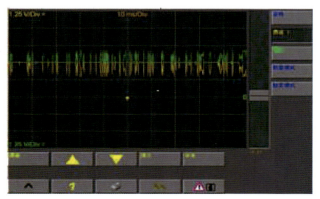

图6-27

故障原因： 罗盘损坏，导致网络节点故障，致使所有在该CAN display网络中的各单元不能通信。

故障排除: 更换罗盘。

八、2011 年 Cayenne E2 行驶中熄火

车型: 2011年Cayenne E2。

故障现象: 客户抱怨行驶中熄火。

故障诊断:

（1）故障记忆：有多个控制单元与前端通信故障不存在。

（2）试出故障现象是行驶时仪表会出现短暂的黑屏，持续 1s 时间后恢复正常。

（3）模拟故障现象：启动后断开前端 CAN 线会出现此故障，拆仪表台检查前端到网关 CAN 线正常，确认为前端故障，如图 6-28 所示。

故障原因: 由于客户反映熄火路试时没注意仪表黑屏，造成故障重现花费较多时间。前端内部偶发性与舒适CAN无通信，如图6-29所示。

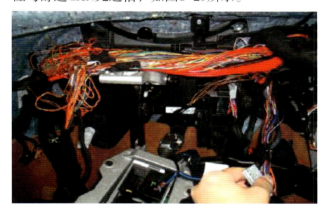

图6-28

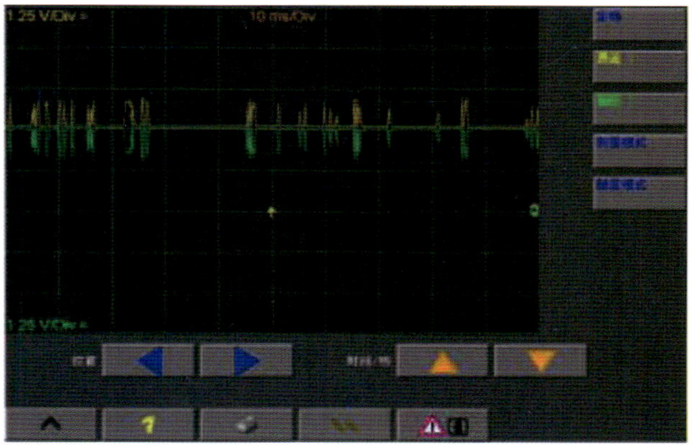

图6-29

故障排除: 更换前端控制单元。

九、2012 年 Panamera 970 遥控器不能使用，使用机械钥匙打开车门后也无法启动车辆，仪表黑屏

车型: 2012年Panamera 970。

故障现象: 遥控器不能使用，使用机械钥匙打开车门后也无法启动车辆，仪表黑屏。

故障诊断:

（1）使用 PIWIS Tester 检测大多都是与控制单元无通信，舒适 CAN 通信故障。

（2）当故障出现时使用万用表检测舒适 CAN 线发现 CAN 高和 CAN 低短路。

（3）根据 CAN 线网络拓扑图检查各个连接点和相关控制单元插头，最后发现左前座椅地毯下方的 CAN 线连接处短路。

故障原因: 舒适CAN高和CAN低短路，波形如图6-30所示。

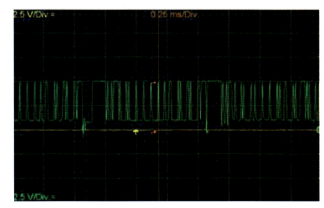

图6-30

十、2014 年 981 Boxster 组合仪表显示"系统故障"

车型: 2014年981 Boxster。

故障现象: 组合仪表显示"系统故障",如图6-31所示。

故障诊断:

(1)确认故障存在,仪表下部菜单"没有室外温度显示"(如图 6-32 所示),PCM 右下侧没有室外温度显示,软顶无法打开。

图6-31

图6-32

(2)读取相关故障码:其控制单元中有"与空调控制单元通信"的故障,空调控制单元显示为"?"。

(3)检查空调控制单元线路均正常,空调可以正常使用;连接示波器在控制单元侧,按动后部开关模块按键,波形显示异常,CAN L 有断路故障,如图 6-33 所示。

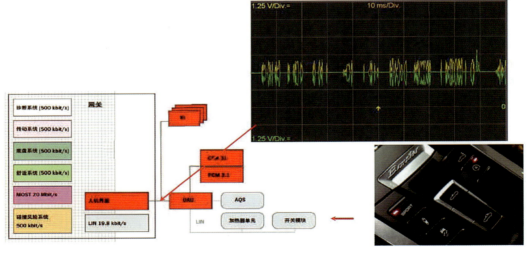

图6-33

故障原因: 空调控制单元故障。

故障排除: 更换空调控制单元。

十一、2007 年 Cayenne 漏电

车型: 2007年Cayenne,配置4.8T V8 550PS发动机。

行驶里程: 160000km。

故障现象：客户抱怨车辆存放1周后，蓄电池亏电，无法启动车辆。维修人员检查车辆，故障如客户所述，蓄电池亏电，启动机不工作，外接蓄电池能够启动车辆。

故障诊断：车主不知道蓄电池已经使用多长时间了，所以首先检查蓄电池，经检测蓄电池正常。怀疑车辆在存放时漏电电流过大，造成亏电。测量漏电电流，打开左前车门，锁块锁止，关闭其他车门、机盖和行李箱盖，拆下蓄电池负极，串联电流表，把电流表放到车外（此车有车内监控系统，防止观察电流时车辆报警），锁止车辆，漏电电流从3A降到0.32A，然后降为0.16A，2h后仍然是0.16A，说明漏电电流过大，正常电流不大于0.05A。

用诊断仪读取故障码，读取到相应的故障码为："02254到发电机的界面"（如图6-34所示），说明发电机系统有故障。

启动发动机，在蓄电池上测量发电机的充电电压，在怠速、中等负荷、大负荷和急加速状态下，蓄电池电压为14V，充电电压正常。断开蓄电池到发电机的常火线，漏电依旧，说明发电机没有问题。要解决漏电问题，首先断开所有后加装的音响和行车记录仪等用电设备，断开后故障依旧。在蓄电池保险盒上断开所有的常火线，当同时断开F1和F2这两根常火线时（如图6-35所示），漏电电流下降到正常范围。查询电路图，F1到左侧保险丝盒，F2到右侧保险丝盒（如图6-36所示）。

断开左右保险丝盒上的保险，只有同时断开有绿色记号（自己做的记号）的多个保险时（如图6-37所示），漏电电流才恢复正常。查询电路图，发现这些保险都是车辆电气系统控制单元供电的保险（如图6-38所示）。在制动踏板的上方，找到车辆电气系统控制单元（如图6-39所示）。断开所有的插头后，漏电电流恢复正常。说明故障就在电气系统控制单元上。

依次断开车辆电气系统控制单元的线束插头，发现当同时断开G端子和H端子或同时断开A端子、C端子和L端子时，均不漏电。

查找电路图发现，此车是2007年生产的，而车辆电气系统的电路图与2008年款不同（如图6-40所示），而与2010年款的相同。

图6-34

图6-35

保险丝			位于 前级保险丝
编号	电流(A)	类型	
1	150	MIDI	保险盒 左
2	150	MIDI	保险盒 右
3	60	MIDI	保险盒 右
4	40	MIDI	空调风扇 后

图6-36

图6-37

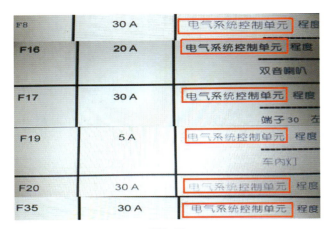

F8	30 A	电气系统控制单元	程度
F16	20 A	电气系统控制单元	程度
		双音喇叭	
F17	30 A	电气系统控制单元	程度
		端子 30	左
F19	5 A	电气系统控制单元	程度
		车内灯	
F20	30 A	电气系统控制单元	程度
F35	30 A	电气系统控制单元	程度

图6-38

图6-39

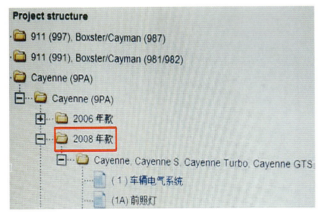

图6-40

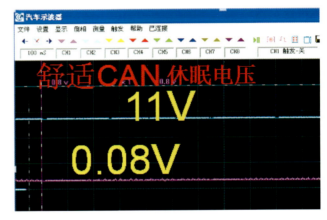

图6-41

选择正确的电路图维修，测量舒适 CAN 是否休眠。当舒适 CAN 休眠时，高位数据线约为 0V，低位数据线约为蓄电池电压。车辆漏电时，用示波器查看舒适 CAN 的波形正常（如图 6-41 所示），说明不是因为系统不休眠而漏电。

现在确定车辆电气系统控制单元漏电，但不知道是车辆电气系统控制单元本身漏电，还是其他的因素影响而漏电。因此与正常车辆互换了车辆电气控制单元，故障依旧，说明故障没有在车辆电气控制单元本身。

查看电路图，G 端子和 H 端子是车辆电气系统控制单元的电源（如图 6-42 所示），查看 A 端子、C 端子和 L 端子。C 端子和 L 端子中有车辆电气系统控制单元的搭铁（如图 6-43 所示），断开后漏电依旧。说明断开所有的电源就不漏电，断开所有的搭铁还是漏电。

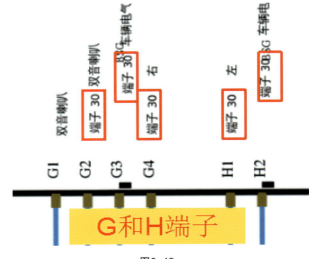

图6-42

反复检查试验，最后发现，只断开 A 端子，故障就会消失，说明问题就在 A 端子上。检查 A 端子的各个针脚（如图 6-44 所示）。

因为诊断仪检测出发电机有故障码，所以首先测量A端子的15脚发电机的控制线BSD（如图6-45所

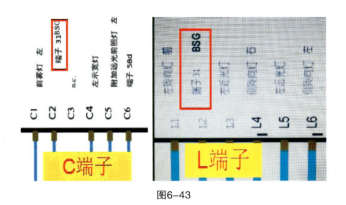

图6-43

示）。拔下A端子，试灯串联电流表，一端接电源正极，一端测试A端子上的A15针脚，此针脚有漏电电流，不正常，正常情况下没有任何电流。剪断此线，插好插头，控制单元输出电压11.22V，接好此线后，电压为1.3V，说明此线对地有电阻。断开此线后，漏电故障消失。

故障排除：断开发电机端BSD线，测量此线对地电阻无穷大，说明线路没有故障，发电机内部有故障。因发电机是车主刚换的，再次更换发电机费用较高，所以车主要求，把发电机的BSD线断开使用。断开此线试车，故障排除。跟踪1个月未出现故障。

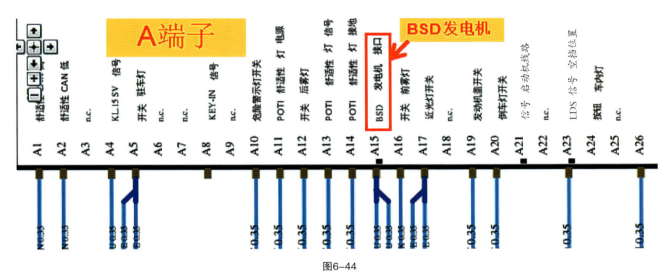

图6-44

故障总结：此车故障为电源通过车辆电气系统控制单元在发电机内部接地，形成回路，造成漏电。维修此车走了很多弯路。诊断仪对故障码内容翻译错误，造成不明白此故障码的含义。此故障码正确的翻译应该是"02254 发电机控制故障"。如果明白发电机故障码正确含义，可避免很多麻烦。维修此类故障时应先排除故障码。注意此车全部控制单元休眠时间过长，在15min左右。

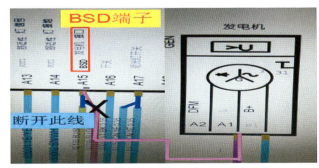

图6-45

第七章　沃尔沃车系

一、CAN 总线

（一）CAN 总线正常波形

CAN 总线正常波形，如图 7-1 和图 7-2 所示。

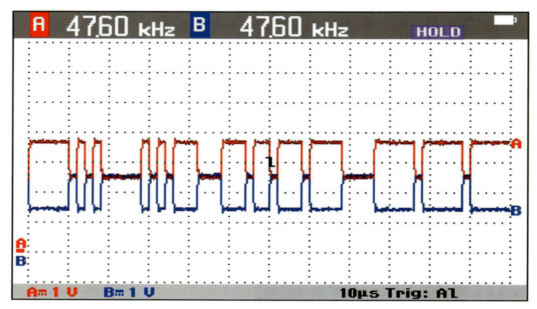

图7-1

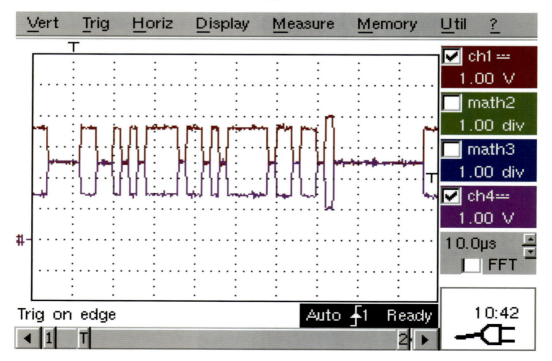

图7-2

（二）CAN 总线故障波形分析

（1）CAN-H 对地短路波形，如图 7-3 所示。

（2）CAN-H 对电源短路波形，如图 7-4 所示。

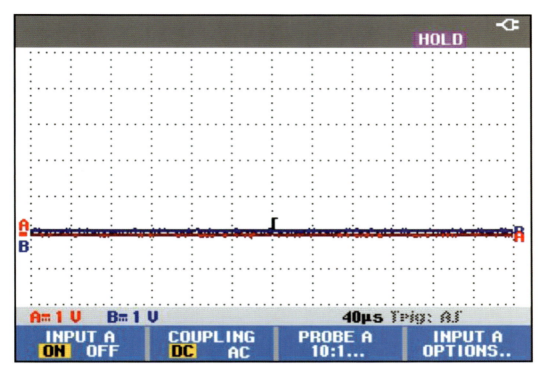

图7-3

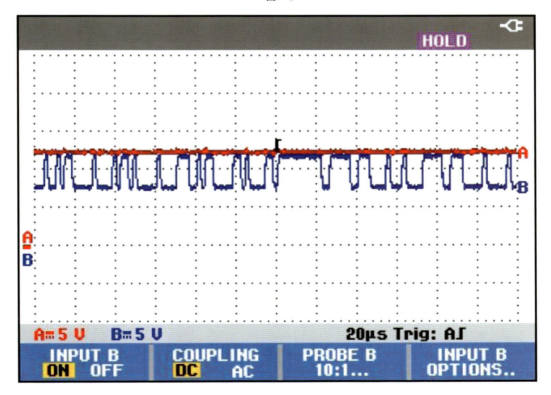

图7-4

（3）CAN-H 和 CAN-L 互短波形，如图 7-5 所示。

（4）CAN-L 对地短路波形，如图 7-6 所示。

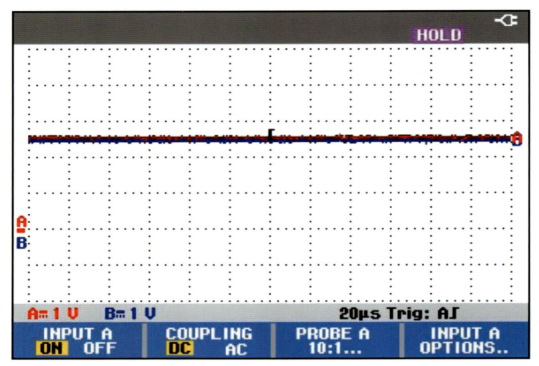

图7-5

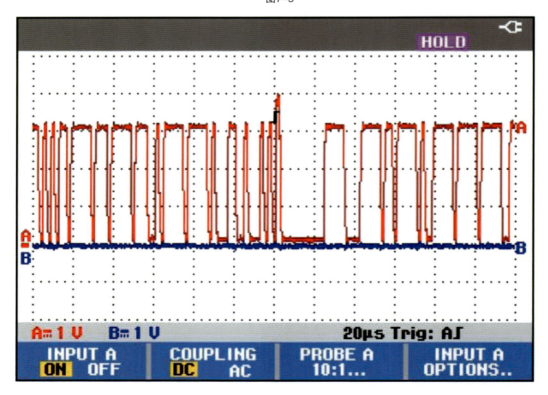

图7-6

（5）CAN-L 对电源短路波形，如图 7-7 所示。

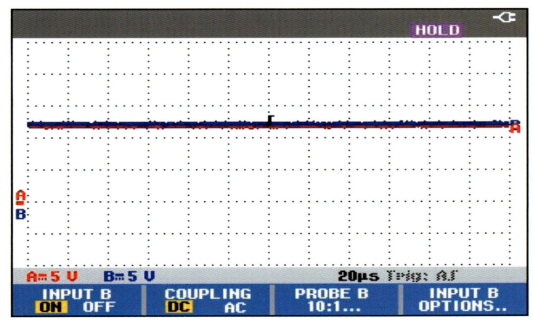

图7-7

二、FlexRay 总线

（一）FlexRay 正常波形

FlexRay 正常波形，如图 7-8 所示。

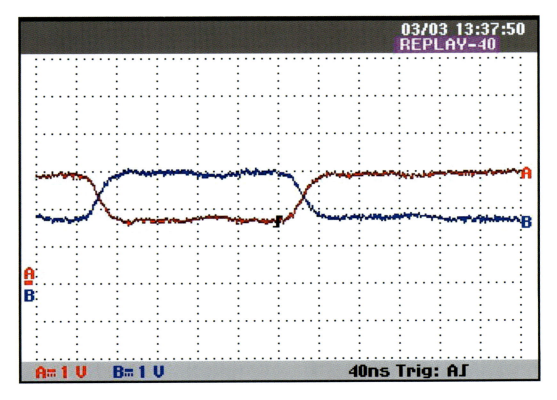

图7-8

（二）FlexRay 总线故障波形分析

（1）FlexRay 对地短路波形，如图 7-9 所示。

（2）FlexRay 对电源短路波形，如图 7-10 所示。

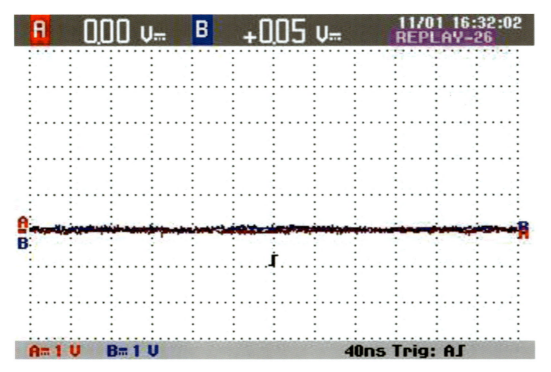

图7-9

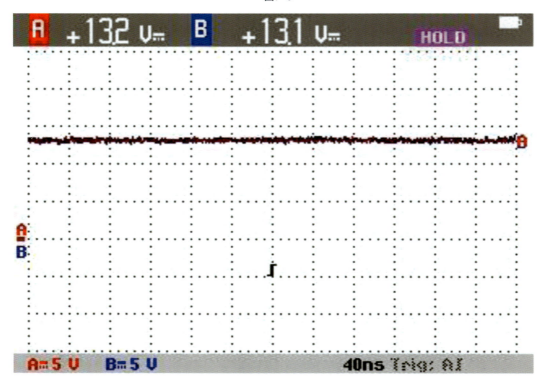

图7-10

（3）FlexRay 总线断路（两根同时断开），如图 7-11 所示。

（4）FlexRay 总线互短波形，如图 7-12 所示。

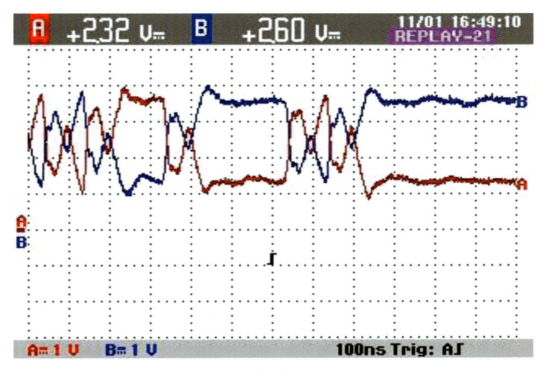

图7-11

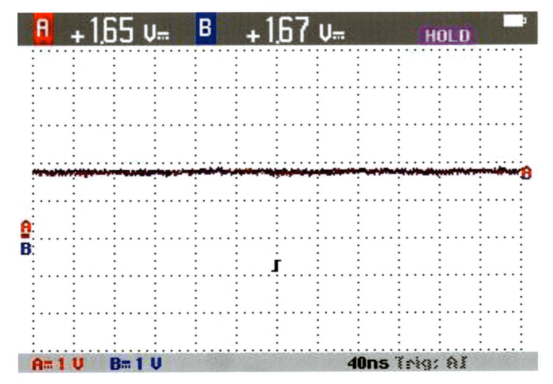

图7-12

三、LIN 总线

（一）LIN 正常波形

LIN 正常波形如图 7–13 所示。

（二）LIN 故障波形分析

（1）LIN 对地短路波形，如图 7–14 所示。

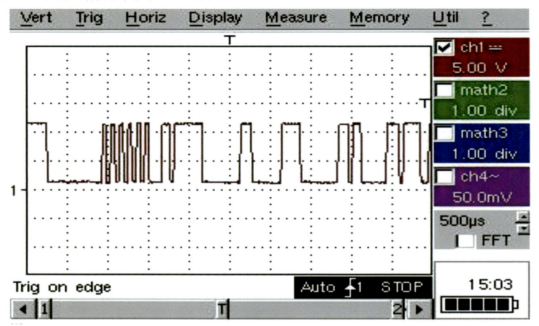

图7–13

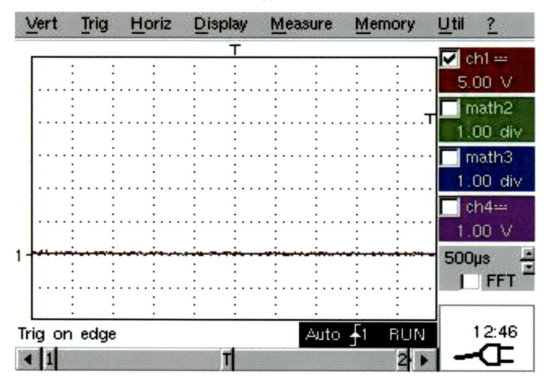

图7–14

（2）LIN 对电源短路波形，如图 7–15 所示。

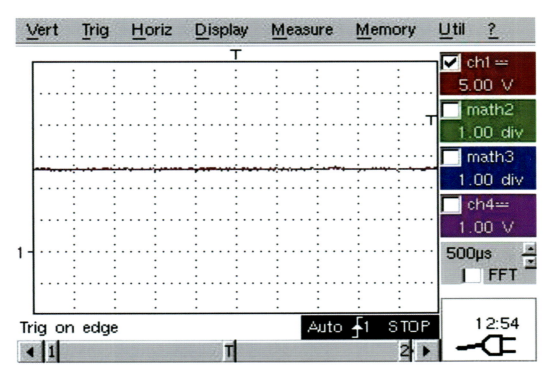

图7–15

第八章　法拉利车系

一、CAN-B 总线

（一）CAN-B 正常波形

CAN-B 正常波形如图 8-1 所示。

（二）CAN-B 故障波形分析

（1）CAN-B L 与 CAN-B H 短路到接地时波形，如图 8-2 所示。

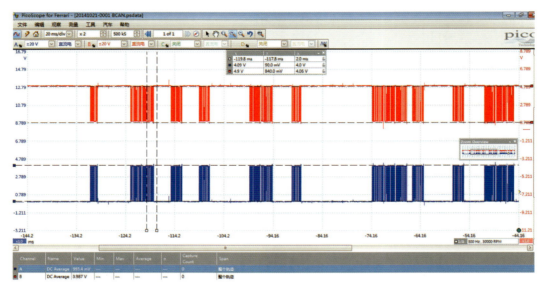

图8-1

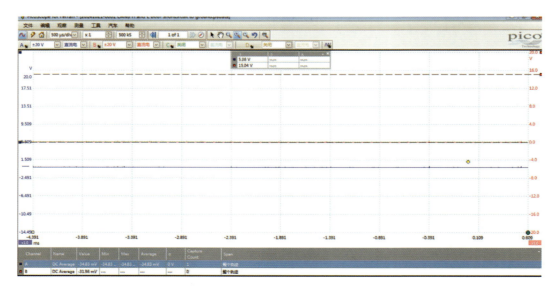

图8-2

（2）CAN-B H 短路到接地波形，如图 8-3 所示。

（3）CAN-B L 短路到接地时波形，如图 8-4 所示。

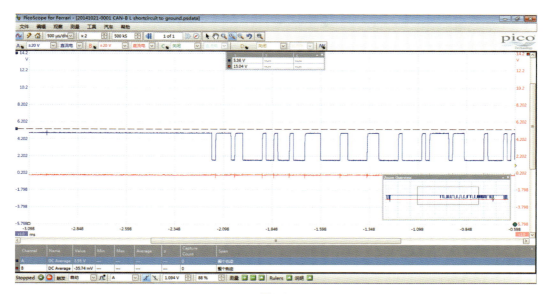

图8-3

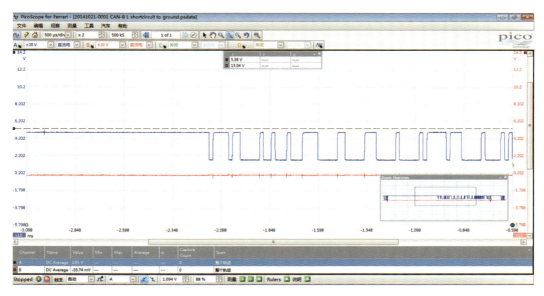

图8-4

二、CAN-C 总线

（一）CAN-C 正常波形

CAN-C 正常波形，如图 8-5 所示。

（二）CAN-C

（1）CAN-C H 短路到接地时波形，如图 8-6 所示。

（2）CAN-C H 短路到正极时波形，如图 8-7 所示。

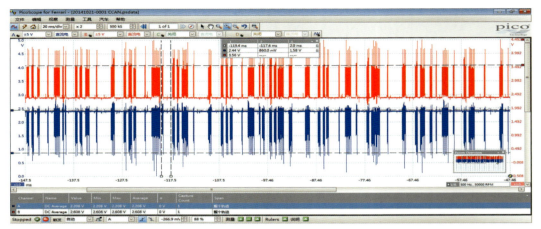

图8-5

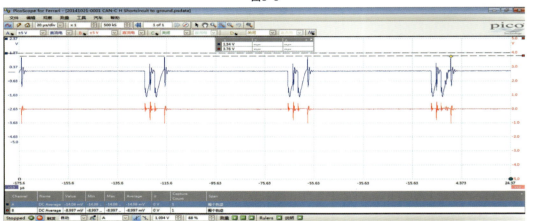

图8-6

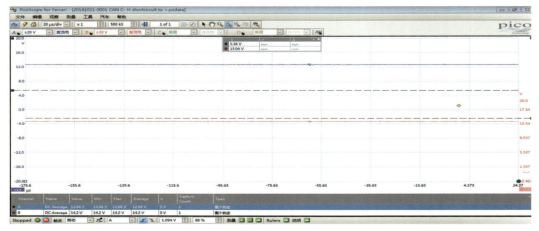

图8-7